무업 사회

이 도서의 국립중앙도서관 출판예정도서목록(CIP)은
서지정보유통지원시스템 홈페이지(http://seoji.nl.go.kr)와
국가자료공동목록시스템(http://www.nl.go.kr/kolisnet)에서 이용하실 수 있습니다.
(CIP제어번호: CIP2015033654)

무업 사회

일할 수 없는 청년들의 미래

구도 게이, 니시다 료스케 지음
곽유나, 오오쿠사 미노루 옮김

도서출판
펜타그램

- 이 책의 1부는 『無業社會 : 働くことができない若者たちの未來』(工藤 啓, 西田亮介 / 朝日新聞出版 / 2014.6) 를, 2부는 『「働く」ってなんですか?』(NPO法人育て上げネット / バリューブックス / 2014.4)를 번역한 것이다.
- 이 책에서 소개하는 사례 등은 실제 인물을 모델로 하고 있지만, 개인정보 보호를 위해 일부 변경하였다.
- 이 책의 도표 자료 및 본문 내용 중 출처를 표시하지 않은 부분은 『청년 무업자 백서』의 내용을 참고한 것이다.
- 이 책의 모든 각주는 옮긴이 주이다.

『무업 사회』를 접하며 생각나는 단상

나는 청년 문제와 관련하여 한일 교류 활동을 해 오면서, 개인의 인생은 사회적 환경과 결부되어 결정되므로 100% 개인의 책임이 아니라 사회가 함께 그 무게를 나누어야 한다고 생각하였다. 그러므로 일하지 못하는 한국의 청년들이 처해 있는 상황이 그들 자신만의 문제인가라는 질문을 스스로에게 던지며 활동하던 중, 2014년에 일본에서 출판된 『무업 사회(無業社會) ─ 일할 수 없는 청년들의 미래』라는 책을 만나면서 그 해답을 얻게 되었다.

이 책은 청년 지원 기관인 NPO법인 소다테아게넷이 현장에서 만난 청년 무업자들의 실상을 접하면서 '게으르고', '일을 너무 가려서 고르며', '자유롭게 빈둥거리는' 등 그들을 둘러싼 수많은 오해를 사례를 통해 적극적으로 풀어 가는 것에 주력하고 있다. 100통의 불합격 메일에 좌절하는 청년, 대학 졸업 후 대기업에 입사했지만 동경해 오던 비전과 괴리된 현장에서 고뇌하는 청년, 초보자를 환영한다는 IT 기업에 취업했지만 교육도 휴일도 없이 고생하다가 갑작스럽게 퇴직 권고를 받은 청년, 그리고 회사 사정으로 두 번이나 해고를 당한 청년들이 일을 하고 싶어도 계속하기 어려운 상황 속에서 결국 무업에 이르게 되는 과정과 고충이 생생하게 담겨 있다.

무엇보다도 저자는 2010년대의 일본 사회를 누구나 무업(無業)이 될 가능성이 있는 '무업 사회'라고 부르면서, 무업 상태가 된 청년들에게 책임을 전가하고 외면하기보다는 이를 사회적 구조의 문제로 파악하여 일본 사회에 큰 반향을 일으키고 있다.

실제로 한국 사회에서도 확대되고 있는 무업 사회에서 무업자를 바라보는 시선 또한 중요하지 않을까 한다. 무업 상태인 결과만을 중시해서 볼 것이냐 아니면, 자신이 하고 싶은 내지는 할 수 있는 일을 찾지 못한, 찾아가는 과정의 주체로써 볼 것이냐 하는 구분은 상당히 중요한 의미를 가지지 않을까 한다.

왜냐하면 지금의 사회가 개인의 능력을 중심으로 한 차가운 자본주의(cold capitalism)의 무한 경쟁 사회로 재편되고 있고, 이 무한 경쟁에서 비껴 선 청년들을 낙오자, 실패자라고 낙인을 찍으면서 그 이유를 게으름이나 나약함, 인내력 부족 등의 지극히 개인적 문제로 치부하고 있기 때문이다.

만약에 이 문제를 자신의 일을 찾아가는 과정 속의 일시적 상황이라고 보고, 이를 보장하는 환경과 기반이 있다면 사회의 온도는 훨씬 달라지리라 믿는다. 즉 한 치의 실수나 여유도 용납하지 않고 빈틈없이 짜인 경쟁의 사회가 아니라, 다양한 선택지가 존재한다는 걸 인정하고 서로를 향한 따뜻한 시선으로 이들 청년들을 품어 주는 사회로의 전환이 필요한 시점이라고 여긴다.

그런 의미에서 이 책은 무업 사회의 역사와 무업자에 대한 왜곡된 사회적 인식과 오해, 그리고 실제 사례 등을 무업자의 시각에서 여과 없이 정리해 두었기에 무업의 진정한 의미를 생각해 보고자 하는 독자들의 여정에 더할 수 없이 좋은 길잡이가 되어 주리라 믿는다.

2015년 12월
감수자 강내영

목차

2부   '일한다는 것'이란?

'청년 무업자'에 대한 오해와 진실

일할 시간에
어슬렁거리는 녀석

나에게는 두 명의 아이가 있다. 아이들이 태어났을 때 각각 2개월과 6주간 육아휴직을 했었다. 나는 아내의 빠른 회복을 위해 매일같이 집안일과 식사 준비를 했다. 아침 10시와 오후 4시에 반려견 두 마리를 근처 공원에 데리고 나가 산책시키는 일도 내 몫이었다. 돌이켜 보면 평일이나 주말 상관없이 일상의 대부분을 차지했던 '일'이 없는 생활을 해 본 건 이때가 처음이 아니었나 싶다. 당시 34살이라는 내 나이는 '일반적으로' 생각한다면 한창 일을 하고 있을 나이일 것이다. 이 시기에 나는 육아휴직이라는 특별한 이유가 있었음에도 불구하고, '일을 하고 있지 않다' 혹은 '일을 할 수가 없다'는 상황에 처한다는 것이 사회적으로 볼 때에는 결코 '평범한 상황이 아니라는 것'을 알게 되는 경험을 충분히 하였다.

어느 날 반려견과 산책을 하러 나간 공원에서 전업주부인 여성이 나에게 다가와 "저기요, 매일 여기서 뭘 하고 계시는 거예요?"라고 물었다. 나는 NPO의 대표로 근무하지만 지금은 육아휴직 중이라고 말해 주었다. 그녀는 한동안 나를 수상한 사람이 아닌가 하고 의심했었다고 한다. 게이트볼 연습을 열심히 하고 있던 한 어르신은 "이봐, 여기서 뭘 하고 있나? 일을 해야지. 백수로 있으면 안 된다네"라는 충고를 하기도 하였다. 그 공원에는 노숙자 한 무리가 정보 교환을 위해 수시로 모여 있었다. 그중 한 사람이 나에게 "신입이면 제대로 인사를 해야지"라며 혹독한 노숙 생활에서 신입이 갖추어야 할 예절의 중요성을 알려 준 적도 있었다. 심지어는 경찰의 불심검문을 받기도 했었다.

날마다 공원에 나타나는 나에게 모두가 예민하게 신경을 쓰고 있었던 것이다. 그리고 다들 일하고 있을 시간에 일도 하지 않고 있는 젊은 녀석을 이상하게 여기고 말을 걸어 온 것이다. 나는 매번 정중히 내 상황을 설명하고 그들을 이해시켰지만, '보통은 학교에 다니거나 일하고 있어야 할' 젊은이가 하릴없이 돌아다니는 모습은 그들의 일상 풍경에 전혀 어울리지 않을 뿐만 아니라, 때로는 수상한 사람으로 비칠 수도 있다는 사실을 깨달았다. 일을 하는 것이 평범한 것이고 평범해지기 위해선 일을 하지 않으면 안 되는 것이다.

사회적 소속이
없는 사람들

우리 단체의 대기실에는 매일 10대부터 30대까지의 남녀들이 모인다. 제각각 작업복이나 정장 차림을 하고선 단체 스태프와 함께 그날의 활동 내용이 적혀 있는 화이트보드를 확인하거나, 한 손에 음료를 들고 가벼운 담소를 나누기도 한다. "이렇게 무더운 날 농사 지원을 나가야 하다니", "내가 지금 인턴을 하고 있는 곳은 사람들이 정말 좋아", "IT 교육 시간에 ACCESS 프로그램을 배우는 게 너무 어려워서 힘들어" 등등 지원 프로그램 참여자들의 목소리가 들려온다.

오전 10시. 담당 스태프가 등장하자 굳이 누가 시키지도 않았는데 모두가 한자리에 모이면서 이내 조용해진다.

"안녕하세요!"

담당 스태프의 인사와 함께 그곳에 모인 다른 스태프와 참여자들이 서로 인사를 한다. 큰 소리로 인사하는 사람이 있는가 하면, 입을 작게 벌리고 고개만 살짝 숙이는 사람도 있다. 여름에는 수분을 충분히 섭취하고 무리하지 않기, 겨울에는 빙판길에서의 낙상 주의와 감기 예방을 위한 손 씻기, 입 헹구기와 알코올로 소독하기 등 안전 및 위생 관리를 위한 간단한 전달 사항을 숙지한 뒤 각자 또는 팀을 이루어 자기의 '현장'을 향해 움직인다.

이런 오전 풍경은 하루 일과를 시작하기 전 일반 회사의 모습처럼 보이기도 하고, 학교 동아리나 동호회의 분위기 같은 느낌도 들지만, 사실은 NPO법인 소다테아게넷[1]의 '청년 취업 기초 훈련 프로그램(이하 직업훈련)'에 참가하는 청년[2]들의 일상적인 모습이다. 이들은 학교에 다니지 않고 직장이나 소속된 곳도 없기 때문에 때로는 '니트'[3]로 분류되

---

1   일본의 소다테아게넷(育てあげネット, 길러 내는 네트워크)은 은둔형 외톨이, 니트, 프리터와 같은 청년의 취업을 지원하기 위해 2004년 5월 설립되었으며, 모든 청년이 사회적 소득을 획득하며 일하는 것, 그리고 지속적으로 일하는 것을 실현하기 위한 활동을 한다.

2   이 책에서 사용하는 '청년'이라는 단어는 일본어로 若者(와카모노) 또는 若年(쟈쿠넨)을 번역한 말로, 일본에서는 이들 청년, 와카모노, 쟈쿠넨이라는 단어가 비슷한 개념으로 혼용되고 있으며, 일반적으로 10대 및 20대, 30대까지 폭넓게 아우르는 말로 쓰인다. 보통 15세 이상부터 34세 또는 39세 미만인 사람을 일컫는다.

3   니트(NEET)는 'Not in Educations, Employment or Training'의 약자로, 교육기관에 재적

기도 한다. 직업훈련에 참가하게 되기까지의 배경은 각자 다양하지만 대략 다음과 같이 정리할 수 있다.

· 교육 과정에서 탈학교 또는 중퇴함(할 수밖에 없었음)
· 학교를 졸업했지만, 진학도 취직도 하지 않음(할 수 없었음)
· 취업했지만 이직 또는 퇴직함(할 수밖에 없었음)

이들 중에는 학교나 직장에 소속되지 않은 채로 수개월에서부터 길게는 10여 년 동안 집에만 틀어박혀 지냈던 청년도 있다. 부상이나 질병 치료에 전념하였거나 교정 시설에 갇혀 있었던 청년도 있다. 대부분은 사회적인 소속이 없고, 친구나 지인도 거의 없이 사회로부터 고립되어 있었다. 긴 시간 동안 일을 전혀 하지 않고 지내 왔다고 한다면 어떤 이는 이들이 부유한 부모 밑에서 응석받이로 키워졌기 때문일 것이라고 생각할지도 모르지만, 이들의 문제는 그렇게 간단하지는 않다. 그 이유는 사례를 들어 가며 차차 설명하도록 하겠다.

많은 NPO들이 운영하는 취업 지원 프로그램에 참가하는 대부분의 청년은 '니트'나 '히키코모리'[4] 상태에 있는 사람으로 인식되기 쉽다. 왜냐하면 대다수의 지원 기관 및 지원 그룹들 스스로도 자신들이 지원하고 있는 청년들을 소개할 때 대체로 '니트'나 '히키코모리' 상태에 있는 청년들

해 있지 않고, 고용되어 있지도 않으며, 아무런 훈련도 받지 않고 있는 상태를 의미한다.
4 일본 후생노동성의 정의에 따르면 직장이나 학교에 가지 않고, 가족 이외의 사람과 교류도 거의 없이 6개월 이상 계속해서 집에 틀어박혀 있는 상태 또는 그런 상태에 놓여 있는 사람을 말한다. 우리나라에서는 보통 은둔형 외톨이라고 한다.

이라고 말해 왔기 때문이다. 나 역시 그렇게 말했던 사람 중 하나였다.

이처럼 오랫동안 이들의 특징으로서 '탈학교, 니트, 히키코모리, 발달장애, 우울증, 자율신경실조증[5]을 겪었거나 범죄 경력이 있는' 사람 등과 같은 사회 부정적인 이미지만이 부각되었다. 이러한 이해는 취업 지원 프로그램을 필요로 하는 청년들이 구체적으로 어떤 곤란한 상태를 겪고 있는지를 정확히 파악하는 데 어려움을 초래하기도 하였다. 나 역시 이들을 어떻게 표현해야 이들에 대한 오해를 방지하면서도 가장 적합하게 표현할 수 있을지 무척이나 깊은 고민을 안고 있다.

참여자 개개인이 갖고 있는 다양한 욕구에 맞는 지원을 하는 일은 현장에서의 개별적인 대응을 통해 가능할 수 있지만, 과연 우리가 전체적으로 '어떤 대상'을 지원하고 있으며 이들을 어떻게 파악하고 있는지에 대해 다른 사람에게 설명하는 것은 매우 어려운 일이다.

순식간에 매진된
『청년 무업자 백서』[6]

2005년 일본 내각부가 발표한 「청년 취로[7]에 관한 연구 조사」로 인해 '청년 무업자'라는 단어가 갑자기 주목을 받게 되었다.

---

5 자율신경 기능의 부조화로 일어나는 이상 증세. 주기적 또는 지속적으로 나타나는 두통·현기증·실신, 온도 감각의 이상, 타액·위액·눈물 분비의 이상, 발한·두드러기, 심장부의 압박감, 맥박·혈압의 동요성, 수족의 떨림 등의 증상이 있고, 정신적으로 흥분하기 쉬우며, 권태감·긴장감·압박감 등이 있다.

6 한국어판 번역서는 "일본 청년 니트 백서"라는 이름으로 (재)함께일하는재단에서 출간되었다.

7 취로(就勞)는 일함 또는 노동에 종사한다는 뜻으로 한국어 용법에 따라서는 취업, 고용, 근로의 의미를 포함한다. 이 책에서는 고유명사일 때만 '취로'를 사용한다.

이 보고서는 청년 무업자를 '구직형', '비구직형', '비희망형'으로 유형화하고 있다. 구직형이란 '취업을 희망하고 구직 활동을 하고 있는 자'를 일컬으며, 우리가 흔히 아는 '실업자'와 거의 비슷한 개념이다. 비구직형은 '취업을 희망하지만 구직 활동은 하지 않는 자'다. 그리고 '취업에 대한 희망조차 없는 자'를 비희망형(은둔형 외톨이)으로 분류했다. 우리는 이 책에서 '청년 무업자'를 다음과 같이 정의한다.

① 학교 및 입시학원·직업전문학교 등에 다니지 않는 자
② 배우자가 없는 미혼자
③ 평소에 수입이 발생하는 일을 하지 않고 있는 15세 이상 35세 미만인 자

특히 비구직형 및 비희망형 청년들은 구직을 하지 않는다는 이유로 '게으르다'거나 '의욕 부진' 때로는 '근성이 없다'라는 투의 여론 몰이식 비난을 받아 왔고, 우리는 이러한 채찍질이 이들이 겪고 있는 문제의 해결에 별로 도움이 되지 않는다고 생각했다. 이런 비난 일색의 여론이 점차 변하기 시작했다고 느낀 것은 2013년 10월 말에 우리가 출판한 『청년 무업자 백서: 그 실태와 사회경제구조 분석』에 대한 사회적 반향을 목격하면서부터이다. 나는 이 책의 공동 저자인 니시다 교수와 함께 청년 무업자의 실태를 조사하였고 크라우드펀딩(Crowd funding)[8]으로 자금을 조달하여 정식 출판하게 되었다.

---

8   사회 공익 목적 등의 프로젝트를 위해 대중으로부터 자금을 모으는 것.

500권 한정으로 출판된 책자는 순식간에 매진이 되었다(현재는 킨들판만 발매). 이 책은 도쿄와 오사카에서 개최한 출판 기념 강연회에 모인 신문사와 인터넷 매체들의 열띤 취재를 통해 세상에 널리 소개되었다. 이처럼 뜨거운 관심은 일본 사회가 청년 무업자 문제에 대해 감정적인 비판에만 머무르지 않고, 이제는 모두가 함께 풀어 나가야 할 과제 중 하나로 인식하기 시작했음을 충분히 느끼게 했다.

청년 열여섯 중 한 명이
무업자인 시대

이 책은 통계분석이 대부분인 다른 백서와는 달리 지원 현장의 사례, 문제가 형성되어 온 역사와 구조적 문제를 동시에 소개함으로써 청년 무업자를 재조명하려는 의도로 만들어졌다. 가급적 많은 수의 사례를 통해 청년 무업자의 현실에 접근하면서 그들에 대한 오해를 줄여 가는 데 주력하였다. 그리고 무업 상태에 빠지게 된 청년의 문제를 그들의 개인적 책임으로 돌리고 외면해 버릴 것이 아니라, 사회적 관점으로 파악하여 해결해 나가야 하는 이유에 대해서는 공동 저자인 니시다 교수가 피력하였다.

소다테아게넷에 모이는 청년은 모두 '일을 하는 것'과 '일을 지속해 나가는 것'을 목표로 하고 있다. 그리고 이들이 처한 '현재의 상태'는 청년 무업자의 세 유형을 다음과 같이 재해석하여도 어딘가에 반드시 해당된다.

'일하고 싶은데 일할 수 없는 상태'

'일을 지속적으로 할 수 없는 상태'

'어디서부터 시작해야 할지 모르는 상태'

일본의 청년 무업자 수는 총 200만 명을 넘어서게 되면서 15세부터 39세까지의 청년 열여섯 명당 한 명꼴이다.[9] 사회를 지지하는 버팀목 역할을 무겁게 요구 받고 있는 젊은 세대이지만 이들 앞에는 오히려 일을 할 수 없는 갖가지 난관이 놓여 있다. 그리고 이들은 이 난관에서 벗어나려고 발버둥을 치고 있다. 이러한 모습은 일부 특별한 청년에게만 국한된 것이 아니다.

현재의 젊은 세대 어느 누구에게나 일어날 수 있는 일이며, 해결해야만 하는 사회적 과제라는 신념을 갖고 니시다 교수와 함께 청년 무업자에 대한 오해와 진실을 밝히고자 한다.

---

[9] 청년 무업자와 가장 유사한 개념으로 비교한 한국의 청년 니트(15~34세) 수는 2010년 현재 약 130만 명에 이를 것으로 추산한다. (남재량, 고졸 NEET와 대졸 NEET, 월간 노동리뷰 2012년 4월호)

1부

무업 사회

1장

지금 왜 '청년 무업자'에 대해 생각해야 하는가?

미디어에 보도되는

'게으른 청년들'

바로 지금 청년 무업자에 대해 생각해 보아야 할 이유
는 무엇일까? 이 책을 선택한 여러분 모두가 청년 무업자 당사자이거
나 가족 또는 지원 단체에서 일하는 사람은 아닐 것이다. 사람마다 책
을 선택하는 동기는 제각각이기 때문에 어쩌면 당신은 청년 무업자에
대해 우호적이지 않을 수도 있다. 이 책을 선택한 출발점이 어떻든 상
관없다. 당신은 적어도 청년 무업자 문제에 최소한의 관심을 갖고 있기
때문이다. 출발이 비우호적일지라도 무관심보다는 훨씬 낫다. 왜냐하
면 청년 무업자 문제를 모두가 외면하고 싶어 했고 오랫동안 유령 취급
을 받아 왔기 때문이다.

연세가 많은 분들은 "요즘 젊은 애들은 돼먹지 않았어"라며 눈살을
찌푸리기 일쑤였고, 당사자인 청년 세대조차도 무업이라는 주제는 꺼내
어 이야기하기에 썩 유쾌한 주제가 아니었다. "우리 세대가 게으르다고
비난받는 건 걔네들(청년 무업자) 책임이야. 걔네가 무업자가 된 건 우리
와는 전혀 상관없는 문제야"라는 주장이 청년 세대에서 나오고 있다. 실

제로 NPO법인 소다테아게넷의 블로그에는 이런 댓글이 넘쳐 난다.

이러한 견해 속에는 부적절한 오해를 비롯하여 일반인들이 미처 파악하지 못한 구조적인 문제가 존재하지만, 이러한 사실은 많이 알려져 있지 않다. 청년 무업자에 대한 무관심과 자기 책임론이 객관적인 이해를 방해하고 있는 것이다. 우리는 독자들이 풍부한 사례와 객관적 근거, 역사적 분석이 담긴 이 책을 통해 진실에 직면하게 된다면 청년 무업자에 대해서 느껴 왔던 부정적인 생각이 차츰 변화될 것이라고 기대한다.

무업 사회의 출현

20세기 말부터 사용된 '니트', '프리터'[10], '히키코모리'라는 용어는 '게으른 청년들'이라는 이미지를 확산시키는 상투적인 표현으로서 미디어를 통해 반복적으로 사용되었다. 그 결과 청년 무업자의 이미지는 과도하게 정형화·경직화되어 다음과 같은 실질적인 이미지로 사용되고 있다. '여러 해 동안 누구와도 말하지 않고 있다', '하루 종일 게임이나 PC, 인터넷에 빠져 있다', '일할 의욕이 전혀 없다' 등등. 그 결과 '청년 무업자는 나와 전혀 상관없는 특정인들이며 비판받아야 할 존재'라는 인식이 널리 퍼지게 되었다. 이러한 인식의 오류에

---

10 자유(free)와 아르바이터(arbeiter)를 합성한 신조어로 일본에서 1987년에 처음 사용되었다. 15~34세의 남녀 중 아르바이트나 파트타임으로 생활을 유지하는 사람들을 가리키며 학생은 포함되지 않는다. 우리나라도 최근 어느 조사 결과에 따르면 취업난 때문에 두세 개의 아르바이트로 생활하는 프리터들이 급증하고 있는 것으로 나타났다. 불황이 계속되고 평생직장 문화가 깨지면서 나타난 새로운 생활 방식이다. 두 가지 유형이 있는데 첫 번째 유형은 조직 생활에 얽매이지 않고 돈을 적당히 벌어서 자신의 취미나 문화생활에 몰두하는 자발적인 경우이고, 두 번째는 심각한 취업난으로 일자리를 잡지 못해 궁여지책으로 프리터가 되는 경우다.

대해서는 정보와 사례를 제시하면서 지적하겠지만, 위와 같은 '청년 무업자'에 대한 이미지는 매우 극단적인 경우에 해당한다.

물론 일부는 어느 정도 그러한 면이 존재하는 것도 사실이지만, 전혀 그렇지 않은 경우도 적지 않다. 그 중에는 이 책을 손에 들고 있는 여러분과 크게 다르지 않은 생활을 해 온 사람도 많다. 단지 '어쩌다가 잘못된 선택'을 했거나, '좌절'과 '실패'가 인생의 분기점이 되어 무업 상태로 전락해 버린 것이다. 이러한 점은 필자와 이 책을 읽고 있는 여러분을 포함하여 어느 누구라도 청년 무업자가 될 가능성이 있다는 것, 또는 가족이나 친구 등 가까운 주변 사람들이 청년 무업자가 될 수 있다는 것을 시사한다.

이 책에서는 누구나 무업 상태가 될 가능성이 높음에도 불구하고, 무업 상태에 처하게 되면 그로부터 빠져나오기가 힘든 사회를 '무업 사회'라고 정의한다. 2010년대의 일본 사회는 '무업 사회'인 것이다.

'무업'이라는 단어의 정의는 참으로 난해하다. 실업자는 구직 의사가 있으며 구직 활동을 하고 있는 사람을 의미하기 때문에 무업은 실업자에게 해당되지 않을 수 있다. 그리고 '니트(NEET)'라는 단어가 있다. 'Not in Educations, Employment or Training'의 약자로서 교육기관에 재적하지 않고, 고용되어 있지도 않으며, 아무런 훈련도 받지 않고 있는 상태를 의미한다. '무업'은 취업을 위한 훈련이나 연수를 받고 있는 경우도 해당되기 때문에 니트와 똑같은 의미도 아니다.

이 책에서 주로 말하는 '청년 무업자'에 대해서 연구자마다 다른 여러 가지 정의가 있기는 하지만, 대체로는 일본 내각부와 후생노동성이 사용하는 '15~34세의 비노동력 인구 중 가사도 통학도 하지 않는 자'라

도표 1. 청년 무업자 수의 추이와 비율

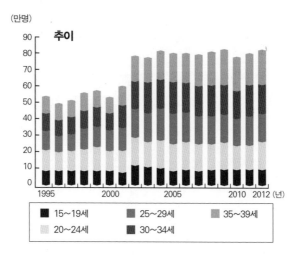

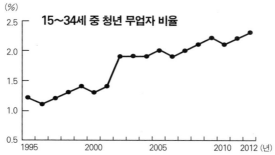

출처: 총무성 「노동력 조사」

(주) 1. 여기에서 말하는 청년 무업자는 15~34세 비노동력 인구 중 가사도 통학도 하지 않는 자를 말함. 그래프에
는 참고로 35~39세 수치도 담음.
2. 2011년 수치는 이와테 현, 미야기 현 및 후쿠시마 현을 포함하지 않은 것임.

는 의미로 사용되는 경우가 많다. 내각부의 「2013년판 어린이·청년 백
서」는 15~34세의 청년 무업자 수를 63만 명, 즉 15~34세 인구 중 2.3%
라고 추산하고 있다(도표 1 참조).

도표 2. 각 연령대별 완전실업률

연도	합계	15~64세	15~24세	25~34세	35~44세	45~54세	55~64세	65세 이상
2003	5.3	5.5	10.1	6.3	4.1	3.7	5.6	2.5
2004	4.7	4.9	9.5	5.7	3.9	3.4	4.5	2.0
2005	4.4	4.6	8.7	5.6	3.8	3.0	4.1	2.0
2006	4.1	4.3	8.0	5.2	3.4	2.9	3.9	2.1
2007	3.9	4.0	7.7	4.9	3.4	2.8	3.4	1.8
2008	4.0	4.2	7.2	5.2	3.4	2.9	3.6	2.1
2009	5.1	5.3	9.1	6.4	4.6	3.9	4.7	2.6
2010	5.1	5.3	9.4	6.2	4.6	3.9	5.0	2.4
2011*	4.6	4.6	8.2	5.8	4.1	3.6	4.5	2.2
2012	4.3	4.6	8.1	5.5	4.1	3.3	4.1	2.3
2013	4.0	4.2	6.9	5.3	3.8	3.3	3.7	2.3

* 2011년은 참고 수치

출처: 총무성 「노동력 기본 조사 2014년 2월분」 제16표 연령계급별 완전 실업률'을 수정 보완한 것임.

연령의 범위를 조금 더 좁혀서 '15~24세까지의 완전실업률'[11]에 주목해 보자. 청년 세대의 완전실업률은 5~10%로서 다른 세대와 비교할 때 꽤 높은 수준임을 알 수 있다(도표 2 참조). 이 수치는 100명 당 5~10명 정도가 완전실업자임을 의미하며 중학교나 고등학교 시절 같은 반 동창생 중에 반드시 몇 명은 여기에 해당되는 셈이다. 그렇게 생각하면

---

11 일할 의사가 있음에도 불구하고 취업을 하지 못하는 경제활동인구 중 일주일에 한 시간도 유급 노동을 하지 못하는 실업자를 완전실업자라고 하는데, 이들 완전실업자를 노동력 인구로 나눈 백분율이 완전실업률이다. 노동력 조사의 완전실업률이 과연 실업의 실태를 반영하고 있는가 하는 의문은 있지만, 매월 얻을 수 있는 실업률 통계로서는 유일하게 포괄적이다. 일본의 대표적인 실업 관련 통계로서 매달 총무성 통계국에서 조사하여 발표한다.

누구나 자신의 지인 중에는 반드시 청년 무업자가 존재한다고 말해도 크게 이상하지 않은 현실인 것이다. 어떠한가? 이와 같이 생각해 보면 이제 청년 무업자의 문제는 우리들과 관련 없는 남의 일이 아닌 것이다.

인간관계를 파괴하는
무업 상태

인간관계와 사회생활, 동기부여, 취업 사이에는 피드백 순환(피드백이 결과를 증강시키는 것) 효과가 관찰된다. 어느 한 요소가 긍정적인 상태에 있을 때에는 다른 요소도 더욱 긍정적이게 되며, 반대로 어느 한 요소가 부정적일 때에는 전체가 더욱 부정적인 방향을 향해 나아가게 된다.

빈곤자를 지원하고 있는 NPO법인 자립생활서포트센터 모야이의 창립자이자 초기부터 청년 무업자 문제를 사회적 문제로 연구해 온 유아사 마코토 씨는 이와 같은 관계성이 적용되는 사회를 '미끄럼틀 사회'라고 불렀다(유아사 마코토, 『반빈곤—미끄럼틀 사회로부터의 탈출』, 이와나미쇼텐, 2008년). 어떤 이유에 의해서라도 일단 '정규 루트'로부터 이탈하게 되면, 그 뒤로는 계속 추락하게 되어 멈출 수가 없는 상태를 뜻한다.

또한 같은 법인의 이사장인 이나바 츠요시 씨는 다른 저서에서 청년 무업 당사자를 인터뷰한 결과 이들의 특징을 '도미노 현상'이라는 단어로 표현했다(이나바 츠요시, 『생활보호에서 생각하다』, 이와나미쇼텐, 2013년).

다시 말해 일본 사회에서는 한번 무업 상태에 빠지게 되면 인간관계나 사회적 관계 자본 및 의욕까지도 함께 잃어버리기가 쉽다는 것을 의미한다. 이것은 무업 사회가 가진 무서움이기도 하다. 인간관계를 상실하면 충고나 응원을 받는 것도 어렵게 되고, 자기 긍정감이나 동기부여에도 악영향을 미치기가 쉽다.

그리고 청년 무업자가 되는 계기가 점차 경기 침체나 노동환경 악화 등 사회구조적인 문제로 파악되기 시작하면서, 청년 무업자의 상황을 개선하기 위해서는 그들 스스로의 자조적 노력도 중요하지만 동시에 사회적 지원 역시 불가결한 요소임을 알 수 있다.

그런데 일본에서는 오래전부터 교육 및 인재 육성의 대부분을 사실상 학교와 기업이 독점해 왔기 때문에, 학교와 기업으로부터 이탈되었을 때 다시 일반적인 노동시장으로 복귀할 수 있는 경로나 재교육의 기회가 주어지지 않는다. 그뿐만 아니라 정규교육의 대부분은 취직을 위한 초기 지원에 집중되어 있기 때문에, (우리가 이 책을 통해 제안하는 바와 같이) 청년 무업자의 다양한 적성과 실태에 부합하는 방향으로 지원을 못하고 있는 실정이다. 그 결과 보다 전문적이고 숙련된 직무를 필요로 하는 일에 취직할 수 있도록 지원하는 경우는 거의 전무하다.

2000년대 이후 이 책의 공동 저자인 소다테아게넷을 비롯한 몇몇 NPO 등이 '청년 무업자' 문제를 사회적 문제로 인식하고 이들을 위한 각종 지원 프로그램과 재도전 기회를 제공하기 시작했지만, 이런 사실조차도 일반인들에게는 널리 알려져 있지 않은 것이 현실이다.

저출산으로 청년 세대가
줄어들고 있다

지금까지의 문제의식을 바탕으로 독자 여러분을 포함한 사람들이 세대를 넘어 청년 무업자에 관심을 가져야 하는 이유는 다음 세 가지로 요약할 수 있다.

① 청년 무업 당사자에 대한 부정적 오해 만연
② 청년 세대의 희소재(稀少財)화와 취업 지원의 유용성
③ 청년 무업자 문제가 일본 사회의 각종 시스템적 한계를 설명하는 전형적인 상징이라는 것

먼저 청년 무업자는 여러 가지 오해로 둘러싸여 있는 존재라는 점을 들 수 있다. 가장 눈에 띄는 오해는 '일을 할 수 없는 청년은 게으르다'라는 것이다. 자세한 내용은 후술하겠지만, 필자들이 실시한 조사에서는 청년 무업자의 75.5%가 취업 경험이 있었다(128쪽 도표 18 참조). 내각부의 「2013년판 어린이·청년 백서」에서는 '청년 무업자가 구직 활동을 하지 않는 이유'와 '취업을 희망하지 않는 이유'를 물었는데, 다양한 연령대에서 가장 많은 응답은 '질병·부상 때문'이었다. 반면에 '게으름' 때문이라고 오해받기 쉬운 응답인 '서둘러서 취직할 필요가 없다'라거나 '일할 자신이 없다'라고 응답한 비율은 낮았다.

따라서 '청년 무업자는 반드시 게으른 사람이다'라는 명제로 귀결되지 않는다는 것을 확인할 수 있다. 그리고 실제로는 부상이나 질병이 가장 큰 요인이며, 그 외의 응답들을 통해 문제의 원인이 당사자가 아닌

경우가 적지 않음을 이 백서는 밝히고 있다. 이렇듯 당사자에 대한 부정적 오해를 푸는 것이 '일을 할 수 없는 청년' 즉 청년 무업자에 대해 관심을 가져야 할 첫 번째 이유이다.

두 번째 이유는 고도경제성장기와는 달리 현재에는 청년 세대의 수가 점차 줄어든다는 점이다. 저출산 추세에 따라 청년 세대가 전체 인구에서 차지하는 상대적 비율이 적어지고 있다(도표 3 참조). 이렇게 적은 수의 청년 세대가 장래 일본의 GDP 생산과 사회보장을 담당해야 한다. 시대 상황만 보더라도 기성세대가 청년기를 보낸 고도경제성장기와 같이 개인과 사회의 계속적인 성장을 기대할 수 있는 시대는 이미 지났다.

현재의 청년 세대는 과거에 일본 사회가 이룩한 경제성장의 정점을 지나서 경쟁 우위의 원천이 무엇인지도 모르게 된 불투명한 시대를 살고 있다. 반면에 앞으로 청년 세대가 짊어질 세금과 사회보장비는 큰 부담이 될 것이면서도 정작 본인이 지불한 만큼의 사회보장 혜택은 전혀 기대할 수 없을 것이라는 예측이 확실시되고 있다. 이러한 모순을 두고서 세대 간에 투쟁이나 경쟁이 벌어지게 되더라도 이 문제는 쉽게 해결될 수 없다고 생각한다.

게다가 청년 세대가 노동과 취업에 소극적이게 됨에 따라 현재의 각종 사회보장과 경제적 부가가치 창출의 지속성이 큰 위기를 맞고 있는 것도 사실이다. 정부와 지방의 장기 채무 잔고가 1,000조 엔(약 1경 원)을 넘어선 상황에서 무제한적인 공적 지출이 불가능해졌다는 것은 명백하다. 이제는 어떻게 하면 그들을 노동시장으로 재진입하게 함으로써 지원을 받는 대상이 아닌 납세의 주체가 될 수 있도록 할 것인지를 생각하는 것이 중요하다.

도표 3. 일본의 인구 피라미드(2013년 10월 1일 기준)

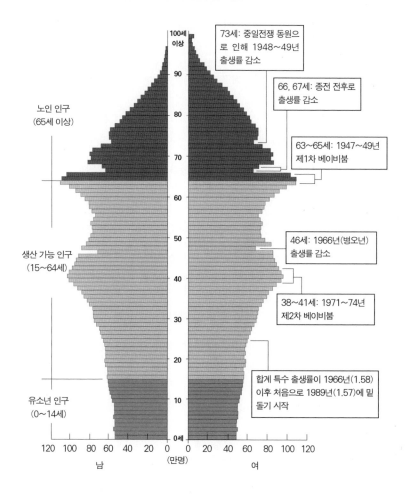

현재 상황에 대한 책임을 따져 본들 지금 눈앞에 있는 급박한 과제들은 아무것도 해결되지 않는다. 청년 무업자 문제를 그들 '당사자의 책임'일 뿐이라고 하는 소극적이고도 부정적인 태도를 갖고서 계속 방치한다면, 이제 특정인이나 특정 세대가 아닌 모두가 그로 인해 심각한 영

향을 받게 될 것이다. 일본 사회의 지속가능성을 위해서라도 세대를 넘어 이 문제의 해결 방법을 진지하게 모색해야 할 것이다.

수많은 오해로 둘러싸인
청년 무업자의 실태

세 번째로는 현재의 정책이나 안전망이 만들어진 기원이 전후 또는 고도경제성장기, 즉 청년 세대가 풍요로웠던 시대에 형성되었기 때문에 현재 발생하고 있는 문제에 대응하는 데에는 한계가 있다는 점을 지적할 수 있다. 현재 발생되고 있는 사회문제의 해결을 위해서는 과거에 만들어진 사회 시스템은 적합하지 않다. '일본형 시스템'으로 불리는 일본 사회의 특징들이 점차 바뀌어 감에도 불구하고 고도경제성장기에 만들어진 안전망이 지금도 그대로 작동되고 있기 때문에 청년 무업자 문제뿐 아니라 다른 사회적 문제에도 충분히 대응하지 못하고 있다.

현재 일본 사회는 인구구성, 노동시장, 안전망 등 모든 영역이 크게 변모하고 있다. 종신 고용도 이미 과거의 일이 되었고, 취직 정보 사이트를 중심으로 한 채용 활동도 변화를 맞이하고 있다. 사회 시스템의 개혁에는 시간이 걸리기 때문에 청년 무업자 문제라고 하는 각론적 접근법뿐 아니라 중장기적이면서도 근본적인 제도 설계를 위한 검토가 필요한 것이다.

마지막으로 개인적인 에피소드를 덧붙이고 싶다. 내 전공은 정보 기술과 정치 관계 및 정책 형성이다. 청년 무업자 문제는 그동안 내가 주도적으로 참여해 온 분야는 아니었다. 나조차도 청년 무업자에 대해 이 책에서 말하는 '오해'라고 부르는 편견을 전혀 갖고 있지 않다고 말한다면 거짓말이 될 것이다. 그러나 약 5년 전 소다테아게넷의 구도 게이 씨를 만나면서 이 문제의 실상과 문제점에 대해 깊이 알게 되었다. 구도 씨에게 배운 사실과 각종 정보를 접하면서부터 '내가 아무 일 없이 평범하게 살아가고 있는 것은 어쩌면 단지 운이 좋은 우연의 결과일 수도 있겠구나'라는 회의감이 들기 시작하였다. 청년 무업자의 실태를 데이터를 활용하여 밝혀 나가는 『청년 무업자 백서』 제작에 참여한 일을 계기로 청년 무업자가 여러 가지 오해에 둘러싸여 있다는 점을 구체적으로 알게 되었고, 반드시 해당 분야의 전문가가 아니더라도 이들을 위해 무엇인가 도움이 될 수 있는 일이 있을 것이라는 생각을 하게 되었다.

대학의 교원이라고 하면 세간에는 청년 무업자와는 상관없는 안정적 직업을 가진 사람으로 보일지도 모르지만, 계약 교원으로서 계약이 만료된 후에 어떠한 상황이 닥쳐올지 전혀 알 수 없다는 개인적인 사정도 있어서 청년 무업자 문제가 더 이상 남의 일로 여겨지지 않았다. 그래서 이 문제의 중요성을 세상에 알리고, 아울러 가능한 범위에서 문제 해결에 도움이 되는 일을 하고자 하는 개인적인 열정이 생겼다. 그 성과의 하나가 이 책이며, 연구자로서의 사회적 실천이자 새로운 분야 및 영역으로의 도전이기도 하다.

그러면 이제 청년 무업자에 대한 진실을 하나씩 밝혀 나가 보자.

2장

'일을 할 수 없는 청년들', 그들의 이력서

'평범하지 않은 청년들'
더이상 남의 얘기가 아니다

앞에서 '무업 상태가 된다는 것은 특수한 일부 청년만의 문제가 아니다'라고 강조했지만, 현실적으로 이를 자신의 일로 동일시하기란 매우 어려운 일이다. 본인이 당사자가 되어야만 비로소 사회적 지원의 절실함과 그 취약점이 어떤 것인지 체감할 수 있게 된다. 그리고 어떠한 사회문제에 대해서든지 과학적인 데이터를 통해 분석해보면 평균적으로 발생할 수 있는 빈도를 파악하여 그 비율에 따른 위험도를 경고할 수 있다. 하지만 그를 통해 얻어지는 사람들의 이성적인 이해 수준과는 별개로 정작 그 위험에 처한 당사자의 시선으로 문제를 바라보고 데이터를 수집하며 해결 방법을 찾아 나가는 경우는 적을 것이다.

여기서는 지금까지 지원 현장에서 만난 무업 청년들의 사례를 소개하고자 한다. 소개할 수 있는 사례의 수가 한정되어 있으므로 가능하면 독자들 또한 '자신의 일'처럼 인식하길 바라는 관점에서 사례를 선택하였다. 실제 현장에서는 유소년 시기부터 학대를 받았거나, 따돌림을 당했거나, 매우 가난한 가정에서 자랐거나, 특별한 사정으로 보호자와 떨어져 생활을 해 온 평범치 않은 경우를 다반사로 만나게 된다. 하지만 이 책의 취지를 고려하여 특이한 케이스가 아니라 누구나 쉽게 접할 수 있는 사례들을 소개한다.

많은 사람들이 일을 하고 있는 것을 보통의 평범한 상황이라고 생각하고 있지만, 정작 현실은 일을 하게 되거나 계속 일을 할 수 있다는 것이 결코 만만하거나 평범치 않은 상황으로 변해 가고 있다. 이 책을 통해 이러한 상황이 어느 누구에게라도 일어날 수 있는 일이 되었다는 바로 그 사실을 깨닫게 되길 바란다.

1

대학 졸업 후 대기업에 입사했지만
동경하던 비전과 괴리된 현장

이력서

성명 A씨 (무업 기간 : 약 1년)		
1989년 ○월 ×일생 (만 25세)	남성	

연도	월	학력/이력
2011	3	도쿄도 내 유명 사립대학 졸업
2011	4	대기업 음식점 체인 입사 후 정사원으로 점포에서 근무
2013	×	상사와의 갈등으로 고민하다 스스로 퇴사
		현재 무업 상태로 이사와 판매 관련 일용직 아르바이트 등으로 생활

연도	월	면허/자격사항/기타
		특이 사항 없음
		요식업으로 독립하고자 하는 꿈도 있었음

일찍 출근했다고
생각했는데

통계적으로 보면 무업 상태가 되기 쉬운 청년은 '저소득, 저학력, 비정규' 이력을 가진 청년이지만, 누구나 다 알 만한 유명 대학을 졸업하고 대기업에 입사했다고 해도 언제나 순조로운 길이 약속되어 있는 것은 아니다. 유명 사립대학 졸업 후 대기업 음식점에 입사한 A씨(남성/25세)는 회사 생활을 하던 중 기업 설명회나 면접 시에 들었던 이야기와 현실 사이에 괴리가 있음을 느껴 이직을 결심했다.

"입사 후 몇 개월은 연수가 많아서 같은 신입 사원끼리도 얼굴을 마주할 기회가 많이 있었어요."

음식을 통해 사회에 기여하고 싶다고 말하는 신입 동기와 함께 나중에는 독립해서 이런 회사를 같이 만들어 보자는 진지한 대화를 나누기도 했다고 한다. 그러나 실제로 매장에 배치되어 일을 시작하게 되자, 미래의 일은 생각할 여유조차 주어지지 않는 하루하루가 반복되었다.

"저녁부터 밤까지의 근무가 메인이 되었어요. 그건 처음부터 알고 시작했죠. 저는 뭐든지 익숙해질 때까지는 시간이 좀 걸리는 편이라 매장에 민폐를 끼치지 않으려고 조금 일찍 나와서 업무를 확인하고 재료 준비도 꼼꼼히 했어요. 근데 언제부터인가 그런 걸 당연하게 여기는 분위기가 되어 버렸어요."

시간이 지나 어느 정도는 적응이 되었을 때, 근무 개시 직전에 출근을 했더니 상사가 심하게 질책을 했다.

"갑자기 큰소리로 화를 냈어요. 항상 오던 시간에 오지 않으면 전체적인 준비가 틀어져 버린다고. 아르바이트를 쓰면 추가 비용이 들지만 정사원이라면 이 정도는 이해해야 하지 않느냐면서요. 이제 더 이상 학생도 아니니까 쉽게 생각하면 안 된다는 훈계까지 들었어요."

정해진 출근 시간보다 늦게 온 것도 아닌데 혼이 났다는 사실을 납득할 수는 없었지만, 야근 수당도 받았기 때문에 정사원은 그런 것인가 보다 하고 위로하며 받아들였다. 그래서 처음처럼 이른 출근을 다시 하게 되었다.

그런데 점점 평일 손님은 늘지 않았고 매출의 대부분을 차지하던 주말이 되어도 매장에는 빈자리가 눈에 띄게 많아졌다. 매상이 오르지 않자 경비를 줄여야 했고, 결국 아르바이트 학생이 일하던 시간대까지 A씨가 담당하게 되었다.

"제 노력 여하에 따라 손님이 늘고 판매도 늘 수 있지 않겠냐는 생각도 있었기 때문에 큰 불만은 없었어요. 그래서 매장 입구에 서서 호객 행위를 하거나 메뉴를 잘 어필할 수 있는 방법을 궁리해 보기도 했고, 손님에게 주문을 받으면 여러 메뉴를 적극적으로 권해 보기도 했어요."

그런 노력의 영향인지는 모르지만 자신이 추천해 준 메뉴를 손님이 추가 주문하면 매장에 도움을 주고 있다는 뿌듯한 마음도 들었다고 한다.

안색을 바꾸고
호통 치는 상사

"'이건 뭐지?'라고 생각한 건 제 월급 명세서를 봤을 때였어요. 제가 계산한 금액과 전혀 맞지 않는 거예요. 상사에게 확인해 보니 인건비를 마련하기 어려워서 근무했던 날이 휴무일로 계산되어 있었고, 야근 수당도 붙지 않았던 거예요."

정말로 이상하다고 생각한 A씨는 상사에게 직접 개선을 요구했다.

"처음에는 어떻게 하면 손님을 끌어모을 수 있을까, 주문을 많이 받을 수 있을까, 손님들이 만족해서 돌아간다면 또 다시 찾아올 것이고, 그렇게 하다 보면 매상도 오르게 될 거라는 긍정적인 얘기를 하셨어요. 상사가 얘기하는 도중에 마음을 굳게 먹고 제가 근무한 시간에 비해서 받은 월급 액수가 이상하다는 말을 꺼냈어요."

밝고 긍정적이던 대화의 분위기가 갑자기 바뀌었다.

"나중에 생각해 보니 상사는 상사대로 본사로부터 강한 압박을 받고 있었던 것 같아요"라고 A씨는 말한다.

"얼굴이 붉게 변하더니 노발대발하는 거예요. 상사는 본사에서 받은 할당량을 채우기 위해 가족과 보내는 시간도 포기할 정도로 힘들게 일한다고 하더군요. 그리고 요식업계 사정이랑 이 회사의 문화를 미리 알고 입사했으면서 이제 와서 무슨 말을 하느냐고 했을 때, 저는 이 회사는 계속 다닐 수 없겠다는 생각이 들었어요. 업계 사정에 대해 어느 정도는 알고 있었지만, 돌이켜 생각해 보면 기업 문화는 기업 설명회나 면접에서 들었던 것과는 딴판이었고, 입사 후에는 직원 연수에서조차 비전을 찾을 수 있는 얘기는 거의 들어 보지도 못했어요."

A씨는 평온한 말투였지만 냉정하게 지난날을 회상했다.

"지금 생각해 보면 상사는 저를 별로 좋게 생각하지 않았던 것 같아요. 그는 이쪽 업계는 학력과 상관없이 성과를 계속해서 내는 사람이 가치가 있다는 말을 자주 했어요. 저뿐 아니라 좋은 대학을 나온 사람에 대해서 부정적인 말도 많이 했던 것 같아요. 전 이 업계가 음식을 통해 사회에 공헌할 수 있는 분야라고 생각했어요. 언젠가는 창업하려는 꿈도 있었고요. 직장을 그만둔 걸 후회하진 않지만, 회사가 하는 말과 현장 실정이 매우 다른 것에 대해서는 안타까운 마음이 들어요."

퇴직 후
일용직 아르바이트로 생활

A씨는 이것을 '좋은 경험'이라고 생각하면서 스스로 반성하는 부분도 있다고 한다.

"때때로 지역을 담당하는 매니저가 본사에서 나왔는데, 저랑 상사와 함께 여러 가지 개선점에 대해 논의했어요. 그러다 보면 어느새 저희가 운영하는 매장 이야기부터 음식 안전과 소비자 동향, 요식 산업의 미래와 해외의 선진 사례 등에 대한 주제로 대화가 무르익게 돼요. 저는 그 시간들이 정말 즐거웠지만, 상사는 대화에는 별로 끼지 않았어요. 매니저가 돌아가면 그런 꿈같은 이야기는 본사 직원들이나 생각할 내용이니까, 현장에서 일하는 사람들은 이윤을 내는 것에 집중해야 한다고 했어요. 정말로 그게 맞는 말인지 의문스러웠지만, 지금 생각해 보면 그 부분에 좀 더 신경을 쓸 걸 그랬어요. 저는 현장이 좋은데요, 제 상사처럼 매장 운영의 총괄자라고 해서 조직의 비전이나 미션을 현장에 구체화시키는 방법을 연구하는 걸 반드시 좋아하는 것은 아니라는 걸 알게 됐어요. 경험이 많으니까 역시 감각이 있구나 하고 감탄한 적도 많았지만, 다른 점포를 분석하거나 통계 데이터를 활용하는 방식은 멀리하려는 고참들도 있었어요. 당연한 얘기지만, 그런 사람들도 배려하면서 의사소통을 하는 노력도 필요하다는 걸 알게 되었으니까 그 점에서는 정말 좋은 교훈을 얻었다고 생각해요."

그때까지 누적된 피로 탓인지 A씨는 퇴직한 직후에는 바로 일할 생각을 할 수 없었다고 한다.

"친구와 가끔 만나서 놀기도 하고 고민 상담을 하기도 해요"라고 말하는 걸로 보아서 대인 관계는 원만했던 것 같다. 그러나 저금한 돈도 별로 없어 생활하는 데 어려움이 생기자 가끔 이삿짐 옮기기나 판매 등의 일용직 아르바이트를 하고 있다.

"지금도 친구와 어울려 지내지만 점점 만나는 횟수가 줄고 있어요. 매번 비슷한 내용으로 상담을 하다 보니 '이제는 슬슬 일해야지'라는 조언을 듣곤 하는데, 그런 말을 듣는 것도 괴롭고 해서 제가 먼저 연락하는 일은 별로 없어요. 그리고 제 사정을 잘 모르는 친구가 요즘 뭐하고 지내는지 물어보는 것도 싫어요. 뭐하냐는 건 무슨 일을 하고 있는지 묻는 것이니까요. 제가 지금 적극적으로 일자리를 구하고 있다면 좋겠지만, 그렇지 못한 지금 상황을 자세히 말하는 것도 귀찮고 해서요."

A씨는 이제 슬슬 구직을 해야 한다고 생각하고는 있지만, 겉으로 알려져 있는 회사의 문화나 조건, 직원에 대한 대우 등이 실제와는 얼마나 다를 것인지 부쩍 예민한 생각이 들게 되어서 선뜻 입사 지원을 해볼 용기를 좀처럼 못 내고 있다고 한다.

2
불합격 메일 100통에 좌절하고,
미안하다는 생각에 면접을 볼 수 없어

이력서

성명	B씨 (무업 기간 : 약 1년 반)	
1990년 ○월 ×일생 (만 24세)		남성

연도	월	학력/이력
2012	3	도쿄 내 중위권 사립대학 졸업
		고용센터●를 이용하면서 구직을 계속하고 있지만 채용되지 못함
2013		반년 간의 휴양을 끝내고 다시 구직 활동 시작
		● 일본에서는 하로워크(Hello Work)라는 명칭으로 실업 급여 수급이나 직업 소개, 직업훈련 등 우리나라 고용센터와 비슷한 서비스를 제공하고 있다.

연도	월	면허/자격사항/기타
		특이 사항 없음
		대학 재학 시 서비스업 아르바이트, 취업을 위한 인턴십도 경험

100통의 불합격 메일

이제는 '대학을 졸업하면 정규직으로 확실히 취직할 수 있다'고 생각하는 청년은 거의 없을 것이다. '신규 졸업자 중 니트 3만 명, 노동력 감소에 박차'라는 제목의 2012년 8월 27일자 일본경제신문 기사가 큰 반향을 불러일으켰다. 대졸자의 15.5%(86,638명)가 진로를 정하지 못하고 졸업하였다. 그래프를 자세히 들여다보면 이들 중 57.1%는 구직 중이고 나머지 38.8%는 '니트 등'이다. '니트 등'은 비구직형 및 비희망형 청년 무업자를 의미하는 것으로 추측된다. 구직 중이라고 응답한 신규 졸업자는 구직형 청년 무업자에 해당되는 것으로서 약 8만 명이 넘는 신규 졸업 청년 무업자의 존재가 확인되었다고 할 수 있다.

대학생의 구직 활동을 얘기할 때 단지 이력서만 제출했는지 또는 면접까지 갔는지 등 어느 단계까지 지원한 것을 한 차례의 취업 응시로 볼 것인지에 대해서는 보는 각도마다 차이가 있다. 그렇기는 하지만 몇십 군데에 응시했음에도 불구하고 한 곳에서도 연락이 오지 않았다는 이야기는 이제 드문 일이 아니다. 도내 중위권 사립대학을 졸업한 B씨(남성/24세)도 그런 청년 중 한 명이었다.

"재학 중엔 60군데 정도 지원했어요. 대학 졸업 후에 지원한 기업을 다 합치면 100곳은 넘을 거예요. 그만큼의 지원서와 이력서[12]를 작성하는 것도 큰일이었지만, 지원한 만큼의 불합격 메일(채용 불합격 통지)을 받는 셈이니까 그게 정말 괴로웠죠. 그렇게 많은 불합격 메일을 받으니까 저라는 존재는 이 사회에서 전혀 필요치 않은 사람이라는 생각이 들었어요."

---

12 일본에는 아직까지 손으로 직접 쓰는 수기(手記) 이력서 제출을 요구하는 회사가 많다.

면접만 보면

머릿속이 새하얘져

B씨는 현재 일을 하고 있지 않지만, 일자리를 알아보는 것조차 할 수 없는 상황이다.

"대학생 때는 패밀리 레스토랑이나 패스트푸드점에서 아르바이트를 했어요. 그다지 특별한 경험은 아니지만, 대학교 2학년 때에는 기업에서 인턴십도 했고요. 본격적인 취업 준비 시기가 시작된 후에는 주변 사람들과 마찬가지로 구직 활동을 했어요. 간단하게 될 것이라고 생각한 건 아니지만 면접에서 계속해서 떨어지는 거예요."

B씨는 서류 전형에서 탈락할 때도 있었지만 면접까지 올라간 경우도 적지 않았다고 한다.

"면접 전날부터 긴장하기 시작해서 당일에는 집을 나서는 순간부터 회사에 도착할 때까지 계속 긴장 상태예요. 면접을 보러 들어가면 그러한 긴장감이 최고조에 달해서 말도 안 나오고. '이거 큰일 났다, 어떡하지?' 하며 초조해지는데 머릿속이 새하얗게 돼 버리는 거예요. 면접이 끝나고 나면 면접관이 한 질문의 내용도, 제가 대답한 내용도 전혀 기억나지 않았던 적도 있어요."

수십 번 면접을 경험해 보면 면접관의 전형적인 질문 유형에도 익숙해질 법하건만 B씨의 상황은 더욱 나빠지기만 했다.

"확실히 비슷한 질문들이 있긴 해요. 연습할 땐 이런 질문이 나오면 이렇게 대답해야지라며 제가 PR하고 싶은 게 무엇인지 정리가 되어 있어요. 실제로 연습 삼아 거울 앞에서 해 보면 문제없이 해내지만 실제 상황이 되면 준비했던 대답조차 머릿속에 떠오르질 않고, 간혹 떠오른다고 해도 입 밖으로 나오질 않는 거예요. 면접을 잘해 보려고 세미나 같은 데에도 참가하고 모의 면접 같은 것도 해 봤는데 그때는 별로 말을 버벅거리거나 하지 않는데 말이죠. 제가 압박을 받는 상황에 약한 타입인가 봐요."

일상생활에서는 의사소통을 못하는 것도 아닌데 아무리 노력을 해도 면접에서만큼은 잘 안 되는 것이다. 어느 기업의 면접에서는 면접관이 어이없어하기도 했다고 한다.

"면접관이 어떤 질문을 던졌는데 언제나처럼 '저…', '그게…' 이러면서 패닉 상태가 돼 버렸어요. 면접관이 처음에는 '괜찮아요. 본인 페이스에 맞춰 말하면 돼요'라고 부드럽게 말해 줬지만, 점차 얼굴색이 변하는 거예요. 답답해하는 걸 아니까 무슨 말이라도 빨리 하려고 했는데 역시나 아무 말도 안 나오고. 참고 참다가 극에 달한 면접관이, 면접관들은 진지하게 임하고 있는데 취업 응시자인데도 가벼운 생각으로 오는 거라면 오지 말라는 말을 했어요. 그쪽에서 소리치며 화를 낸다고 해도 전혀 이상하지 않을 상황이었는데 면접관은 화를 억누르면서 그렇게 말하더라고요."

구직을 하지 않는 것이
누군가에게 도움이 된다면

어떻게 해서든 취직자리를 찾아보려고 노력해 온 B씨였지만, 어느 날 결국 구직을 그만둬 버린다.

"정말 진지하게 생각했었어요. 나처럼 면접의 기회가 생겨도 똑 부러지게 말도 못하고 기회를 날려 버리는 사람이 한 명 있다면, 그만큼 그 회사에 가고 싶어 하는 다른 사람의 면접 기회를 빼앗고 있는 것은 아닌지를요. 면접관도 면접을 하는 것이 직업인데 나 때문에 그 시간을 헛되이 보내게 되고요. '누군가에게 계속해서 민폐를 끼치고 있는 것이라면, 차라리 내가 구직 활동을 하지 않는 것이 다른 누군가에게 도움이 될지도 모른다.' 이런 생각을 하는 게 이상해 보일지 몰라도 그 당시엔 정말 그런 마음이었어요."

B씨는 졸업할 때가 가까워지자 잠시 직장 구하는 것을 재개한다.

"졸업할 때까지는 몇 개월이 남은 시점이었지만 신규 졸업자만을 대상으로 모집하는 기업이라면 내가 지원을 해도 괜찮지 않을까 생각했어요. 졸업 후 진로가 전혀 정해지지 않았다는 불안감도 있었고요. 무엇보다 졸업 후에는 제대로 일을 하고 싶었거든요."

하지만 B씨는 단 두 군데에 면접을 보고 나서 구직 활동을 마감한다.

"결국 두 군데 다 면접할 때 제대로 말을 못해서 떨어졌어요. 불합격 연락이 왔을 땐 실망하지도 않았어요. 면접할 때 이미 어렵다는 걸 알았으니까요."

대학 졸업 후에 다시 한 번 고용센터를 이용하여 신규 졸업자 대상 모집에 지원한 B씨. 모의 면접에서는 어느 정도 양호한 평가를 받으면서도 실제 면접에 임하면 긴장하는 게 개선되지 않아서 계속 낙방하기만 했다.

"면접을 봐도 봐도 계속 떨어지기만 하니까 취직하고 싶다는 마음도 조금씩 사라졌어요. 이제는 면접을 보기도 전에 미리 또 떨어지겠지라고 생각하면서 면접을 보고, 어차피 떨어질 거니까 면접을 봐도 소용이 없다고 생각하게 되었어요. 악순환이었죠. 점차 정신적으로도 우울해져서 임상심리사에게 상담을 받았어요. 남들이 하는 것처럼 평범하게 일해 보려고 일자리를 알아본 건데, 지금은 일할 수 있는 상태가 되기 위해서 먼저 해야 할 일들이 산더미예요. 솔직히 제가 이렇게 되리라고는 생각도 못 했어요."

마지막으로 면접을 보고 나서 반년 정도가 지난 후, B씨는 한 번 더 구직 활동을 시작했다.

"최근 반년은 상담을 받는 일 이외에는 거의 아무것도 하지 않았어요. 쭉 집에만 있으면 우울해지니까 번화가를 찾아 어슬렁거리거나, 도서관에 가서 책을 읽기도 했어요. 제 나이 또래가 일하고 있을 낮 시간엔 돌아다니는 게 어쩐지 좀 그러니까, 주로 저녁부터 밤 사이에 외출하는 일이 많았어요. 밤에는 사람들이 인터넷에 접속을 많이 하니까 교류도 활발해져서 새벽까지 컴퓨터 앞에 앉아 있다가 바깥이 환해질 때쯤에서야 잠이 들었어요. 완전히 밤낮이 바뀐 거죠. 그런데 상담하면서 혼란스러운 생각들이 정리가 되면서 지금의 생활에서 벗어나야겠다고 생각하게 됐어요."

한 차례 꺾여 버린 일하고 싶다는 의욕은 어떻게 된 것일까?

"일을 할 의욕이 있냐고 묻는다면, 당연히 일하고 싶죠. 지금은 각오를 하고 있는 상황이라고나 할까요? 저에게 있어서 일한다는 것은 어떤 의미인지, 적성은 무엇인지 등등 저 스스로에 대한 분석과 이해부터 다시 해 보고 있어요. 일정 기간 소정의 급여를 받으면서 회사에서 일하고 그 후에 정식으로 채용되는 구직 프로그램도 있다고 하니까, 면접을 아예 회피하는 건 아니지만 제가 일하는 모습을 먼저 보여 줄 수 있는 직장에 도전해 보고 싶어요."

초보자를 환영한다고 하고는
교육도 휴일도 없더니 갑자기 날아든 퇴직 권고

이력서

성명	C씨 (무업 기간 : 약 1년 반)	
1986년 ○월 ×일생 (만 28세)	여성	

연도	월	학력/이력
2008	3	재학 중 공무원 시험에 응시했지만 떨어진 후 대학 졸업
		2년 동안 프리터 생활을 하면서 시험 준비를 했지만 결국 포기
2010	10	IT 기업에 정규직 프로그래머로 입사
2012	9	상사의 퇴직 권유에 개인 사유라는 명목으로 퇴직

연도	월	면허/자격사항/기타
		특이 사항 없음
		결혼 후에도 일할 수 있는 직장을 희망

공무원 시험을
준비했지만 불합격

　　　　　일반적으로 구직자가 직장을 고를 때 주목하는 부분은 모집 광고에 기재되어 있는 '급여'나 '복리 후생' 등의 근로조건, 그리고 집에서 회사까지 걸리는 '통근 시간' 정도일 것이다. 물론 자신의 업무 능력을 향상시킬 수 있는 분야이거나 장기적으로 자신의 경력에 도움이 될지, 또는 회사가 지향하는 것과 자신이 보유한 능력이 일치하고 있는지 등을 중요하게 여기는 사람도 있을 것이다.

　최근에는 여러 가지 정보를 구직자에게 제공할 수 있도록 구인 사이트 등도 잘 준비되어 있지만, 고용센터나 구인 잡지 등에서 일을 찾을 때에는 모집 광고에 올라와 있는 한정된 정보만을 보고 지원 여부를 판단하는 경우가 아직까지는 일반적이다.

　"솔직히 공무원 시험에 합격하기 위한 노력이 충분하지 못했어요. 함께 공무원을 목표로 공부한 친구는 재학 중에 공무원 고시 학원에 다니기도 했지만, 제게는 학교와 학원 두 군데 다 다닐 돈이 없었어요. 그래서 독학으로 준비할 계획이었는데, 초기에 좀 좌절을 하게 되어서 그 후에는 공부를 하는 둥 마는 둥 하다가 불합격했어요. 그다지 충격은 받지 않았어요. 오히려 열심히 공부했던 친구의 불합격 소식에 더 충격을 받을 정도였으니까요."

　공무원 시험에서 떨어진 친구들은 바로 일반 기업으로 목표를 바꿨다. 그러나 C씨(여성/28세)는 일반 기업으로 목표를 바꾸기가 좀처럼 쉽지 않았다.

　"친구들은 공무원 시험을 준비하면서도 일반 기업의 취업 설명회에 참여하거나 지원서를 내 보기도 했지만, 저는 그러지 않았어요. 이것 저것 동시에 할 수 있는 능력도 없고, 아르바이트를 하지 않으면 생활을 할 수가 없었으니까요."

대학교를 가족과 함께 사는 집에서 통학한 C씨였지만 가정 형편이 그다지 윤택하지 않았기 때문에 교통비나 교재비 등은 아르바이트를 하며 스스로 충당했다. 그렇게 어찌하다 보니 적극적으로 일자리를 구하지 못하고 시간만 흘러갔다. 함께 공무원을 목표로 했던 친구들은 취업에 성공하여 졸업 후 진로를 정해 나갔다.

"친구들에게서 취업에 성공했다는 연락이 오면 기쁘긴 했지만, 조금씩 초조해지기 시작했어요. 이대로 졸업해 버리면 나는 어떻게 되는 거지 하는 불안감 때문에 친구들과의 대화 주제도 구직으로부터 졸업여행이나 졸업 후 생활에 대한 내용으로 점차 바뀌었어요. 점점 마음이 불편해져서 앞날이 불안하다는 말조차 꺼낼 수 없게 돼 버려서 친구들과 거리를 두게 됐어요."

캠퍼스에서는 되도록 친구들과 마주치지 않도록 신경을 쓰고 취직에 관한 대화도 피하면서 지내던 C씨였지만 졸업 후 진로에 대한 질문을 받으면 공무원 시험에 다시 도전할 거라고 말했다고 한다.

"그렇게 말해 두면 편했어요. 지금에 와서 혼자만 직장을 구하는 것도 눈치 보이고. 그렇게 말하면 졸업 후에 공무원 시험 준비를 하기로 정해져 있는 게 되니까 주위 사람과 관계를 계속할 수 있었어요."

근무 환경이 좋아 보이는
IT 기업에 입사

C씨는 대학 졸업 후 3년 동안 공무원 시험에 도전했지만 합격하지 못했다.

"원래 공무원이 되면 좋겠다는 정도로 생각했고, 아르바이트를 하면서 공부를 할 생각이었는데요."

부모와도 대화를 나눈 끝에 공무원은 포기하고 일반 직장을 구하기로 했다. 커뮤니케이션에 자신이 있다는 C씨는 면접 시에 대답을 시원시원하게 해서인지 바로 정사원으로 채용되었다.

"인터넷으로 구인 광고를 찾았어요. 월급이 높은 곳보다는 근무 환경이 좋을 것 같은 회사를 중심으로 살펴봤어요. 눈에 들어온 곳은 직원이 50명 정도인 IT 기업이었어요. 프로그래머를 모집하고 있었지만, 경력이 없는 사람도 지원이 가능했고 집에서도 가까웠어요."

이력서를 보내자마자 바로 면접을 보러 오라는 연락이 왔다. 원래 공무원을 목표로 했던 이유가 결혼 후에도 육아가 가능하고 일을 계속할 수 있어서였기 때문에 그 부분을 확인하기 위해 면접을 보러 갔다고 한다.

"회사 규모는 너무 크지도 작지도 않았어요. 면접 장소에서 살짝 봤는데, 여자들도 꽤 있었어요. 면접 담당자들은 맞벌이가 당연한 요즘, 여성도 활약할 수 있는 조직을 지향한다고 했어요. IT 업계가 업무량이 정말 많다는 걸 인터넷에서 보긴 했지만, 야근은 있는데 하루에 두 시간 정도라고 해서, 대기업에 가도 그 정도는 할 거라고 생각했어요."

대학 졸업 후 2년 간 프리터 생활을 한 경험밖에 없던 C씨 스스로도 '이렇게 수월하게 정사원으로 채용될 거라고는 생각하지 못했다'고 한다.

격무에 시달리다 사람들이
차례로 사라지는 직장

　　　　　프로그래밍을 직접 해 보지 않았지만, 사내 연수와 서포트 제도가 있기 때문에 설레는 마음으로 새로운 걸음을 내딛었다. 그러나 구인 광고에서 본 정보와 직장의 실태는 달랐다.

　"속았다는 생각이 들었어요. 미경험자도 가능하다고 했는데 동료에게 경험이 없다고 말했더니 혀를 차는 거예요. 정말 프로그래밍 따위는 한 적도 없기 때문에 연수를 믿고 있었거든요. 일절 없었어요. 그래도 일은 계속 밀려드니까 전문 서적과 인터넷으로 공부를 하면서 옆자리 동료를 통해 눈동냥으로 보고 배우면서 따라 했어요. 모두가 몹시 바쁘고 피곤해 했기 때문에 모르는 부분을 물어볼 수 있는 분위기도 아니었거든요."

　그래도 필사적으로 프로그래밍을 배워 일을 해 나갔지만, 다수의 프로젝트가 진행되고 있는 중에 또다시 새로운 업무가 밀려왔다.

　"영업팀이 사정도 알아보지 않고 무작정 일을 받아 오는 거예요. 그 일이 개발팀에 던져지고. 납품 기한도 도저히 맞출 수 없는데 말이에요. 회사는 영업 목표를 매우 높게 잡고 있고, 일을 따 오는 영업 담당은 여러 가지로 우대를 받았어요. 저희 개발자와 상의도 하지 않고 클라이언트의 무리한 요구에 무조건 할 수 있다고 대답해 버리는 거예요. 프로젝트가 너무 많아서 지금 무슨 일을 하고 있는지도 모를 정도였어요."

　하루에 두 시간 정도라고 들었던 야근 시간도 평균 여섯 시간을 넘었다. 납기를 맞추기 위해서는 휴일이나 공휴일도 반납하고 일하는 것이 당연시되었다. 집에 못 들어가는 날이 비일비재하였다.

　"정신을 차리고 둘러보면 직원이 그만두고 없는 거예요. 갑자기 연락도 없이 사라져 버린 사람도 있었고요. 그 몫을 남은 사람들이 해야 하는 거죠. 신입 사원도 바로바로 들어오지만 이직하는 사람도 많았고. 일을 그만두기 직전에 있었던 일은 별로 기억에 없어요. 저도 조금씩 정신적으로 불안정해졌어요."

처음으로 하게 된 일이고 정사원이기도 하니 너무 빨리 그만두면 직장을 옮길 때 영향이 있지는 않을까 불안해하면서 C씨는 일을 계속했다. 또한 자신이 사라지면 누군가가 자신의 업무를 짊어져야 하기 때문에 그만두고 싶다는 감정도 의식적으로 나타내지 않으려고 했다고 한다.

"그만두고 싶다기보다는 도망치고 싶었어요. 게다가 그만두는 것을 생각하거나 입 밖에 내거나 하면 너무 갈 데까지 가 버리는 것 같아서 어쨌든 일을 계속 이어 나갔어요. 그런 걸 생각할 여유가 있으면 1분이라도 빨리 눈앞의 업무를 끝내고 집에 돌아가서 이불 위에 눕고 싶기도 했고요."

일하고 싶지만
구인 광고만 봐도 위축돼 버려

그러나 C씨와 회사와의 관계는 싱겁게 끝나 버렸다.

"정신없이 일을 하는 과정에서 프로그래밍에 대한 지식과 기술은 늘었다고 생각해요. 제 나름의 방식이었지만 일에 능숙해진 느낌이 있었어요. 하지만 어느 날 갑자기 상사가 기술이 많이 부족하다면서 퇴직을 강요하는 거예요. 저보다 못하는 직원도 있었고, 저는 큰 실수를 한 적도 없었는데 말이죠. 왜 그럴까 하는 생각도 했고, 화도 났어요. 근데 이걸로 이 회사에서 도망칠 수 있겠다는 생각이 더 컸어요. 오히려 기회라고 생각했죠."

결국 C씨는 개인 사유라는 명목으로 퇴직하게 된다. 스스로 그만둘 필요는 없었지만 한시라도 빨리 쉬고 싶었다. 격무로부터 해방되어 정신적으로도 다소 안정이 되었지만 몸 상태는 생각했던 것만큼 회복되지 않았다. 어머니의 권유로 병원에 갔는데 자율신경실조증이라는 진단을 받았다.

"자세히는 몰랐지만 몸에 이상이 있다는 진단을 받고도 특별히 놀라지는 않았어요. '아, 그렇겠지'라고 생각했어요. 직장에 다닐 때 여러 일이 있었지만 그다지 되돌아보지는 않아요. 떠올리고 싶지도 않다고 말하고 싶지만, 어렴풋이밖에 생각 안 나는 게 사실이에요."

현재 C씨는 몸도 회복되었고 다시 일을 찾으려고 하고 있다. 그러나 어떤 구인 광고를 봐도 전 직장에서 느낀 공포로 위축돼 버린다.

"일하고 싶지 않다고 생각한 적은 없어요. 오히려 빨리 일하고 싶어요. 근데 결혼이나 출산도 가능하고 계속해서 일할 수 있는 직장이 정말 있을까 싶어요."

수입이 없어진 C씨는 어떻게 생활을 하고 있는 걸까?

"다행인지 불행인지 돈을 쓸 시간도 여유도 없었기 때문에 저축을 꽤 많이 해서 그걸로 생활하고 있어요. 부모님과 함께 지내고 있고 당분간의 생활비는 어떻게든 해결이 돼요. 근데 생활이 가능한 건 좋은데 일이 없는 일상은 정신적으로 괴로워요. 리듬을 무너뜨리지 않으려고 일찍 자고 일찍 일어나려고 신경을 쓰지만, 매일 아침 '오늘은 뭘 하지'라는 생각을 하는 것 자체가 고통이에요."

지금은 마음을 정리하기 위해 상담을 받거나 스트레스 대처 워크숍에 나가기도 하지만 직장으로의 복귀는 예정되어 있지 않다.

"자기 방어력을 높이고 싶다"고 C씨는 말하지만, 개인이 스스로 스트레스 내성을 높이기 위한 노력을 하는 것보다 열악한 근무 환경 속에서 일하게끔 강요하는 기업들에 대한 대책을 세우는 것이야말로 사회의 우선 과제라는 점은 말할 필요도 없을 것이다.

4
어려운 세무사 자격을 취득했건만
면접에 서툴러 히키코모리 생활

이력서

성명 D씨 (무업 기간 : 약 7년)		
1980년 ○월 ×일생 (만 34세)	남성	

연도	월	학력/이력
2002	3	국립대학 졸업
2004	4	세무사 시험 합격
		세무사 사무소 면접에서 떨어져 세무사 포기
		현재 히키코모리 상태

연도	월	면허/자격사항/기타
2004	4	세무사 자격 취득
		공부와 같이 몰두할 수 있는 작업은 좋아하지만, 사람을 대하는 일은 서투름

공부는 좋아하지만
대인 관계가 어려워

　　　　　아직도 과연 '자격증만 있으면 충분히 먹고 살 수 있다'고 장담할 수 있을까? 시대는 분명 변했지만 여전히 변호사, 공인회계사, 세무사 등 어려운 자격증을 취득하려고 수년을 들여 도전하는 청년들이 넘쳐 난다. 이런 자격증 취득을 도와주는 학원 등의 안내 자료를 보면 '전문직에 대한 사회적 수요는 높아지고 있습니다'라고 설명하고 있기 때문에 안정적인 일자리가 보장되어 있는 것으로 여기게 된다.

　국립대학 졸업 후 세무사를 목표로 공부를 계속해 온 D씨(남성/34세)는 어려운 자격시험에 합격했다. 원래 극도로 낯을 가려 대화를 나누는 것이 서툴러서 늘 대인 관계에 불안감을 갖고 있었다.

　"무슨 일이 계기였는지 잘 기억나지 않지만 초등학교 저학년 때부터 사람들과 말하는 데에 서툴렀어요. 수업 중 선생님이 지목하면 답을 알고 있으면서 대답을 할 수 없어서 고개를 푹 숙이곤 했어요. 친구도 있었지만 제가 먼저 뭔가를 제안하기보다는 모두가 정한 것을 따라가는 식이었죠. 이성과는 전혀 대화를 하지 못했죠. 많이 긴장해서요."

　대인 관계가 서투른 청년 무업자는 많으며 D씨도 그 중 한 사람이다. 다행히도 따돌림을 당한 경험은 없다고 한다.

　"뭔가 신체적으로 위해를 당하거나 무시당한 적은 없어요. 중학생이 되자 친구들과 공원이나 집에서 노는 일은 없어졌지만 학교에서는 나름대로 대화를 나누긴 했어요. 중학교와 고등학교 때는 육상부에서 중거리 선수였는데 특별히 발이 빨랐던 것은 아니에요. 매일 학교가 끝나면 동아리 활동[13](육상부)을 하고 집에 돌아가면 피곤해서 잠들어 버리는 일상이었어요. 즐거웠죠."

성적은 좋았다는 D씨는 국립대학에 바로 합격하였다. 특별히 목표가 있었던 건 아니지만 졸업 후에 어떤 일을 하면 좋을지 일찍부터 생각하고 있었다.

"중학교, 고등학교와는 달리 대학교는 아무도 아는 사람 없이 시작하잖아요. 우연히 같은 수업을 들어 알게 된 걸 계기로 친구도 생겼지만 동아리 같은 데에는 가입한 적 없어요. 대인 관계가 서툴다는 걸 늘 의식하면서 대학 생활을 했어요. 미팅 같은 걸 하자는 제안도 받았었지만 바로 거절했어요. 이성에 대한 관심은 있었지만 처음 만나는 여자와 식사 같은 걸 한다는 건 절대 무리예요. 그런데 졸업 후에는 취직을 하게 될 것이고, 관계가 한정되어 있는 곳에서 하는 일이 나한테는 맞을 것 같다고 생각했어요."

재학 중 아르바이트를 몇 번인가는 해 보았다는 D씨는 공장에서 하는 단순 분류 작업같이 타인과 소통하지 않아도 되는 일을 선호하여 골랐다. 자신의 업무를 매뉴얼에 따라 묵묵히 해내는 것이 정신적으로도 편했고, 잘만 해낸다면 그에 상응하는 평가를 받을 수 있는 일에 보람을 느꼈다.

"정해져 있는 구역 안에서 오른쪽에서 왼쪽으로 움직이는 컨베이어 벨트 작업을 하면 집중하고 있는 저 자신을 느낄 수가 있었어요. 정신을 차리고 보면 몇 시간이나 흘러가 있고 곧 아르바이트가 끝나요. 공장에

---

13 일본에서는 내성적이거나 소극적인 학생들일지라도 대부분 동아리 활동을 한다.

서 밖으로 나오면 개운했죠. 대학을 졸업하면 취직을 해야 하니까 무슨 일이 제게 맞을까 생각을 해 봤는데, 왠지 모르게 세무사에 마음이 갔어요. 구체적으로 알아본 건 아니에요. 하지만 개인이나 법인을 뒤에서 지지해 주면서도 겉으로 드러나지 않는 일일 것 같아서 제게 맞을 거라고 생각했죠."

면접을 피하려고
세무사 시험에 도전

대학교 3학년이 되어 주변이 구직으로 술렁거리기 시작할 무렵, D씨도 대학에서 주최하는 구직 대비 세미나에 참가했다. 그런데 직장을 구하기가 매우 힘든 상황에서 합격을 하려면 무엇을 어떻게 준비해야 한다는 식의 말들만 계속 듣고는 질려 버렸다고 한다.

"취직하는 게 전에 비해 힘들어졌다는 이야기는 넘쳐 났기 때문에 새삼스럽게 놀라지 않았지만, 합격하기 위해서 해야 할 일이 이렇게나 많을 거라고는 생각하지 못했어요. 2학년 여름방학을 활용해서 인턴십을 한 친구도 있었는데, 그런 것은 특별한 목적을 갖고 있는 애들이나 하는 거라고 생각했었어요. 그런데 알고 보니 꽤나 많은 애들이 인턴십을 했더라고요. 저는 제 성격을 고려해서 사람과 많이 엮이지 않는 일이 맞으니까 가능하면 전문적인 자격을 살린 분야에서 착실하게 일하고 싶다고 생각하게 되었어요."

주위의 움직임에 자극을 받았는지 D씨도 취직에 대해 진지하게 생각하게 되었다. 다양한 업계를 조사하고 기업 연구도 해 봤지만, 어느 기업에 지원한다고 해도 면접은 피할 수 없었다. 만난 적도 없는 사람과의 의사소통을, 그것도 극도로 긴장하게 만드는 면접이라는 상황을 견뎌 내야 한다는 생각만으로도 심장이 두근거렸다.

"난 역시 무리라고 생각하고, 부모님과 상담한 후 세무사 자격증 취득을 목표로 하게 되었어요. 세무사 입시 학원에도 다녔죠. 재학 중에 합격할 거라고는 생각하지 않았기 때문에 2~3년 뒤에 합격할 수 있으면 좋겠다는 정도로 생각했죠."

대학을 졸업하고 약 2년 후에 D씨는 멋지게 세무사 시험에 합격한다. 그러나 여기에서도 벽에 부딪히게 된다.

"시험 합격 후 실무 경험을 쌓아야만 세무사 명부에 등록하고 세무사로 활동할 수 있어요. 보통은 세무사 사무소 등에서 일을 한 후 등록하지만, 저는 제 성격 때문에 면접을 봐도 채용되지 않을 것이기 때문에 그 시간을 상대방이 허비하게 만드는 것도 미안하다는 생각이 들어 아무 데도 면접을 보러 가지 않았어요."

수험 기간은 이력서에서
공백에 불과

착실하게 공부한 끝에 어려운 국가 자격시험에 합격한 D씨이지만, 결국 세무사의 길에 들어서는 것은 포기했다. 큰 목표를 향한 공부에만 몰두해 왔기 때문에, 막상 다른 길을 생각해 보려고 해도 좋은 생각이 떠오르지 않았다. 처음에는 공장 등에서 아르바이트도 했지만, 인생을 이렇게 살아도 괜찮은가 하는 불안감에 정사원으로 하는 일을 찾아보려고 했다. 그러나 그대로 집에서 움직일 수 없는 상태가 되어 집 밖으로 잘 나가지 않는 생활이 시작됐다.

"거의 대부분의 시간은 아무것도 안 해요. 텔레비전을 보거나 잡지를 읽거나 인터넷을 하기도 하지만 목적이 있는 건 아니에요. 왜 이렇게 되어 버린 것인지, 이제부터 어떻게 하면 좋을지 모르겠어요. 구직을 해야 하는데 이런 식으로 사는 인간을 고용할 회사는 아마 없을 거예요. 지금은 앞날에 대해 생각해도 괴롭기만 하니까 아무것도 생각하지 않아도 되는 텔레비전이나 인터넷으로 시간을 흘려보내고 있어요."

D씨와 같이 앞날에 대한 생각이 절망감으로 이어지고, 아무 일도 하지 않고 집에만 있다는 죄책감이 더욱 깊어지면 자신이 존재하는 것 자체만으로도 미안한 마음을 갖게 되는 것이다. 청년 무업자들에게선 생각하는 자체가 너무 괴롭기 때문에 텔레비전이나 인터넷으로 시간을 보내고 있다는 말을 정말 자주 듣는다.

"나이도 있으니까 앞으로도 세무사 자격을 살릴 수 있는 일을 하는 건 어려울 것 같아요. 일은 하고 싶어요. 근데 지금까지 한 번도 제대로 일한 적이 없어서 자신이 없어요. 철이 들었을 때부터 쭉 사람들을 대하는 게 서툴렀고 그래서 앞이 안 보여요."

대학 졸업 후 어려운 자격증을 따기 위해 수년 동안 수험생 생활을 하는 청년이 적지 않다. D씨의 경우는 시험에 합격했지만 일을 할 수 없었다. 한편, 중간에 수험생 생활을 포기하고 구직 활동으로 전환하는 청년도 있다. 이들이 자격시험 공부에 전념한 시간은 이력서 상에선 공백기가 되어 직장을 구할 때 서류 전형에서 어려움을 겪기도 한다. 난이도가 높은 자격시험에 도전했지만 좋은 결과가 나오지 않을 때, 노력해 온 시간이 길면 길수록 구직에는 악영향을 끼치는 것이다.

5

두 번이나 해고 경험,
무엇보다 망하지 않을 회사에서 일하고 싶어

이력서

성명	E씨 (무업 기간 : 약 2년 반)	
1986년 ○월 ×일생 (만 28세)		남성

연도	월	학력/이력
2008	3	유명 사립대학 졸업
	4	재학 중 아르바이트를 한 영상제작회사에 정사원으로 입사
2009	1	제작 수주 프로그램의 종료라는 회사 사정으로 해고
	4	대기업 자회사의 고객서비스센터 계약직으로 입사
2011	10	자회사가 흡수합병되어 해고
		현재 부모님으로부터 생활비를 송금받으면서 구직 중

연도	월	면허/자격사항/기타
		특이 사항 없음
		아르바이트를 했던 영상제작회사에 호감을 갖고 있으며, 지금도 감사하게 생각

아르바이트했던 회사에
정사원으로 취직

소속된 회사의 근무 조건과 환경이 좋아서 의욕이 넘쳐 자발적으로 일을 하고 있다 있더라도, 회사의 도산이나 해고라는 예상치 못하는 이유로 실직하는 경우도 있다. 연간 1만 개가 넘는 기업이 도산하는 가운데, 그로 인한 갑작스러운 실직은 남의 일이라고 단정할 수 없다. 장래에 음악업계에서 일하고 싶어 하던 E씨(28세/남성)는 도쿄도 내의 유명 사립대학 재학 중 영상제작회사에서 아르바이트를 했다. 우연히 지인의 소개로 시작하게 된 일이다.

"정말 좋은 직장이었어요. 직원들은 모두 친절했고, 일도 자상하게 가르쳐 줬어요. 보도 프로그램을 담당하는 부서에 있었는데, 원고를 자막 편집 센터에 가져다주거나 아나운서가 카메라를 향해 시선을 유지하면서 원고를 보게 해 주는 프롬프터라는 기계를 조작하는 등의 일을 했어요. 아르바이트는 시간제였지만 야근을 하는 일이 거의 없었고, 야근을 했을 때는 수당도 제대로 챙겨 줬어요. 프로그램 종료 후에는 함께 한잔하러 가기도 했는데 직원과 아르바이트생을 차별하는 일도 없이 말을 걸어 줬어요. 때때로 연예인이 나올 때는 즐겁기도 했죠. 화면에서 보던 사람이 눈앞에 있는 것만으로도 두근두근했어요."

직장을 알아봐야 할 시기가 되었어도 E씨는 아르바이트를 더 우선으로 했다. 생활비 때문이기도 했지만 무엇보다 그 일이 즐거웠다.

"아르바이트생일 때부터 상사에게 '졸업하면 정사원으로 일하면 좋을 텐데'라는 말을 들었어요. 반신반의하긴 했지만, 그곳이 익숙해진 직장이었고 머리를 자르고 검은 취업용 정장을 입고서 구직 활동에 나서는 것에도 위화감이 있었기 때문에 사장님에게 정말 고용해 주실 건지 물어봤죠. 그랬더니 그 자리에서 고용을 약속하셨어요. 일할 때 좋은 평가를 받았기 때문에 그런지는 모르겠지만, 오랫동안 아르바이트를 했기 때문에 처음부터 무언가를 다시 가르쳐야 할 필요가 없는 것도 큰 이유가 아니었을까 해요."

고용 약속을 받고 나서도 E씨는 구직 활동을 했다. 원래 음악업계에서 일하고 싶어 했기 때문에 음악회사 등 다수의 기업에 지원서를 제출했다.

"서류 전형에서 떨어진 건 한 곳뿐이었어요. 최종 면접까지 간 곳은 두 군데였지만 합격이 되지는 않았죠. 하지만 아르바이트했던 곳에서 이미 채용 약속을 받았었기 때문에 특별히 풀이 죽거나 하지는 않았어요."

회사 사정으로
갑작스런 정리 해고

무사히 대학을 졸업하고 아르바이트를 했던 곳에 정사원으로 입사하게 된 E씨. 업무에 큰 변화는 없었다고 한다.

"아르바이트를 할 때에도 보도 프로그램 팀에 있었기 때문에 주로 그곳이 제가 담당하는 곳이었어요. 입사 초기에는 아르바이트를 연장한 것 같은 느낌이었지만 얼마 되지 않아 다른 아르바이트생의 관리를 담당하게 되었죠. 학생이라면 상관이 없는데 저보다 나이가 많은 아르바이트생들에게는 신경이 쓰였죠. 저는 정사원이긴 하지만 아직 대학을 막 졸업한 상태이고 실례하는 일이 없도록 하면서도 지시를 내리거나, 때로는 주의도 주어야 했으니까요."

직장에서의 대인 관계도, 근무 환경도 모두 만족하고 있던 E씨에게 전환점이 찾아왔다. 회사에서 수주한 보도 프로그램이 그해에 종료된다고 결정된 것이다. 다음엔 어떤 프로그램을 맡게 될까 하는 생각을 하고 있는데, 연초에 사장님에게 불려 갔다.

"내년에 추진할 프로그램에 관한 이야기인 줄 알았는데 좀처럼 얘기가 본론으로 안 들어가는 거예요. 잡담을 계속하다가 '뭔가 하고 싶은 얘기가 있구나' 하고 깨닫게 되기까지 시간이 꽤 걸렸어요. 곧 종료할 프로그램에 대한 이야기가 나왔을 땐 이해를 했죠. 회사가 많이 어렵다는 걸."

E씨는 보너스가 안 나오거나 급여가 삭감되는 것으로 예상했지만, 사장 입에서는 E씨를 해고하고 싶다는 말이 나왔다.

"평소에는 온화한 사장님이신데 꼭 우실 것만 같았어요. 정말 미안하지만 기대했던 다음 기획도 무산돼서 더 이상 고용할 수 없다면서 그만둬 줄 수 있느냐는 말을 하셨어요."

갑자기 해고된다는 말을 들으면 패닉 상태가 될 것 같지만 E씨는 냉정했다고 한다. E씨는 알겠다고 말하고 학생 시절부터 계속해서 신세를 진 것에 대해 감사의 말을 전했다고 한다.

"정말 좋아하는 회사였지만 자금 사정이 어렵다는 것도 좀 느끼고 있었으니까요. 그 후에 사장님이랑 술 마시러 가서 추억을 회상하며 아침까지 많은 얘기를 나눴어요. 많진 않지만 퇴직금도 받았어요. 다른 제작회사를 소개해 준다고는 하셨지만 저는 그 회사가 좋았기 때문에 정중히 거절했죠."

갑작스러운 정리 해고 얘기에 E씨처럼 대답을 하는 경우는 흔치 않을지도 모른다. 실업 이후에 닥쳐올 상황에 대해서는 생각하지 않았던 것일까.

"저축도 했었고 퇴직금도 받았기 때문에 바로 생활이 어려워지지는 않았어요. 같은 업계로 이직하려는 생각은 아니었지만 아직 20대 초반이기도 했고 비슷한 조건의 회사에 지원하면 다시 채용될 거라고 가볍게 생각하고 있었던 거죠."

두 번째 직장도
흡수합병으로 못 다녀

　　　　　　　그러나 구직은 생각대로 되지 않았다.

"비슷한 조건이어도 자격이나 실무 경험이 필요한 회사들이 많아서 어쩔 수 없이 다시 방송 관련 업계도 찾아봤지만, 이제는 아예 정사원 구인 자체가 없었어요."

"저축한 돈도 줄어들고 이대로 가면 점점 어려워지겠다는 생각이 들어서" E씨는 이메일로 고객 서비스 지원 업무를 하는 회사에 계약직으로 근무하기로 했다.

"고객이 보낸 메일에 답장을 보내는 것이 전부였어요. 대부분은 매뉴얼에 따라서 작성하면 되는데 애매한 경우에는 정사원에게 물어보며 대응 요령을 지도받았어요. 급여는 보통 수준이고 매일 정시 퇴근이었죠. 그런데 계속 의자에 앉아서 컴퓨터 화면을 봐야 하니까 눈과 허리가 아팠어요."

미래에 대해서는 깊이 생각을 안 했다고 한다. 매일 아침에 출근하여 정시에 퇴근했다. 비교적 안정된 생활에 만족했던 E씨였지만 수입은 줄어들었다.

"전 직장에 다닐 때는 집에 도착하면 목욕을 하고 바로 잠을 자는 식의 패턴이었지만, 정시에 퇴근할 수 있게 되니까 시간이 남는 거예요. 그렇다고 해도 별다른 취미도 없었기 때문에 친구와 술을 마시거나 혼자서 어슬렁거리며 쇼핑을 하기도 했어요. 그러다 보니 수입은 줄었는데 쓰는 돈은 늘어났어요. '더 이상 이러면 안 되겠다'고 생각해서 외식을 줄이고 필요 없는 물건은 사지 않는 등 절약하기 시작했어요."

그렇게 급여 수준에 맞는 생활로 바꾸자마자 E씨는 또다시 해고를 당하게 된다.

"그 회사는 대기업의 자회사였는데, 다른 회사에 흡수합병이 된 거예요. 자세히는 모르겠지만 회사 사정으로 퇴직하게 됐어요. 놀랐다거나 난감했다기보다는 '또 해고네' 이런 느낌이 들었죠."

첫 직장에 다닐 때 모은 저축은 이미 바닥이 났고, 금전적 여유가 없었던 E씨는 바로 또 취직할 회사를 찾았지만 좀처럼 좋은 일자리를 만나지 못했다.

"이미 20대 중반이었고, 지금까지의 경험을 살릴 수 있는 직업이라고 해 봤자 전부 아르바이트나 계약직이에요. 면접도 계속 봤어요. 근데 아무리 좋아 보이는 직장이더라도 경영 상태가 악화될 수 있다는 걸 제가 체득했잖아요. 보통 중소기업은 결산서 같은 걸 공개하지 않으니까 구인 광고만으로는 그 회사의 경영 상태를 알 수가 없고. 고용센터 담당자에게 물어봐도 거기까지는 모르겠다고 하고요. 어떤 일이라도 다 괜찮다고는 생각하지 않지만, 너무 좋은 회사에 갈 마음은 전혀 없어요. 단지 갑작스런 해고를 당하지는 않을 것 같은 회사에서 일하고 싶은 것뿐인데. 기업의 경영 상태 같은 건 알 수가 없잖아요. 외부에서는 그런 판단에 필요한 정보를 얻을 수 없는 거죠. 좀 괜찮지 않을까 생각되는 회사가 있으면 그곳의 평판을 인터넷으로 알아보기도 하는데요, 대부분은 별로 정보도 없고 있더라도 나쁜 평만 있곤 해요."

현재 E씨는 사무직을 희망하며 IT 기술 취득을 위한 강좌를 수강하면서 일을 찾고 있다. 왜 사무직을 희망하게 되었을까?

"두 번이나 해고를 당하고 새로운 직장도 좀처럼 구하기 힘들다는 스트레스 때문인지 배가 자꾸 아픈 거예요. 예전에는 이런 일이 없었는데. 병원에서 과민성대장증후군이라는 진단을 받았어요. 당장이라도 일을 하고 싶지만 이런 상태라서 조금이라도 몸에 부담이 덜 되는 일부터 시작하려고 사무직을 희망하고 있어요."

E씨는 자취를 하고 있지만 생활비는 당분간 고향의 부모님으로부터 지원을 받는다. 일상생활에서 돈을 쓰는 일은 거의 없다. 집에서는 주로 인터넷으로 정보 수집을 하고, 읽고 싶은 책이 있으면 도서관에 간다. 친구들과의 외식 자리가 생기면 돈이 들기 때문에 불러 주는 사람이 있더라도 거절한다고 한다.

<u>6</u>
친구와 회사를 설립했으나 다투고 결별,
자신 있던 재취업에 거듭 실패

이력서

성명	F씨 (무업 기간 : 약 2년 반)	
1983년 ○월 ×일생 (만 31세)		여성

연도	월	학력/이력
2001	3	고향에 있는 공립 고등학교를 졸업
	4	네일 아티스트가 되고자 미용전문학교에 입학
2003	3	진로를 결정하지 못한 채 전문학교를 졸업하고 프리터가 됨
		화장품 판매회사에 계약직으로 입사하지만 개인 사정으로 퇴직
2004	4	지인이 하는 부동산 회사에서 아르바이트를 하다가 정사원으로 채용되어 영업 업무 등 담당
2008	6	친구와 액세서리 판매회사 설립을 위해 독립했으나 퇴직하게 됨
		현재 구직 중

연도	월	면허/자격사항/기타
		특이 사항 없음
		일은 잘하는 편이지만 다소 쉽게 질리는 성격

아르바이트를 하며

즐겁던 전문학교 시절

일반적으로 일한다고 하는 것은 취직을 의미하며 어떠한 회사에 소속되는 것이라고 생각할지 모른다. 그 경우 맡은 업무를 다하면 매달 월급을 받고 그 돈으로 생활을 한다. 일하는 방식을 선택할 때 부득이하게 프리랜서의 길을 찾게 되는 경우도 있고 더 적극적으로는 독립이나 창업을 선택하는 경우도 있다.

일자리의 총량이 늘어나지 못하고 있기 때문에 젊은 세대가 창업하는 것을 바라고 그들을 힘껏 응원하자는 풍조도 있다. 하지만 창업 실패에 대한 책임은 고스란히 개인이 짊어지게 된다. 더군다나 창업의 실패가 다음 경력으로의 이행 시 걸림돌이 되는 경우도 있다.

고향에서 공립 고등학교를 졸업하고 네일 아티스트가 되고자 미용전문학교에 진학한 F씨(여성/31세)는 취직하지 못하고 프리터가 되었다.

"고등학교 시절에는 패션을 좋아해서 아르바이트로 번 돈을 옷이나 액세서리를 사는 데 다 썼어요. 학교가 끝나면 친구들이랑 쇼핑을 하고 노래방에 갔다가 집으로 갔죠. 그랬던 즐거운 추억밖에 없어요."

원래 가정 형편이 별로 좋지 않아 대학교 진학은 포기했었지만, 고등학교를 졸업하고 바로 일하는 것은 너무 이르다고 생각한 부모님이 2년간 전문학교를 다녀도 좋다고 하였다.

"공부를 잘하지 못했지만 제가 좋아하는 일을 직업으로 하면 좋을 것 같아서 미용전문학교를 선택했죠. 지금 생각해 보면 좀 더 고급 기술을 배울 수 있는 학교를 선택할 수도 있었는데. 고등학생 때는 무슨 일을 하고 싶은지 누가 물어보아도 자기 주변에 있는 직업밖에 모르잖아요. 제가 좋아하는 게 무엇일까 선생님과 상담을 하면서 네일 아티스트가 될 수 있는 전문학교를 골랐던 거죠."

전문학교 시절도 고등학교 때와 같이 즐거웠다고 F씨는 말한다.

"친한 친구도 같은 전문학교에 진학했고, 배우는 내용도 관심이 있는 분야니까 학교생활은 만족스러웠어요. 학비는 부모님이 내 주셨지만 교통비나 노는 데 필요한 돈은 아르바이트로 벌었고 가끔은 부모님께 돈을 보내 드리기도 했었어요."

무엇이든 빨리 적응하고 잘하지만
금방 질리는 성격

전문학교를 다닐 때에는 서비스업을 중심으로 많은 아르바이트를 경험했지만 업무에 익숙해질 만하면 금방 질려서 다른 아르바이트로 옮기곤 하였다.

"이자카야(일본식 선술집)나 패밀리 레스토랑, 편의점 같은 곳에서 아르바이트를 했어요. 원래 사람들과 대화하는 걸 좋아하기 때문에 접객업은 즐거웠어요. 근데 아르바이트는 기본적으로 같은 업무를 반복하기 때문에 3~4개월 지나면 익숙해져요. 어제나 오늘이나 내일의 업무가 달라지는 게 하나도 없으니까 새로운 일을 하고 싶어지잖아요. 그래서 여기저기 많이 옮겨 다니면서 일해 봤어요. 어딜 가도 직원들과 금방 친해지는 성격이라서 그만두고 나서도 관계가 끊어지거나 그런 건 없었어요. 지금도 가끔 같이 놀기도 하고요."

F씨는 진로를 결정하지 못한 채로 전문학교를 졸업했지만 진지하게 고민하지 않았다고 한다.

"직장은 계속 알아봤어요. 미용업계뿐만 아니라 여러 기업에 지원했는데 전부 다 떨어졌어요. 대부분 서류 전형에서 떨어졌는데, 면접까지 봤을 때는 거의 최종 단계까지 가기도 했어요. 사장님과 임원 면접을 마치고 나서 '이번엔 될 거 같은데'라고 느낀 적도 있었는데 결국은 안 됐어요. 불합격한 아쉬움보다도 왜 안 된 것인지를 알 수가 없어서 앞으로 내가 어떤 부분을 고치면 되는지 모르는 게 힘들었어요. 저 나름대로 생각해 보기도 하고 질문에 대한 답을 여러 가지로 바꿔 보기도 했는데 계속 떨어졌어요. '난 아무래도 안 되는구나'라고 생각하게 됐어요. 졸업하기 바로 전까지 계속 직장을 구했지만 결국 안 돼서 조금은 기가 죽었죠. 그래도 어쩔 수 없으니까 프리터 생활을 하면서 일이나 찾아볼까 했죠."

졸업 후에는 학교 다닐 때부터 일했던 아르바이트 회사에서 계속 일을 하면서 정사원의 일자리를 찾아봤는데도 좀처럼 쉽지가 않았다. 그래도 포기하지 않고 구직을 계속하여 중견 화장품 판매회사에 계약직으로 채용되었다. 그러나 거기서도 오래 버티지 못했다.

"계약직이라는 신분은 신경 쓰이지 않았는데 점포 판매원 일도 역시 질리는 거예요. 기본적으로 가게에 오는 손님들에 대한 응대를 하는 건데요, 매뉴얼대로 상담하고 피부 상태에 맞는 화장품을 구매하도록 권유하는 일이었어요. 실적은 아주 좋았어요. 제가 근무하는 시간에 맞춰서 와 주시는 손님도 꽤 있었고요."

어느 직장에서나 동료나 손님들과 소통도 잘하고 평판과 실적도 좋았던 F씨. 익숙해지면 질려서 일을 그만두곤 했지만, 그 다음에 선택한 부동산 관련 회사에서는 오랫동안 계속할 수 있었다.

"아버지의 지인분이 부동산을 하고 계셨어요. 처음엔 사람이 모자라서 도와주게 된 건데, 직원이 부족할 때 제가 손님을 응대하면서 계약이 성립되는 일도 더러 있어서 정사원으로 일해 달라는 말을 들었어요. 직장에서 대인 관계도 아주 괜찮았어요. 하루 업무가 끝나면 다 같이 한잔하러 가기도 했어요. 기본급은 그다지 높은 편이 아니었지만 계약이 성립된 건수와 금액에 따라 인센티브가 붙기 때문에 다른 사람들은 어땠는지 모르겠지만 전 만족했어요. 그리고 부동산은 질리지 않았거든요. 그때까지 했던 일들과 달랐던 건 매물을 보여 주기 위해 외출할 기회가 많았다는 점이라고 할까요. 또한 정사원이어서 그랬는지 영업 기획이나 홍보에도 참여하게 됐고, 일에 익숙해지면 또 새로운 업무를 할 수 있었기 때문에 항상 새로운 기분으로 일할 수 있었어요."

친구의 권유로
회사 창업에 참여

이직이나 전직을 생각하지 않았던 F씨에게 전환의 계기가 찾아왔다. 부동산에서 일한 지 4년이 지났을 무렵 전문학교 시절에 만난 친구가 액세서리 판매회사를 창업하니까 같이 해 보자고 권하였다.

"회사를 설립하는 일은 절대로 못할 거라고 생각했어요. 주위에 창업한 사람도 없었고 방법도 모르고, 인터넷을 찾아봐도 사업에 실패하면 빚을 져서 큰일이 난다는 식의 글만 많이 있었고, 성공하는 건 일부 대단한 사람들뿐일 거라고 생각되는 세계였죠."

자신에게 창업 따위가 가능할 리가 없다고 생각하면서도 나름대로 조사해 본 건 마음 한편으로는 관심이 있었기 때문이라고 한다.

"그때까지 아르바이트, 계약직, 정사원으로 모두 일해 봤지만 회사

마다 분위기도 다르고 규칙도 다르고 월급도 다 달랐어요. 그래서 만일 제가 회사를 설립한다면 어떻게 하면 좋을지 구상이 차츰 떠오르는 거예요. 그런데 만약 실패를 한다면 빚을 떠안아야 하는 건가 불안하기도 해서 주변 사람들과 상의해 봤는데 모두 다 말리더라고요. 저 같은 사람이 창업하는 건 불가능하다고 말하는 것 같았어요. 그런 말까지 들으니 오기가 생겨서 한번 갈 데까지 가 보자는 마음을 먹고 창업하기로 결정했어요."

주위의 반대를 무릅쓰고 친구와의 창업을 결단한 F씨에게는 나름대로의 자신감이 있었다.

"그때까지 요식업이나 판매업에서 일해 본 경험상 제 노력으로 어떻게 해서라도 성과를 낼 수 있지 않을까 생각했어요. 그 부분만큼은 자신도 있었고 회사에서 팔라고 하는 물건이 아니라 제 마음에 드는 상품을 사들여서 판매하는 것이기 때문에 잘할 수 있을 거라고 생각한 거죠. 회사를 그만두고 창업할 때까지 액세서리 판매회사에서 아르바이트도 해 봤는데 그런대로 팔 수 있었거든요."

친구와 사사건건 충돌 끝에
결국 절교

그러나 F씨가 예상도 못 했던 벽이 앞길을 가로막는다.

"친구가 사장이라 등기 같은 것도 진행했었는데요, 가게를 낼 즈음이 되니까 사사건건 의견이 부딪치는 거예요. 어디에 가게를 낼지, 인테리어는 어떻게 할지, 어떤 액세서리를 매입할지 등등. 사람마다 판단이 다르니까 그럴 수 있다고 치부해 버리면 더 할 말이 없지만, 판매만큼은 제가 맡은 분야인데도 결정적인 부분들은 사장인 친구가 모두 결정해 나갔어요. 한 번은 판매원의 입장에서 가게 구조를 바꿨으면 한다고 끈질기게 말했더니 소리치며 '왜 사장 말을 듣지 않는 거야, 그렇게 싫으면 여기서 일하지 마'라고 하는 거예요. 저는 가게 오픈에 필요한 자금을 투자하지 않기도 했거니와 친구와 동업자 관계라기보다는 종업원에 불과한 것 같은 기분이 들었어요. 애초에 이럴 거면 굳이 창업이라는 데에 목을 매지 않고 일자리를 찾아 취직하는 게 더 낫겠다는 생각이 든 거죠."

결국 F씨는 친구와 절교한다.

"원래부터 친한 친구였고 앞으로도 좋은 관계를 유지하고 싶었거든요. 그런데 이대로 가면 확실히 좋은 친구로 지낼 수 없게 될 것 같았어요. 주변에서는 '그것 봐, 그러게 뭐랬어'라고들 했지만 결단을 내렸던 걸 후회하진 않아요."

전에 다니던 회사에서는 다시 돌아오지 않겠냐고 제안했지만 F씨는 거절한다.

"개인 사정으로 그만두고 나와서 폐를 끼쳤기 때문에 그렇게까지는 할 수 없어서 정중히 거절했어요."

창업 경력 때문에
재취업 불리

정사원이었던 적도 있었기 때문에 일자리를 금방 찾을 수 있을 것이라고 생각했지만 구직은 마음먹은 대로 되지 않았다.

"일부러 그렇게 고른 것도 아닌데 서류 심사에서부터 통과를 못 하는 거예요. 나이도 관련이 있는지 모르겠지만 수십 군데 지원해도 면접까지 가는 건 몇 군데밖에 안 됐어요. 전 면접도 잘 보는 편이라고 생각했었어요. 채용 담당자가 이력서와 직무 경력서를 읽어 보고는 창업 경험에 대해서 물어봤어요. 웃음 띤 얼굴로 '대단하시네요'라든가 '용기가 있네요'라고 얘기하니까 좋게 평가해 주는 거라고 생각했는데 결국은 불합격이었어요. 어떤 채용 담당자는 '여성인데 창업하려고 했을 정도면 평범하게 일하는 게 어려울 수도 있겠네요'라고 넌지시 얘기하기도 했어요. 저 자신을 완전히 부정당하는 기분이 들었어요. 창업한 걸 후회하진 않지만 창업을 해 본 사람은 평범한 일을 못 하는 사람으로 여겨질 수도 있다는 사실에 충격을 받았어요."

현재 F씨는 일자리를 알아보지 않고 있다.

"그때부터 수십 곳에 지원을 해도 전혀 취직을 할 수가 없어서 우선 직업훈련학교에서 기술을 배우거나 자격증을 딴 뒤에 다시 일을 찾으려고 생각하고 있어요. 그런데 구체적으로는 어떤 일을 하는 게 좋을지 모르겠어요. 나이도 좀 있어서 초조함과 불안감 속에서 갈등하고 있어요."

7

꿈도 일할 의욕도 없지만,
사람들과 소통만은 하고 싶다

이력서

성명	G씨 (무업 기간 : 고등학교 중퇴 후 계속)	
1982년 ○월 ×일생 (만 32세)		남성

연도	월	학력/이력
1997	5	고등학교 중퇴
		어머니가 준 용돈으로 친구들과 놀러 다니는 생활을 함
2011		친구들과 어울릴 일도 없어져 집에 틀어박혀서 살게 됨
		현재 취업 지원 NPO의 프로그램에 가끔씩 참가

연도	월	면허/자격사항/기타
		특이 사항 없음
		사실상 이혼 상태인 아버지가 매달 어머니에게 돈을 보내 줌

돈만을 목적으로
다가온 친구들

　　　　보통 사람들은 청년 무업자에겐 일할 의지가 없다고 생각할지도 모른다. 소다테아게넷에 상담하러 오는 청년들 중에는 '일할 의지가 전혀 없는' 경우는 거의 없다. 일할 수 있게 되도록, 또 일을 계속할 수 있도록 지원하는 NPO인 만큼 일할 의지가 아예 없는 청년들은 여기까지 찾아올 동기가 없을 것이기 때문이다.

　그렇기 때문에 꿈도 없고 일할 의욕도 없는 G씨(남성/32세)는 특수한 사례이며 매우 인상적이었다. 머리는 금발에 피어싱을 했고 검정 재킷에 검정 바지를 입고 방문했던 G씨가 자라 온 가정환경은 불우했다.

　"아버지는 살아 있지만 얼굴은 기억이 안 나요. 제가 어릴 때 사실상 이혼을 했으니까요. 뭘 하고 있는지도 잘 모르겠어요. 다만 매달 어머니 계좌로 돈이 입금되고 있는 것 같아요."

　G씨는 아무렇지도 않은 듯 미소를 지으며 말을 이어 갔다.

　"초등학교 때부터 쭉 친구들에 둘러싸여 있었지만 걔네들의 목적은 제가 가지고 있는 돈이었어요. 저도 알고는 있었지만 친구들에게 과자를 사 주거나 하면 다들 기뻐해 줬고, 돌려받지 못할 것을 알지만 아무튼 돈을 빌려주면 고맙다는 말을 해 주기도 했거든요. 여럿이 놀러 갈 때도 꼭 함께 가자고 해 줬어요. 딱 한 번 돈을 안 가지고 간 적이 있었는데, 그 사실을 얘기하니까 같이 가지 않아도 된다고 하더군요. 지금 생각해 보면 이상하지만 어릴 땐 돈이란 게 정말 중요한 것이고 친구 관계에선 꼭 필요한 거라고 믿었어요."

　돈이 있으면 친구로서 불러 주고 없을 때에는 말도 안 걸어 준다. 어린 G씨에게 친구와 돈은 동일 선상에 있었다.

"고등학교에 입학은 했는데 공부도 전혀 못했고, 제가 싫어하는 사람들이 많았기 때문에 바로 그만뒀어요. 매일 혼자서 하릴없이 어슬렁거렸는데 때마침 중학교 때 친구도 고등학교를 중퇴한 걸 알게 되고 같이 돌아다녔어요. 그 녀석도 물론 제 돈이 목적이었던 거죠. 오락실이나 도박장, 경마장, 사창가 같은 데도 같이 갔는데 전부 다 제가 돈을 냈어요."

대화 상대가 필요해서
사창가까지

원래 아르바이트도 하지 않았던 G씨는 어떻게 그렇게 많은 돈을 가지고 있었던 것일까?

"어머니한테 받았어요. 친구랑 놀러 가니까 돈이 필요하다고 하면 주셨거든요. 초등학교 때부터 계속 그랬어요. 아마 아버지가 송금해 준 돈의 대부분을 저에게 주셨던 게 아닐까 해요. 사실 깨끗하다고는 말할 수 없는 임대주택에서 살았고 어머니는 검소했어요. 원해서 절약을 했다기보다는 쓸 돈이 없으셨던 것 같아요."

어려운 가정 형편도 잘 알고 있고 친구들이 돈을 목적으로 접근한 것을 알았음에도 불구하고 변함없이 그 생활을 계속했던 이유는 무엇일까?

"아마 어머니는 이혼하고 나서부터 계속 혼자였고, 아무하고도 대화를 하지 않고 살았던 것 같아요. 저도 혼자 있는 외로움과 공포를 견디지 못해 돈이 목적이더라도 상관없으니까 나를 불러 주고 같이 있어 주는 친구가 필요했던 것 같아요."

G씨의 10대, 20대는 어머니에게 돈을 받아서 그 돈으로 친구 관계

를 유지해 나가는 일로 다 지나갔다. 여러 가지 다른 질문을 해 보았지만 정말 그런 생활의 반복이었던 것 같다.

"친구가 가고 싶어 하는 곳을 따라가서 돈은 제가 냈어요. 대부분 도박과 술, 사창가 출입으로 돈을 다 날렸어요. 아무도 절 불러내지 않을 때에는 혼자 집에 있었어요. 계속 TV만 봤어요. 다만 사창가는 혼자서 갈 때도 있었어요. 돈은 들지만 누군가가 저와 대화를 해 주니까요. 제가 먼저 친구에게 연락을 한 적은 거의 없었어요."

미래에 대해서는
생각하고 싶지 않아

상담하러 왔을 때 G씨는 32살이었다. 어머니가 TV를 보고 지원을 받을 수 있는 기관이 있다는 사실을 알게 되어 같이 가 보자고 한 것이 계기가 되었다. 이유는 같이 있어 줄 사람이 필요했기 때문이다.

"지금까지 같이 놀아 준 친구들도 결혼하거나 아이가 생겨서 더 이상 먼저 말을 걸어 줄 사람도 이제 없어요. 계속 집에만 있는 생활을 3년 정도 하다 보니까 미쳐 버릴 것 같아요. 누구라도 좋으니 같이 있어 주고 대화를 해 주는 사람이 있었으면 해요."

언제까지나 어머니가 살아 있지는 않을 것이라는 걸 알고 있는 G씨이지만 미래에 대해서는 생각하고 싶지 않다고 한다.

"옛날부터 꿈이라든지 무슨 일을 하고 싶다는 생각은 없었어요. 매일 누군가와 함께 있으면 좋겠어요. 소원이 있다면 이게 전부예요."

G씨는 일을 하지 못하는 것은 아니다. 실제로 여러 가지 작업을 해

보아도 그런대로 잘하기도 하고, 주위 사람들과의 소통도 원만하였다. 어떤 점에 대해서 다소 지나친 신경을 쓸 때도 있지만 상대방의 입장에서 생각하고 행동하는 것이 가능했다. 직장에 들어간다면 나름대로의 활약도 기대할 수 있을 것으로 보였다.

"일하기 싫다는 마음은 없어요. 그런데 일하고 싶은 마음도 없어요. 그러니까 일한다는 것 자체를 고민하지 않아요. 어떻게 표현하면 좋을지 잘 모르겠지만 의욕이 있고 없고가 아니라, 마음 그 자체가 존재하지 않는 느낌이에요. 혹시 이상이 있는 게 아닌가 하고 병원에 다녀온 적이 있는데요, 병이 있는 것도 아니었어요."

앞날에 대해서 생각하고 싶지 않다기에 당분간은 어떻게 지낼 생각인지 물어보았다.

"자원봉사라든가 누군가에게 도움이 될 수 있다면 그런 활동에 참여해 보는 것도 좋을 것 같아요. 매일매일 갈 곳이 있고 거기에 누군가가 있어 준다면 전 행복하니까요. 지금 생각하고 있는 건 그 정도예요."

G씨는 아주 가끔이긴 하지만 단체 사무실에 들러서 잡담을 하고 돌아간다. 어딘가에 자원봉사를 하러 가 보았다는 이야기는 들어 보지 못했다. 지금은 예전처럼 어머니로부터 돈도 거의 받지 않는다고 한다. 늘 혼자 있으니까 돈 쓸 일도 없다는 것이다. 어머니와 같이 사는 지금의 생활이 계속되는 한 G씨는 이 상태에서 바뀌지 못할 수도 있다. 사소한 일들을 부탁하면 기꺼이 해 주기는 하지만 자신의 일을 해 보고자 하는 생각은 여전히 없는 것 같다. 그렇다고 해서 일하기 싫어하는 것도 아니다. 어쨌든 혼자가 되지 않는 것만이 지금 G씨가 바라는 유일한 희망이다.

3장

일하지 못하는
청년들에 대한 오해

청년 무업자에 대해
자주 묻는 열한 가지 질문

　　　　앞에서 살펴본 대로 무업 상태에 이르게 되는 과정은 다양하며, 그 어떤 경우도 우리의 삶과 관련이 없다고 잘라 말할 수 없을 것이다. 마찬가지로 무업 상태에서 빠져나오게 되는 계기도 실로 다양하다.

　강연이나 취재 등을 통해 "어떻게 해야 청년 무업자가 되지 않는 건가요?", "청년이 무업 상태가 되는 원인은 무엇인가요?", "무업 상태에서 벗어나 취업을 하기 위해 필요한 지원은 무엇인가요?"라는 질문을 많이 듣는데, 그때마다 조금은 당황하게 된다. 그들이 기대하는 대답은 한마디로 표현할 수 있는 마법과 같은 처방전이겠지만, 실제로는 한마디로 명쾌하게 설명할 수 없기 때문에 대답이 복잡해지고 상대방은 더욱 이해하기 어렵게 된다.

　청년 무업자의 처지와 상황이 저마다 다르기 때문에 모든 사례는 개별화되어 존재하는 것으로 보인다. 따라서 사람들도 각자의 성향이나 느낌에 따라 제각각 청년 무업자 문제를 바라보고 이해했다고 할 수 있다. 하지만 사회적인 이해와 설득력을 얻기 위해서는 이 시대에 청년 무업자 문제가 갖고 있는 일정한 '경향'에 대해 보다 알기 쉽게 설명해야 할 필요가 있다. 이 문제를 자주 접할 수 있는 분야에서 활동하고 있는 사람이라면 그런 것을 쉽게 파악할 수 있겠지만, 청년 무업자 문제에 무관심했던 사람에게는 누구나 납득하기 쉬우면서도 올바른 설명을 해 줄 필요가 있는 것이다. 그래야만 현재와 같은 무업 사회에서 젊은 세대를 끌어모을 수 있는 사회적인 움직임을 일으킬 수 있다.

따라서 이제는 감각이나 경험의 차원을 넘어 객관적 정보에 근거한 '경향'을 통해 올바른 지식이나 식견을 만들어 가야 한다고 생각한다. 그것을 도와줄 기초 자료 중 하나로서 『청년 무업자 백서』의 역할은 작지 않다고 생각한다.

여기에서는 청년 무업자에 관한 편향된 이미지와 오해를 객관적으로 풀어 나가고자 한다. 일본에는 청년 무업자에 대한 자세한 정보와 분석이 별로 없기 때문에 『청년 무업자 백서』를 만들 때 수집한 데이터를 활용하도록 하겠다. 하지만 소다테아게넷이 운영하는 지원 프로그램과 접점이 있었던 청년들의 정보가 중심인 만큼 어느 정도 편향될 수 있음을 미리 밝혀 둔다. 2,000건이 조금 넘는 데이터를 통한 분석을 일반화시키기에 부족한 점이 없지는 않지만, 오히려 이 점을 보완하기 위해 앞으로 정부와 지자체가 규모와 신뢰성에 바탕을 둔 보다 상세한 조사 분석을 실시해야 한다는 주장이 널리 퍼지기를 기대한다.

1
'청년'의 정의는
무엇인가?

30대 후반을
청년이라고 말할 수 있을까?

　　'청년'이란 누구를 가리키는가? 도대체 몇 살부터 몇 살까지가 청년인가? 고등학생과 대학생에게 질문을 하면 고등학교를 졸업하는 연령인 18세, 성인이 되는 연령인 20세, 대학교를 졸업하는 연령인 22세 또는 29세(20대)까지 등등 응답이 다양하다. 극단적인 예이긴 하지만 80세나 90세인 어르신들에게 질문하면 "50대나 60대도 아직은 청년"이라고 말한다.

　　청년이라는 단어가 매우 주관적으로 쓰이는 것을 알 수 있다. 많이 알려져 있진 않지만 일본에서는 2009년 7월에 「어린이·청년 육성지원 추진법」(2009년 법률 제71호, 2010년 4월 1일 시행)이라는 법률이 제정되었다. 니트와 히키코모리 등 어려움을 겪고 있는 청년들에 대한 지원을 촉진하기 위해 제정된 법률이다. 교육, 복지, 고용 등 각 분야 간의 분절적인 정책을 뛰어넘어 어린이와 청년에 대한 육성 정책을 통합적으로 추진함과 동시에 현장을 포함한 각 지원 기관이 연계할 수 있는 지원 체제인 지역협의회의 체계가 정의되어 있다. 협의회를 설치한 지자체의 수는 많지 않지만, 협의회 설치가 지자체의 역할로 되어 있어서 민관을 불문하고 다양한 지원 기관들이 모이게 되었다.

협의회 회의에서는 어린이부터 청년까지를 지원함에 있어서 지역의 실정에 따라 정비해야 할 사안이 무엇인지에서부터 일정한 규칙을 전제로 제각각 특수하면서도 구체적인 형태의 어려움을 겪고 있을 어린이와 청년을 지원하기 위해 관계 기관들의 장점을 살리면서 어떻게 협력하고 역할 분담을 이룰 것인지가 논의된다. 민간 지원 단체의 입장에서 본 법률의 핵심적인 의미는 지자체가 주최하게 됨으로써 지원 활동에 대한 최종적인 책임의 소재가 명확하게 되었다는 것이다.

이 법률이 생기기 전에 일본에서 젊은 세대에 관한 정책은 '청소년'[14]이라는 단어로 다루어졌다. 시청에 '어린이·청소년과'나 '청소년과'라는 부서가 있는데, 지역이나 정책의 목적에 따라 다르겠지만 대상자는 대체로 15세부터 25세 전후가 된다. 특수하게 청소년의 연령을 15세에서 29세 또는 34세까지로 높인 경우도 있었다. 그런데 이 법률이 시행된 이후에는 대상 연령이 '대체적으로 30대' 또는 '39세 미만'이 되기 시작했다.

또한 내각부가 매년 발표하는 「청소년 백서」는 2010년도부터 「어린이·청년 백서」로 명칭이 변경되었고 특히 청년 무업자에 관한 통계 등은 39세까지를 범위로 해서 게재하기 시작했다.

14　일본에서 청소년은 청년과 소년을 합친 말이다.

15세와 39세 청년 무업자의
차이는 무엇인가?

청년 무업자는
언제부터 증가했나?

「2013년판 어린이·청년 백서」에 의하면 연령대별 청년 무업자 수는 15세에서 19세가 9만 명, 20세에서 24세가 17만 명, 25세에서 29세가 18만 명, 30세에서 34세가 18만 명, 35세에서 39세가 21만 명에 이른다(27쪽 도표 1 참조).

연령대별로 인구수가 다르므로 한마디로 어느 연령대에 치중되어 있다고 말하기는 어렵지만, 2002년에 각 연령대가 증가한 이후로 모두 조금씩 증가하는 추세이다. 2012년에는 15세에서 34세의 인구에서 청년 무업자가 차지하는 비율이 사상 최고인 2.3%로 알려지게 되면서 별안간 큰 화젯거리로 부상하였다.

무업 기간이 장기화되거나 청년 무업자의 연령이 높아지면 높아질수록 고립 경향이 강해질 뿐만 아니라 그 상태에서 벗어나기가 더욱 어렵다는 것을 현장에서는 실감하고 있다.

「어린이·청년 백서」에 이어 『청년 무업자 백서』에서도 정부 자료와 비교가 용이하도록 39세까지를 조사 대상 연령으로 하였는데, 연령별·

도표 4. 청년 무업자 세 가지 유형의 연령대별 구성비

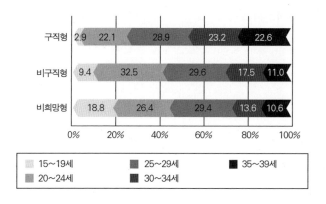

유형별로 살펴보면 구직형은 「어린이·청년 백서」가 제시하는 청년 무업자의 연령별 비율과 비슷하고, 비구직형 및 비희망형은 20대의 비율이 점차 높아지고 있음을 알 수 있다(도표 4 참조).

그러나 이것은 소다테아게넷이 운영하는 각종 지원 프로그램에 참여한 청년들에 한정되어 있기 때문에 어느 정도 편차가 있음을 유의하기 바란다.

청년의 연령은 15세부터 39세까지로 구분되기 때문에 청년 무업자도 같은 연령대로 구분되었는데 점차 중장년층화되어 가는 청년이나 고립되어 가는 무업자에게도 관심이 쏠리고 있다.

도쿄대학 사회과학연구소의 겐다 유지 교수는 20세 이상 59세 이하 미혼 무업자 중 (재학생을 빼고) 평소에 늘 혼자이거나 가족 이외에는 함께할 사람이 없는 이들을 '스넵(SNEP, 고립 무업자)'으로 정의하고 2011년 기준으로 일본에 162만 명의 고립 무업자가 존재한다고 발표하였다(겐다 유지,『고립 무업(SNEP)』, 일본경제신문출판사, 2013년). 40

대를 넘기면서 무업 상태가 되는 사람도 있겠지만, 20대나 30대부터 쭉 무업으로 지내다가 40대에 이르게 되는 사람도 상당할 것이다. 그런 의미에서 청년 무업자 문제는 청년에만 국한된 문제가 아니라고 말할 수 있다.

하고 싶은 일만 하기 위해
일을 고르고 있다?

압도적으로 많은
무업 이유는 '질병·부상'

"알아만 보면 할 수 있는 일은 분명히 있을 텐데, 청년 무업자는 일을 너무 가려서 고르고 있는 것은 아닌가?"라는 말을 자주 듣곤 한다.

「2013년판 어린이·청년 백서」에 나타난 '취업을 희망하는 청년 무업자가 구직 활동을 하지 않는 이유'를 살펴보면, 무업 상태인 이유로 '질병·부상'이 압도적으로 많다. 20대 후반부터 30대 후반에서는 30%, 특히 30세부터 34세에서는 40%가 넘는다(도표 5 참조).

또한 일자리를 고르고 있는 상황이 아닌 '학교 이외의 진학이나 자격 취득 등을 위한 공부'를 이유로 무업 상태에 있다는 응답도 약 7~16%이다. 이들에 대한 선입견과 실제의 모습은 상당히 다르다. 일을 선택하는 데 소극적인 태도를 보이는 응답인 '희망하는 일이 있을 것 같지 않다', '서둘러 취업할 필요가 없다'는 불과 10% 미만이었다.

그 밖에 '찾아봤지만 찾을 수 없었음'이라는 응답도 6~11% 정도로 나타났으며, 이 응답은 특히 10대에서 높게 나타났다. 앞에서도 일자리

도표 5. 청년 무업자가 구직 활동을 하지 않는 이유, 취업을 희망하지 않는 이유

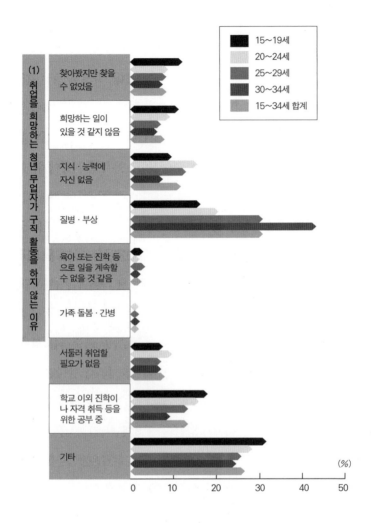

를 찾아보았지만 취직하지 못한 청년의 사례를 소개했었다. 고교 중퇴를 포함하여 중졸이나 고졸자 중에는 일을 찾아보았지만 결국 마땅한 일을 찾지 못하고 그대로 20대가 되는 경우도 있을 것이다.

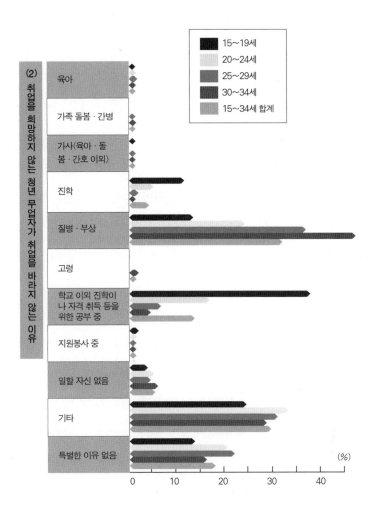

　　흔히 '이력서의 공백'이라고 부르는 사회적 공백 기간

의 존재 유무는 명확한 이유가 없는 한 구직 활동에서 큰 요인이 된다. 특히 서류 전형에서는 이력서에 공백이 없는(또는 거의 없는) 경우와 비교해 보았을 때 상대적으로 면접 단계까지 갈 수 있는 가능성이 대단히 낮다.

채용 담당자의 의견을 들어 보아도 "구인 광고를 내면 수많은 이력서가 접수되는데 그 중에서 이력서에 1년씩 아무 이유도 없이 공백이 있는 청년을 굳이 채용할 마음은 생기지 않는다"라고 대답한다. 면접을 채용 담당자 혼자서 진행한다면 몰라도 임원이나 사장이 함께 보는 경우가 많은데, 사전에 인턴십이나 아르바이트를 하여 추천된 경우가 아니라면 다수의 이력서 중에서 중퇴 경험자나 저학력자를 일부러 뽑을 이유가 없다고 한다.

그래도 여전히 인력난을 겪고 있는 업계나 회사는 많다고 주장하는 의견도 있을 것이다. 그러나 인력난을 겪고 있더라도 채용을 하지 않는 회사는 많다. '무업 상태를 벗어나고 싶으면 많은 사람들이 기피하는 곳에서라도 일하면 될 텐데'라는 생각은 너무나 단순한 생각이다.

사람은 기계가 아니다. 제각각 개성에 따라 재능과 적성에 걸맞은 일과 그렇지 않은 일이 있기 때문에 '매칭'이라는 단어가 구직자, 채용 희망자의 입에서 빈번하게 나오고 있는 것이다. 자신의 욕구와 다르게 무리를 해서 취직을 한다고 해도 그 일을 오랫동안 계속할 수는 없을 것이다. 그뿐만 아니라 그렇게 일을 하다가는 심신을 망쳐 버릴 가능성도 있다. 앞에서 살펴본 사례에도 있듯이 업무를 하다가 어떤 이유로 질병이나 부상을 얻게 된 청년도 많다. 오로지 일을 하기 위해 무리한 취직을 했다고 하더라도 다시 몸 상태가 좋지 않게 되어 장기적인 무업 상태에 빠져서는 아무것도 얻지 못하고 오히려 모든 것을 잃게 될 수도 있다.

돌봄 서비스 업계에서 일했던 어느 청년은 직원들의 이직률이 매우 높은 직장에서 일을 하다가 인간관계에서의 각종 문제와 동료들의 이직에 따른 업무 과다로 인한 우울증 때문에 회사를 그만두게 되었다. 심신이 회복되면서 새로운 일을 찾아보려 했지만 찾지 못하자 결국 별로 내키지는 않았지만 다시 기존의 돌봄 서비스 업계와 유사한 직장에 지원하였다. 경력자라는 이유로 바로 채용되었지만 이전 직장과 비슷한 환경이었기 때문에 또다시 곧바로 좌절해 버리고 말았다. 궁여지책으로 어쩔 수 없이 직장을 선택했다가 조기 이직을 하게 되고, 채용한 회사 입장에서도 기대감을 갖고 채용한 인력이 쉽게 떠나 버리는 유감스런 결과가 초래된 것이다.

같은 업계라고 해도 모든 사업소가 이와 같이 모두 다 똑같은 근무 환경은 아닐 것이다. 그러나 이 사례는 무리하게 직업을 선택하라고 강요하는 것이 구직자에게도 채용 기업에게도 그리 좋은 것만은 아니라는 점을 시사한다.

<u>4</u>

돈은 없지만 매일 자유롭게
놀고 있는 건 아닌가?

안심하고 있을 수 있는
장소는 도서관

『청년 무업자 백서』에서 분석한 '생활(외출 시 상황, 집
에서의 모습) 상태'를 살펴보면, 구직형 중 41.5%, 비구직형 중 58.4%,
비희망형 중 68.4%가 하루의 대부분을 집에서 보내는 것으로 파악된
다(도표 6 참조).

언뜻 보면 청년 무업자가 매일 집에서 빈둥거리고 있다는 인상을
받을 수도 있지만, 이들에게는 원래부터 집 이외의 선택지가 별로 없다
는 사실을 간과해서는 안 된다. 무척 당연한 말이지만 이들은 수입이 없
기 때문에 비용이 드는 여가를 즐길 수 있는 경제적 여유조차 없다.

혼자서 동네 주변을 어슬렁거리는 경우도 있겠지만, '한창 일할 나
이의 청년은 보통 학교나 직장에 있어야 한다'는 생각이 일반화되어 있
는 사회에서 평일 낮에 혼자 산책하고 있으면 그가 아무런 이상 행동을
하고 있지 않더라도 쓸데없이 수상한 사람 취급을 받거나 불심검문을
받게 된다. 상황이 똑같지는 않지만 나의 경우에도 이와 유사한 일을 겪
었을 때 기분이 썩 좋지는 않았다. 카페 같은 곳에 가려면 돈이 필요하

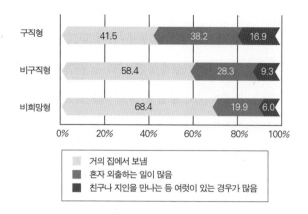

도표 6. 청년 무업자가 하루를 보내는 방식

	거의 집에서 보냄	혼자 외출하는 일이 많음	친구나 지인을 만나는 등 여럿이 있는 경우가 많음
구직형	41.5	38.2	16.9
비구직형	58.4	28.3	9.3
비희망형	68.4	19.9	6.0

고, 커피 한 잔만을 시켜 놓고 몇 시간씩 앉아 있기에도 마음이 불편해진다.

그렇다면 어디에 가면 가장 안심하고 시간을 보낼 수 있는 것일까? 청년들에게 이 질문을 하면 "도서관에 있었다"는 대답을 많이 한다. 실제로 자격증 취득을 위해 공부하는 청년들도 많이 있고, 무료로 독서를 할 수 있는 등 각종 서비스 이용 시에도 돈이 들지 않는다. 내가 히키코모리 또는 니트 관련 서적을 찾아 도서관에 다닐 때에 내가 쓴 책을 읽은 청년이 그곳으로 상담을 하러 온 적도 있었다.

매일 집에서 대부분의 시간을 보낸다는 것은 그들의 자발적인 선택이라기보다는 그 이외의 선택지가 많지 않기 때문이다. 현재 고립 상태에 놓인 청년은 혼자만의 시간을 즐기기 위해서가 아니라 상담할 상대가 아무도 없기 때문에 고립된 것이라고 보는 것이 현실적이다.

정신적으로 내몰리는

청년 무업자들

　　히키코모리 기간이 길었던 청년에게 그 오랜 시간 동안 집에서 주로 무슨 일을 하고 있었는지 물어보면 "아무것도 하지 않았다"라는 말을 자주 한다. 누구에게도 상담을 할 수 없는 상황에 처해 있어, 자기 스스로 '현 상황에서 벗어나야 하지만 어떻게 하면 좋을지 모르겠다'라는 생각의 고리로부터 벗어나지 못하게 됨으로써 정신적으로 내몰리게 되는 것이다. 그 상태에 빠지게 되면 오히려 자기 자신을 지키기 위해서 아무런 생각을 하지 않아도 되는 환경을 만들게 된다고 한다.

　이러한 모습은 TV만 보고 있다고 해도 그것을 보고 싶어서 보는 것이 아니라 마냥 흘러나오는 영상으로 의식을 돌림으로써 사고하지 않아도 되는 시간을 확보하고 있는 것이라고 이해하는 것이 옳을 것이다.

부모가 도와주니까
일하지 않는 건가?

정규직이 아니면
부모와 살 수밖에 없어

　　　　　"일하지 않아도 생활할 수 있는 것은 경제적 여유가 있는 부유한 가정에서 살기 때문은 아닌가?"라는 질문을 받게 된다.

　　『청년 무업자 백서』에서 청년 무업자의 가족과의 동거 상황을 살펴보면 '부모와 함께 산다'가 77%로 나타난다(도표 7 참조).

　　과연 이 동거 비율은 높은 편에 속하는지를 판단하기 위해 미혼자의 부모와의 동거율 및 취업, 구직형의 상황별 추이(국립사회보장·인구문제연구소 「제14회 출생 동향 기본 조사(미혼자 조사)2010」)와 비교해 보도록 하자(도표 7 참조).

　　전체 남녀 미혼자의 부모와의 평균 동거율은 각각 69.7%, 77.2%이다. 그리고 남성과 여성 모두 평균 동거율을 밑도는 것은 '정규 사원'뿐이다. 실제로 '무업·가사' 상태에서는 남성 88.1%, 여성 86.9%로 높았다. 정규 직원이 아닌 한 부모와 함께 살지 않으면 생활 자체가 어렵다는 것을 알 수 있다.

　　의존할 부모가 있기 때문에 무업 상태에서도 생활이 유지되는 것이

도표 7. 청년 무업자가 하루를 보내는 방식별 동거 상황

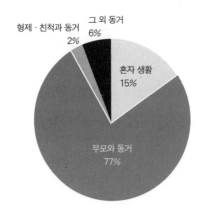

아닌가 하고 의심하기보다는, 이 시대의 모든 청년들이 정규직이 아닌 이상 부모와의 동거 이외의 선택을 하지 못하는 사회적 상황에 주목해야 한다.

공기와 같은
취급을 받는 아들

4년 정도를 집안에서만 대부분의 시간을 보냈던 한 남성의 경우에는 일하지 못하는 아들을 공기처럼 취급하는 아버지, 얼굴을 마주칠 때마다 초등학교 때 활발했던 자신과 지금을 비교하며 푸념을 늘어놓는 어머니와의 사이에서 벗어나고 싶다고 생각하고 있었다. 가족과 함께 생활하는 집에서 살고 있다는 것 자체에 대해 점점 더 정신적인 한계를 느끼게 되었다. 그래서 따로 나와 살려고 부동산에 문의해 보았지만, 수입이 없는 그를 아무도 반기지 않았고 보호자가 보증인

도표 8. 부모와 함께 사는 미혼자의 취업 상황별 비율 추이

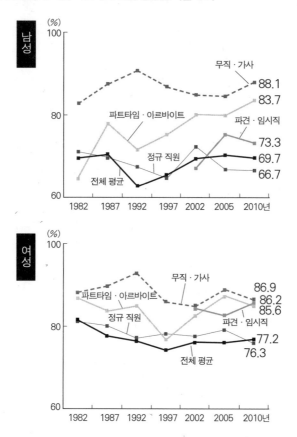

출처: 국립사회보장 · 인구문제연구소 「제14회 출생 동향 기본 조사(독신자 조사)」/2010
* 파견 · 임시직 구분은 2002년 이후 추가되었음

이 돼야 한다는 말을 들었다. 이러한 사정을 부모님과 의논해 보았지만 부모님은 일도 하지 않는 사람을 위해 보증을 설 수는 없다며 딱 잘라 거절하였다. 집에서 독립하지 않으면 충동적으로 부모에게 어떤 일을 저지를지 모를 정도로 한계에 내몰리고 있었지만, 부모는 여전히 일을 할 수 없는 그에게 일을 하라고 계속 요구했다. 그는 거의 한계에 다다른 상황이 되었을 때에야 상담을 하기 위해 우리를 찾아왔다. 더 이상 가족만의 힘으로는 해결이 불가능한 상태였다.

일본은 가족을 사회 공동체의 기본 단위로 인식하고 있기 때문에 개인의 상황을 가족의 일로 생각하는 경향이 크며, 단지 개인의 일로만 보는 경우가 적다. 유럽의 한 청년 지원 단체 활동가에게 질문한 적이 있는데 그곳에선 청년이 어려운 상황에 처하면 그 부모가 아무리 부유하더라도 부모의 경제적 조건과는 상관없이 처한 상황에 따라 누구나 필요한 지원을 받을 수 있다고 한다. 가정의 소득이나 부모 자식 간의 관계에 좌우되지 않는 지원 시스템이 잘 정비되어 있는 것이다.

이 사례를 볼 때, 개개인이 어떤 상태가 되어도 최소한의 주거 환경이 보장되는 사회 안전망이 부재한 상황이야말로 사회적 위협을 가져오는 요인이 된다고 생각된다.

둘 중 한 명은
운전면허증 없어

위에서 본 대로 무업 청년이 부모와 같이 사는 비율이 높은데, 그 부모는 경제적으로 윤택한 것일까? 현장에서 지원을 하면서 무업 청년에게 가정의 경제 상황을 직접 물어보는 일은 드물기 때문에 정확한 상황을 파악하기는 어렵다. 우리가 대강의 가정 형편을 예상하게 되어도 청년 본인이 자기 부모의 소득이나 경제 상황을 파악하고 있는 경우가 적다는 이유도 있다.

가정 형편을 유추해 보기 위해 운전면허와 컴퓨터 보유 비율을 참고해 보고자 한다.

도표 9. 전체 운전면허 보유율과 청년 무업자의 면허 보유율 비교

남녀별 운전면허 보유자 비율

연령층	16~19세	20~24세	25~29세	30~34세	35~39세
남	25.0%	83.2%	94.5%	96.7%	98.0%
여	17.8%	73.8%	87.3%	90.6%	91.3%

출처: 내각부 「2013년판 교통 안전 백서」

청년 무업자 유형별 '자동차면허 소지' 비율

유형	구직형	비구직형	비희망형	합계
예	65.3%	47.4%	38.2%	52.0%
아니오	34.7%	52.6%	61.8%	48.0%

청년 무업자 유형별 '집에 자가용 보유' 비율

유형	구직형	비구직형	비희망형	합계
예	38.6%	43.7%	37.4%	40.4%
아니오	61.4%	56.3%	62.6%	59.6%

우선 운전면허를 살펴보자. 내각부의 「2013년판 교통안전 백서」에 의하면 16세에서 19세 남녀의 운전면허 보유율은 각각 25.0%와 17.8%, 20세에서 24세는 83.2%와 73.8%, 25세에서 29세는 94.5%와 87.3%, 30세에서 34세는 96.7%와 90.6%, 35세에서 39세는 98.0%와 91.3%인 것을 알 수 있다. 10대에서는 20% 전후로 낮지만, 20대 초반이 되면서 약 80%, 30대에서는 약 90%가 운전면허를 가지고 있다(도표 9 참조).

청년 무업자의 경우에는 어떠할까? 우리가 조사한 바로는 면허 소지자가 전체의 52.0%로서 두 명 중 한 명은 운전면허를 갖고 있지 않았다(도표 9 참조). 유형별로 운전면허 보유 비율을 보면 구직형 65.3%, 비구직형 47.4%, 비희망형 38.2%로, 일반적인 운전면허 보유 비율보다 현저하게 낮다.

가정 형편을 짐작할 수 있는 또 하나의 예를 살펴보자. 최근 20년간 직장의 모습은 크게 달라졌다. 책상에는 컴퓨터가 놓여 있고, 외출할 때에는 노트북을 가지고 다니며 업무를 보거나 연락을 취한다. 스마트폰이나 태블릿PC의 보급으로 일하는 방식은 앞으로도 더욱 변화할 것으로 예상된다.

컴퓨터 보유율을 살펴보면, 집에 자신의 컴퓨터를 가지고 있는 비율은 전체가 75.8%(총무성 「2012년 통신 이용 동향 조사」)인 것에 비해 청년 무업자의 컴퓨터 보유율은 66.3%에 불과한 것으로 나타났다. 유형별로는 구직형 65.8%, 비구직형 72.6%, 비희망형 56.1%로 특히 비희망형의 보유율이 낮았으며, 집에 인터넷망을 갖춘 비율도 이와 비슷하게 나타났다.

이 조사 결과를 얻고 나서 내가 교편을 잡고 있는 대학교의 학생들에게 물어보았더니 대부분이 컴퓨터를 사거나 면허를 취득할 때 필요한 비용을 부모에게 받았다고 답했다. 청년 무업자의 가정은 대학 진학뿐만 아니라 자녀가 운전면허나 컴퓨터 같은 필수적인 요소를 보유할 수 있는 비용을 지출할 만큼의 여유가 없는 어려운 형편이라는 것을 알 수 있다.

6

질병보다 본인의 의지가
문제는 아닌가?

다섯 명 중 한 명의
퇴직 사유가 심신박약

　　　　　　앞서 소개한 「어린이·청년 백서」에는 청년 무업자가 비구
직형, 비희망형에 이르게 된 이유가 게재되어 있다(96~97쪽 도표 5 참조).

　　모든 유형에서 '질병·부상'이 두드러지게 나타났으며 그 수치는 특
히 20대 후반부터 증가하여 30대 전반에서는 50%에 육박한다. 질병이
나 부상의 원인까지 자세히 알 수는 없지만 『청년 무업자 백서』를 살펴
보면 취업 경험이 있는 무업 청년이 퇴직한 사유로 다섯 명 중 한 명이
심신의 상태가 좋지 않다는 이유를 들고 있다(신체 문제 18.2%, 정신 문
제 18.1%). 최근 화제로 떠올랐던 직장 내 분위기나 근로의 질도 강하게
영향을 미치고 있다는 것을 쉽게 예상할 수 있다.

　　그 밖에도 상담자의 약 20%가 통원하고 있으며 또 다른 약 20%가
약을 복용하고 있었다(도표 10 참조). 치료 중인 상담자는 담당 의사의
허락이 필요하지만, 이를 확인하지 않거나 치료 중인 사실을 감추고 우
리에게 상담하러 오는 경우도 더러 있기 때문에 실제 수치는 이보다 더
높을 것으로 추측된다.

도표 10. 청년 무업자의 통원 및 복용 약 유무

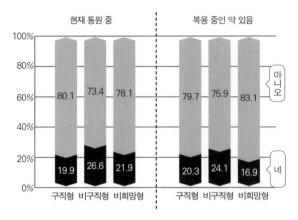

* 통원 중인 청년 중 70%가 심료내과(정신과와 내과를 통합하여 진료하는 병원) 또는 정신과 통원

한 청년의 경우는 지자체가 주최한 취업 박람회에서 상담원에게 상담을 요청했는데 상담원이 "병이 나으면 다시 방문해 주세요"라며 상담 자체를 거절했다고 한다.

최근 20대와 30대 전반의 젊은 세대에게 '신형 우울증'이 증가하고 있다. 일본우울증학회의 홈페이지에 게재되어 있는 신형 우울증 관련 부분을 인용하고자 한다.

결론부터 말하자면 '신형 우울증'이라는 전문용어는 없습니다. 물론 정신병리학적으로 정리된 정의도 없으며 그 개념조차 학술지나 학회 등에서 검토되지 않았습니다. (중략) 사회에서 '신형 우울증' 또는 '비정형 우울증'이라고 부르는 것은 일반적으로 다음과 같은 특징을 가지고 있습니다.

1. 청년들에게 많이 발생하며 일반적으로 경증인 것으로서, 호소하는

도표 11. 기분장애 환자 수 추이

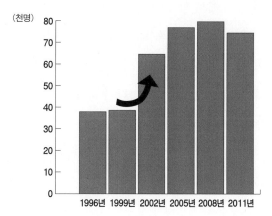

출처: 후생노동성 「2011년 환자 조사 실태」

증상은 경증의 우울증과 구분하기 어렵다.

2. 일을 할 때에는 '억울한 기분'이 되거나 업무를 회피하는 경향이 있
   다. 그러나 여가 시간은 즐겁게 보낸다.

3. 업무상 또는 학업상의 어려움을 계기로 발병한다.

4. 발병 전 환자의 성격을 보면 '성숙도가 낮고 규범이나 질서 또는 타
   인에 대한 배려가 낮다' 등의 특징을 보인다.

　출처 : 일본우울증학회 홈페이지

여기서 말하는 특징을 보고 자신이 '신형 우울증'일지 모른다고 생
각하는 청년도 있을 것이다. 실제로 후생노동성이 2011년에 발표한 「환
자 조사 실태」를 보면 우울증이나 양극성기분장애(조울증)를 포함한 기
분장애 환자 수가 1990년대 후반부터 현저하게 증가하고 있다는 것을

알 수 있다(도표 11 참조).

신형 우울증에 대해서 학술지나 학회에서조차 검토가 되지 않았음에도 불구하고 이 단어가 널리 통용되고 있는 것은, 질병이나 부상으로 일을 할 수 없게 된 것이 일부 특별한 사람들만의 문제가 아니고 누구라도 그렇게 될 수 있다는 생각에서 저마다 우려감과 경각심이 생기게 되었기 때문은 아닐까 하고 추측한다.

질병이나 부상은 치료 또는 요양이 최우선시 되어야 하지만 그럴 수 없는 청년들이 많다는 사실을 어떻게 해석하여 지원할 것인가에 대한 사회적 이해와 포용이 절실하게 요구된다.

7
부모나 고용센터 등
상담할 곳이 있지 않나?

무업 기간 3년을 넘기면

어떻게 해야 할지조차 몰라

　　　　　상담이라는 행위에 대해 생각해 보자. 상담에 이르게 될 때에는 두 가지가 매우 중요하다.

　첫째로 상담하고 싶은 내용이 명확해야 한다. 타인에게 조언 또는 해결 방법을 구하는 경우, 자신이 겪고 있는 문제를 타인에게 말할 수 있도록 내용이 정리되어 있어야 한다. 예를 들어 목이 아프거나, 열이 나거나, 통증이 계속되는 것 같다면 병원에 가야 하고 법적 해결이 필요하다면 법률사무소의 문을 두드려야 할 것이다. 자신조차 처음부터 무엇을 상담해야 할지 모른다면 상담할 곳을 정할 수 없을 뿐만 아니라 상담하는 상대도 조언을 해 줄 수가 없다.

　두 번째는 상담하고 싶은 사람을 신뢰할 수 있는가 하는 것이다. 부모나 가족 같은 혈연관계, 친구나 교사, 직장 동료 등은 시간이나 공간을 공유하고 있다는 점에서 신뢰할 만한 사람인가를 쉽게 구분할 수 있기 때문에 자신의 고민을 털어놓을 수 있다. 또한 의사나 변호사와 같이 전문성을 갖춘 사람도 신뢰하기 쉬운 상대라고 할 수 있다. 그러나 누구인지도 모르는 사람에게 자신의 프라이버시와 고민을 털어놓으려 한다면 당연히 저항감이 뒤따르게 된다. 다만 익명성이 보장된 상태에서라면 상대가 누구인지 모르더라도 크게 문제가 되지 않는 경우도 있을 것이다.

소다테아게넷의 자체 조사이긴 하지만, 우리 기관에 상담하러 온 무업 청년 651명에게 물었더니 70% 이상이 무업 상태일 때에는 '어떻게 하면 좋을지'조차 몰랐다고 대답했다. 무업 기간이 3년을 넘으면 그러한 경우가 90%에 달한다.

일자리 관련 상담이라면 고용센터나 인력파견회사의 서비스를 이용하면 좋을 것이다. 그러나 구직 활동에까지 이르지 못하는 비구직형이나 비희망형의 경우에는 자신의 문제를 해결하기 위해 누구(어디)에게 상담하면 좋을지조차 모르게 되는 것이다.

현장에도 너무나 복잡 다양한 문제들을 안고 있는 청년들이 상담을 하기 위해 방문한다. 무업에 이르기까지의 과정에서 자신의 힘으로 상황을 정리하고 해결하기 위해 도움 받을 수 있는 공적인 창구를 명확하게 판단할 만한 여유가 없는 경우에는 상담자의 말에 귀를 기울이면서 상황을 정리하고 해결을 위한 순서와 대책을 함께 세워 나가야만 한다.

상담도 못하고
친구에게 의지할 수도 없어

가족이나 친구에게라면 쉽게 고민을 털어놓을 수 있을까? 먼저 '상담할 수 있는 친구의 유무'를 유형별로 살펴보자(도표 12 참조).

구직형에서는 '상담할 수 있는 친구가 있는 경우'가 66.7%로 비교

도표 12. 청년 무업자의 상담 친구 유무와 힘들 때의 상담 상대

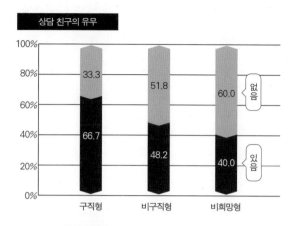

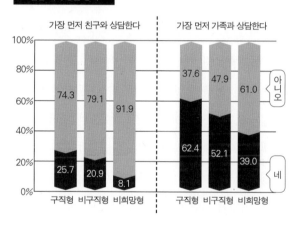

적 높은 수치로 나타나 있다. "지금 일을 찾고 있는데"라며 친구나 지인에게 상담을 요청해 본 경험은 누구나 많이 있을 것이다. 그러나 비구직형이 되면 48.2%, 비희망형에서는 40%로 상담할 수 있는 친구가 급격하게 줄어든다.

개인적으로 나는 무업 청년들에게 그래도 이만큼의 상담 상대가 있다는 것에 놀랐고 안심할 정도였다. 그렇지만 친한 친구에게 "일하고 싶은데 구직 활동도 못하고 있어. 더 이상 어떻게 하면 좋을지 모르겠어"라고 털어놓고 이야기하는 건 쉬운 일이 아니며 용기가 필요한 일이다.

위와 같은 질문에 대해 일반적으로 "우선 고용센터에 가 보면 어떨까"라는 조언이 돌아올 것이라는 사실은 쉽게 예상할 수 있다. 그러면 질문자는 그 정도는 알고 있지만 실제로는 그렇게 하기가 어렵기 때문에 상담하는 거라고 말하고 싶어질 것이다.

이런 상담을 친절하게 들어줄 친구가 있다는 것만으로도 참 다행이지만 현실은 그리 쉽지는 않은 것 같다. '힘들 때 상담 상대'를 묻는 질문에 대한 응답을 살펴보면, 일정 정도의 비율로 친구는 있지만 모든 유형에서 먼저 친구에게 상담을 하는 청년 무업자는 적다는 것을 알 수 있다.

'상담할 수 있는 친구가 있다'라고 60%가 응답한 구직형에서도 친구에게 먼저 상담한다고 답한 비율은 25.7%로 네 명 중 한 명꼴이다. 비구직형은 20.9%, 비희망형은 8.1%를 보이고 있다. 무업 청년에게는 친구에게 현재 상황에 대한 고민을 털어놓는 일이 어려워 보인다.

가족이라면 비교적 상담하기가 쉬울 것 같아 보이지만, 그럼에도 불구하고 구직형 62.4%, 비구직형 52.1%, 비희망형이 되면 39.0%까지 낮아진다. 부모나 형제자매라고 하더라도 상담을 하기에는 쉽지 않다.

그렇기 때문에 상담을 할 수 있는 신뢰할 만한 기관이 필요한데, 현재 청년 무업자를 대상으로 상담이 가능한 공적 기관은 거의 없다. 만일 상담할 수 있는 곳이 운이 좋게도 가까이에 있으면 다행이지만 먼 곳에 떨어져 있기라도 하면 찾아가기 위해선 교통비 등이 들게 된다. 당연히 수입은 없고 저축한 돈도 없는 경우에는 어떻게 해서라도 부모 등에 의지해야 하지만 주변 사람들은 크게 의지할 곳이 되어 주지 못한다. 이러한 악조건이 청년 무업자의 무업 기간 장기화, 고립화라는 악순환을 낳고 있다.

<u>8</u>
그들은 자신의 문제를
개선하고 싶어 하는가?

지나치게 생각이

많은 무업자들

　　　'무업 현상에 대해 그들은 이렇게 인식하고 있다'라고 한마디로 단정할 수는 없지만 그 경향성을 보면 시사하는 바를 찾을 수 있을 것이다. 청년 무업자는 자기 자신에 대해 말할 때 "난 생각을 너무 많이 한다"라는 표현을 자주 쓴다. 외부에서 그들을 말할 때 눈에 띄는 표현은 그들이 "너무 진지하다"라는 말이다. 『청년 무업자 백서』의 조사 결과에서도 특히 구직형에서는 50% 이상이 이렇게 응답하고 있다 (도표 13 참조).

　신문이나 TV, 서적 등에서는 사회의 주변부에 놓여 있는 청년 개인에 대해 초점을 맞추면서 보도를 하는데, 그들의 비슷한 자기 인식, 타자 분석 결과를 전하곤 한다.

　'지나치게 생각하는 것'과 '성실한 것'은 반드시 짝을 이루는 것은 아니지만, 청년 무업자는 적어도 자기가 놓여 있는 현재 상황을 이해하려고도 하지 않고, 그저 타성에 젖어 생활하고 있는 사람이라는 견해는 잘못된 편견이 아닐 수 없다. 오히려 생각을 지나치게 하는 성격이 족쇄

도표 13. 전체 청년 무업자 중 높은 비율을 보이고 있는 성격과 행동

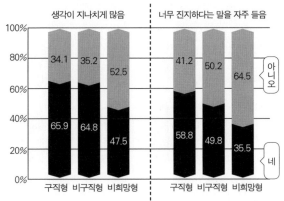

가 되어 행동을 방해하거나 완고하기까지 한 진지한 성격이 주위와의 갈등을 일으키기도 한다고 생각할 수 있다.

다른 응답에서도 불안감이 앞서는 것이나 실패를 지나치게 신경 쓰는 것, 그리고 긴장을 잘하는 것 등에 과반수 가까운 청년이 '그렇다'고 응답하고 있다(도표 14 참조). 특히 취업을 희망한다고 말하면서도 구직 활동에까지는 이르지 못하는 비구직형의 경우에 그러한 경향이 더욱 현저하게 나타난다.

수십 군데나 연락해 봤지만 채용되지 못한 한 청년은 구직 활동을 할 수 없게 된 과정을 이렇게 설명하였다.

"몇 번이나 불합격 통지를 받게 되면, 더 이상 신청해도 소용없을 거라고 미리 생각하게 되죠. 그래서 어차피 채용되지 않을 거니까 이력서 보내는 것도 그만두고 채용될 가능성이 아주 높은 회사가 나오면 지원해야지라고 생각하게 되죠."

도표 14. 비구직형에서 높은 비율을 보이고 있는 성격과 행동

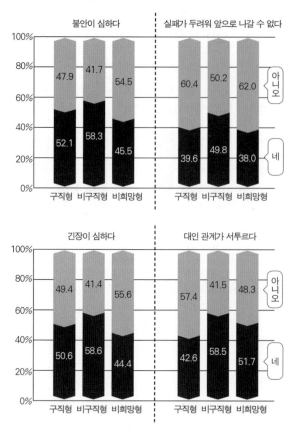

일하고 싶다는 희망을 실현시키기 위한 행동에 어차피 잘 안 될 테니 아예 하지 말자는 브레이크가 걸리게 되어 이력서상의 공백 기간이 더욱 길어지는 결과와 함께 그러한 생각의 고리로부터 헤어나지 못하는 상태에 빠지게 된다.

이와 같은 응답은 설문 형식에서 추출한 것인데, 수십 군데 회사로부터 불합격 통지를 받거나 장기간(때로는 10년 이상) 고립되기도 하면서 긍정적인 자기 인식이 불가능하게 된 것으로 보인다.

9
학력과 무업 비율은
관계가 있나?

'고학력 니트를 찾습니다'

우리는 취재 의뢰를 받을 때 "고학력자이며 인터뷰가 가능한 니트 상태에 있는 사람을 찾고 있습니다"라는 요청을 빈번히 받는다. 여기서 고학력이란 유명 대학이나 유명 대학원을 졸업한 청년을 말한다.

취재 의뢰사는 무업이란 무수입이며, 그래도 생활이 가능한 건 부모 등으로부터 경제적 지원을 받아서일 거라고 생각하고 있을지 모르겠다. 학력과 가정 소득의 관계는 도처에서 설명하고 있으므로 수입이 없어도 생활이 가능하다는 건 여유로운 가정일 것이며, 여유가 있는 가정이라면 대학 정도는 나왔을 것이라고 더 구체적인 추측을 하고 있을지도 모른다.

그렇다면 실제 청년 무업자와 학력의 관계는 어떨까? 다소 오래된 조사이지만 내각부의 「2005년 청소년 취로에 관한 연구 조사」에는 그에 대한 분석이 실려 있다(도표 15 참조). 조금 길지만 그 고찰을 인용하겠다.

도표 15. 청년 무업자의 최종 학력별 구성비

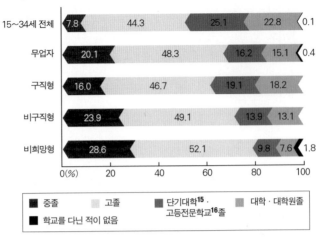

출처: 내각부 「2005년 청소년 취로에 관한 연구 조사」

15~34세 청년 전체에서 무업자는 중졸과 고졸의 비율이 높았고, 반대로 단기대학과 고등전문학교 졸업, 대학과 대학원 졸업의 비율이 낮게 나타나 있다. 고졸이나 중졸은 진학한 청년에 비해 무업이 되기 쉽다.

단, 같은 무업자 중에서도 구직형에서는 상대적으로 대학이나 대학원 졸업과 단기대학이나 고등전문학교졸업 등의 고학력자 비율이 높다. 비구직형에서는 이런 고학력자의 비율은 낮아져, 대학이나 대학원 졸업은 13.1%, 구직형과 비교하면 5.1 포인트 낮다. 비희망형이 되면 고학력자 비율이 더욱 낮아져, 대학이나 대학원 졸업은 7.6%로 구직형과 비교하면

---

15 단기대학이란 수학 연한이 2년(또는 3년)인 대학을 말하며 줄여서 단대(短大)라고 한다. 주로 여성이 직업교육을 받는 곳이 많은데 우리나라의 전문대보다 직업적인 전문성은 낮다.

16 일본에서 고등전문학교란 주로 중학교 졸업 정도를 입학 자격으로 하여 수학 연한 5년(상선학과만 5년 6개월)의 과정으로 공학·기술계 전문교육을 함으로써 기술자를 양성하는 것을 목적으로 한다.

10.6 포인트나 낮다.

이렇게 취업을 희망하고 있는 무업자 중에서도 저학력자가 차지하는 비율은 구직형보다는 비구직형이 높고, 더욱이 비구직형보다도 비희망형이 높게 나타난다. 비슷한 경향은 2002년뿐 아니라 1997년과 1992년 조사에서도 관찰할 수 있다. 구직형에서는 단기대학이나 고등전문학교 졸업, 또는 대학이나 대학원 졸업이 40%를 차지하는 것에 비해 비희망형에서는 80% 이상을 중졸 또는 고졸이 계속적으로 차지하고 있다.

출처 : 내각부 「2005년 청소년 취로에 관한 연구 조사」

이력서에 평생
따라다니는 '중퇴'

고교 졸업 후 진학을 선택하는 비율이 매우 높은 상황에서 고교 중퇴를 포함하여 중졸이나 고졸이 최종 학력인 청년은 상대적으로 그 수가 적어지기 때문에 실제 수치를 보면 청년 무업자에서 저학력자가 차지하는 수는 적은 것처럼 여겨진다. 그러나 구성비로 살펴보면 저학력자가 큰 비율을 차지하고 있으며, 유형별로 살펴봐도 취업을 희망하고 구직 행동을 하는 구직형보다도 비구직형 및 비희망형이 되면서 저학력자의 비율이 증가한다. 비희망형의 80% 이상은 중졸 또는 고졸 청년이다(도표 15 참조).

그렇다면 실제로 지원 기관으로 상담하러 온 청년 무업자의 최종 학력은 어떨까? 상담자 전체의 최종 학력은 중졸 13.1%, 고졸 35.9%, 고등전문학교나 단기대학·대학교 졸업 37.7%이다(도표 16 참조).

도표 16. 청년 무업자의 유형별 최종 학력

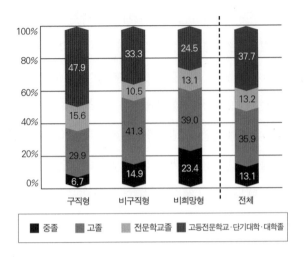

유형별로 살펴보면 단기대학이나 대학교 등 고등교육기관으로 진학한 청년은 구직형 47.9%, 비구직형 33.3%, 비희망형 24.5% 순으로 나타나며, 무업 상태가 되었더라도 일자리를 계속해서 찾고 있는 구직형 청년의 학력이 높음을 알 수 있다. 그리고 선행 조사와 마찬가지로 중졸·고졸이 최종 학력인 경우는 구직형에 비해 비구직형과 비희망형에서 차지하는 비율이 높으며 특히 비희망형에서는 중졸이 눈에 띄게 많아진다.

다음은 중도퇴학자를 살펴보자. 일본 중퇴예방연구소의 『중퇴 백서 2010 ─ 고등교육기관에서의 중퇴』에 따르면 고등학교 입학에서부터 졸업까지 3년간 6.1%가 중퇴한다. 또한 대학교의 경우에는 입학부터 졸업까지 4년 동안 12.6%가 중퇴하고 있다.

『청년 무업자 백서』에서는 청년 무업자 가운데 고등학교를 중퇴한 자가 8.7%, 대학·단기대학을 중퇴한 자가 21.5%로 나타났다(도표 17

도표 17. 청년 무업자가 진학한 학교를 중퇴한 비율

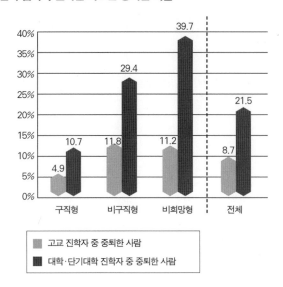

참조). 각 그룹을 유형별로 살펴보면, 구직형에 비해 비구직형 또는 비희망형에서는 고등학교 중퇴율이 약 두 배이며, 대학·단기대학 중퇴율은 비구직형이 세 배, 비희망형에서 약 네 배인 것으로 나타났다. 특히 비희망형에서는 대학·단기대학의 중퇴율이 40%에 육박하고 있다.

고등학교이거나 대학교이거나 졸업자에게는 최종 학력이 '졸업'이 되지만, 중퇴자에게는 당연히 '중퇴'가 된다. 청년을 고용하는 기업들이 신규 졸업자를 선호하고 있는 가운데 중퇴라는 경력은 새롭게 어딘가를 최종 졸업하지 않는 한 평생 따라다니는 부정적인 꼬리표가 된다.

이과 대학원을 중퇴한 한 청년은 대부분 집안에 틀어박혀 있는 생활을 수년째 이어 왔다. 그동안 프로그래밍 공부를 해 온 터라 크게 마음을 먹고 직장을 알아봤지만 지원한 곳에서 모두 떨어지면서 학교를 중퇴한 자신의 과거를 후회하고 있었다.

그러나 우연히 인턴십을 했던 IT 기업의 기술 담당자가 독학으로 배운 고급 프로그래밍 기술을 좋게 평가해서 곧바로 그 회사의 정사원이 될 수 있었다. 그는 이제 와서 "그렇게 계속 떨어지면, 불합격한 이유를 중퇴라고 생각해야지 그렇지 않으면 전 미쳐 버렸을 거예요"라고 말했다.

<u>10</u>
왜 회사를
그만두는 것일까?

네 명 중 세 명은
취업 경험 있어

무업 청년에 대해 '일할 의욕이 없는 존재'라고 단정하여 바라보는 시각이 많은데, 그렇다면 청년 무업자의 75.5%가 과거에 일을 해 본 경험을 갖고 있다는 사실은 어떻게 이해해야 할까?(도표 18 참조)

그 내용을 살펴보면 취업 경험자 중 정사원 경험이 있는 청년은 33.6%, 비정규 사원 경험은 41.9%로 나타난다. 청년 무업자 네 명 중 세 명은 과거에 일한 경험이 있는 반면에 한 번도 일한 적이 없는 청년 무업자는 불과 24.5% 정도이다.

유형별로 살펴보면 특히 구직형에서는 89.1%가 일한 경험이 있었으며, 그중 과반수인 48.8%가 정사원이었다. 비구직형에서도 일한 경험이 있는 사람은 71.2%로 높은 반면에 비희망형에서는 반수에 가까운 44.7%가 일한 경험이 없었다. 결론적으로 불안정 고용자 또는 취업 경험이 없는 청년이 무업이 될 위험을 안고 있다고도 말할 수 있다.

중졸자나 고교 중퇴자가 일을 찾을 때에는 학교 선생님에게 의지하

도표 18. 청년 무업자의 직업 이력 구분

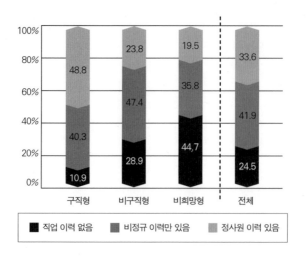

기도 어렵고, 고용센터를 방문해 봐도 대부분의 구인 광고가 최종 학력
고졸 이상을 요구하는 현실에 부딪힌다. 그들에겐 채용 조건 자체가 학
력 무관 또는 초보나 미경험자를 환영하는 경우가 아니라면 지원조차
할 수 없게 된다. 고도의 지식이나 기술을 가지고 있는 경우에는 다르겠
지만, 경력이 많지 않고 비정규 고용 경험밖에 없는 청년 무업자가 정사
원으로 취직하기는 상당히 어렵다.

　고등학교를 중퇴해도 최종 학력은 중졸이지만, 같은 중졸 중에서도
고등학교에 진학조차 하지 않은 중졸자가 있다. 17세의 한 고교 미진학
자는 진학하지 않고 일을 하고 싶었다고 한다. 우리가 우선 어떤 일들이
구인 공고로 나와 있는지 알아보러 고용센터에 가 보자고 권유했더니
그는 고용센터라는 존재 자체를 모르고 있었다. 눈을 동그랗게 뜨고 "무
료로 일을 소개해 주는 곳이 있단 말이에요?"라며 놀라워했다.

그와 함께 검색 전용 컴퓨터로 구인 공고를 검색하고 상담원과 대화도 나눴지만 쉽게 안정적인 일자리에 취업하는 것은 어렵다고 느낀 것처럼 보였다. 지원해 볼 만한 곳이 몇 군데 있긴 했지만, 몸이 약해서 신체적으로 부담이 많이 가지 않는 일 위주로 찾다 보니 일자리를 찾는 것 자체가 어려웠기 때문이다.

그래서 현실적인 방법을 모색해 보기로 했다. 하나는 생활비를 아르바이트로 충당하면서 정사원 일자리를 찾아 나가는 것, 다른 하나는 아르바이트나 계약직으로 출발해서 향후에 정사원으로 전환될 수 있는 여건이 갖추어져 있는 기업에서 일하는 것, 마지막으로는 직업훈련학교 등에서 지식과 기술을 익히는 것이다. 그는 결국 고향에서 음식점 아르바이트를 하다가 반년 뒤에 정사원이 되었고 지금도 그곳에서 일하고 있다.

많은 청년 무업자에게 직업 경험이 있긴 하지만 그와 달리 일에 대한 경험을 쌓지 못한 청년에 대해서는 보나 주의 깊은 지원이 필요하다. 이는 청년 무업자가 비희망형으로 전락하지 않도록 하는 예방책이 될 수 있을 것이다.

계약 기간 만료와
상사와의 관계

직업 이력이 있는 청년 이야기로 되돌아가서 청년 무업자들이 이전에 소속했던 직장과 퇴직 이유를 살펴보도록 하자. 마지막으로 일했던 직장에서 1년 이상 연속으로 근무한 청년은 71.3%, 3년 이상은 40.5%로 나타난다(도표 19 참조).

도표 19. 청년 무업자의 취업 기간

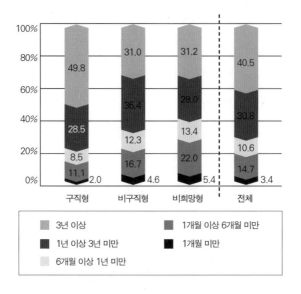

여기서 그 직장의 환경이나 업무의 질에 대해서는 알 수 없다. 그러나 청년들의 조기 이직 때문에 고민하는 인사 담당자의 한탄과 분노를 소개하는 여러 언론에서는 청년 무업자가 인내심이 없으며 일을 할 줄도 모르는 존재로 자주 조명되곤 하는데, 위의 수치는 청년 무업자에 대한 이와 같은 부정적인 인식을 크게 바꿀 수 있을 것이라고 생각한다.

유형별 차이는 있지만 재직 기간만을 살펴보면 상당히 긴 기간 동안 직장에 정착해 있었음을 알 수 있다. 그렇다면 그들은 왜 퇴직을 하게 된 것일까?

우선 '계약 기간 만료'에 의한 퇴직이 큰 축을 이루고 있지만(도표 20 참조), 이 자료만으로는 계약 기간이 연장될 여지나 정사원 채용 제안이 있었는지, 있었다면 왜 연장되지 못했는지와 같은 세부 사항들에

도표 20. 청년 무업자의 퇴직 이유

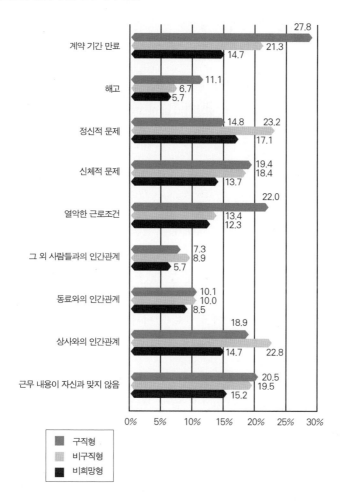

계약 기간 만료
27.8
21.3
14.7

해고
11.1
6.7
5.7

정신적 문제
14.8
23.2
17.1

신체적 문제
19.4
18.4
13.7

열악한 근로조건
22.0
13.4
12.3

그 외 사람들과의 인간관계
7.3
8.9
5.7

동료와의 인간관계
10.1
10.0
8.5

상사와의 인간관계
18.9
22.8
14.7

근무 내용이 자신과 맞지 않음
20.5
19.5
15.2

0%　5%　10%　15%　20%　25%　30%

■ 구직형
■ 비구직형
■ 비희망형

대해서는 알 수 없다.

　그 외의 퇴직 이유를 유형별로 살펴보면, 구직형에서는 '열악한 근로조건', '업무 내용이 자기와 맞지 않음', '상사와의 관계'가 꼽혔다. 상사는 본인의 의지로 선택할 수 없으며 근로조건을 혼자서 바꾸는 것도 쉬운 일이 아니다. 또한 젊은 나이에 자신의 업무 내용에 대한 재량권을 가질 수 있는 직장 내 지위를 획득하는 경우도 매우 희박할 것이다. 이러한 사유들은 개인이 해결하기 어려운 요건이며 소속 기업의 의사 결정 방식에 전적으로 좌우된다.

비구직형은 '정신적 문제'와 '상사와의 관계'를 퇴직 사유로 들고 있다. 비희망형에서는 눈에 띄는 응답은 없지만 '정신적 문제'가 17.1%로 높게 나타났고, 어느 쪽에서나 심리적인 스트레스에 의한 퇴직임을 짐작할 수 있다.

앞서 '취업 희망 청년 무업자가 구직 활동을 하지 않는 이유(내각부 2013년판 어린이·청년 백서)'를 통해 질병이나 부상이 이유라고 응답한 비율이 상당히 높다는 점은 미리 확인했지만, 위 자료는 최종 근무한 직장에서의 퇴직 사유와, 구직 활동뿐 아니라 일을 해야 한다는 생각조차도 할 수 없게 된 청년과의 사이에 무엇인가 상관관계가 존재하고 있음을 시사하고 있다.

청년 무업자의 퇴직 사유만을 놓고 본다면 다른 일반적인 이직과 큰 차이가 없어 보일 수도 있지만, 인간관계에서의 스트레스 및 정신적·신체적인 문제에 대해 회사 차원에서 보다 적극적인 대책이 마련되기를 희망한다. 기대를 갖고 채용한 소중한 인재가 이런 이유로 이직하게 되는 것은 회사 입장에서도 매우 안타까운 일일 뿐만 아니라, 퇴직후 그 청년의 진로에까지 큰 영향을 미치게 되므로 사회적으로도 크나큰 손실이다.

11
그들은 어떤 지원을
원하고 있나?

일할 수 있는 자신감을
얻고 싶어서 지원 기관 방문

청년 무업자가 '무업이라는 상태에서 벗어나는 것'을 목표로 하고 있다면 그 욕구는 구체적으로 직업을 갖게 되는 것, 즉 취업에 있을 것이다. 그러나 지금까지 살펴본 바로는 청년 무업자에는 세 가지 유형이 있는데, 무업에서 유업으로 이행할 수 있는 구체적인 단계는 구직형에게만 해당된다.

비희망형에서 비구직형으로, 비구직형에서 구직형으로 단계를 올라갈 때마다 각각 해결해야 할 과제와 욕구는 매우 다르다. 유형마다 지향하는 단계가 다르다는 것을 이해하지 않으면, 취직을 위한 지원으로서 직업 소개 기능과 직업훈련 확충이라는 한정적인 대책만을 갖고 자원을 집중할 것이다. 그러면 결과적으로 청년 무업자 중에서도 구직형과 비구직형의 일부만이 그 지원을 이용하게 된다.

지원 기관에 내방한 목적을 살펴봐도 구직형(도표 21 참조)·비구직형(도표 22 참조)과 비희망형(도표 23 참조)에서 요구되는 지원은 각각 다르다. 일하기를 희망하면서도 구직에 나서지 못하는 비구직형 청년의 경우에는 그들의 강한 목적의식을 엿볼 수 있어 매우 흥미롭다.

공통된 목적은
'자신감 키우기'

많은 청년들이 일하는 것에 자신감을 갖지 못하고 있다. 특히 비구직형에서는 이 점을 극복하고 구직 행동으로 이어질 수 있는 발판을 찾고 있다.

새로운 직장에 입사를 하면 전에 경험해 보지 못한 업무에도 접하게 된다. '처음에는 서투른 것이 당연하지만 업무에 몰두하다 보면 점점 익숙해진다'는 생각이 일반적이지만, 그것은 자신의 적응 능력(학습 능력)에 대해 긍정적인 마음을 가질 수 있게 하는 과거의 경험과 자신감이 갖춰져 있을 때에 해당되는 말이다.

'미지의 영역에서도 잘해 나갈 수 있다', '지금까지의 경험으로도 잘 이겨내 왔다'는 생각을 하기가 어려우면 '자신에게 꼭 맞는 일(자기가 할 수 있는 일)'만을 찾을 수밖에 없다. 게다가 낯설고 새로운 환경에 적응하는 것마저도 자신이 없다면 '막연한 불안'을 떨치기가 쉽지 않다. 회사에서 기대하는 인재 요건에 자주 등장하는 '커뮤니케이션 능력'도 불안감을 가중시키고 있다.

'커뮤니케이션 능력'이라는 단어의 의미 자체가 불명확하며 학교나 직장에서가 아니라면(고립되어 있어서는) 쉽게 몸에 익히기 힘든 점이 많기 때문이다. 학교나 직장에서 인간관계가 쉽지 않았던 경험이 있는 청년들은 '커뮤니케이션' 자체에 대한 거부감이 있다.

사회가 청년들에게 '취업 지원' 서비스를 제공하고 있으면서도 남다

도표 21. 구직형의 지원 기관 방문 목적

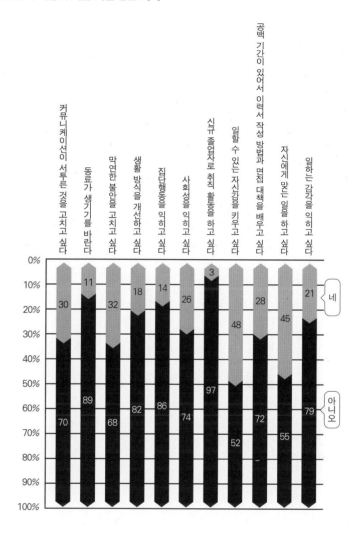

른 성과를 만들지 못하는 이유는 구직을 바라는 청년의 문제 해결을 위

한 과정에 주목하기보다는 취업(매칭)이라는 목표만을 전제하고 있기

때문인 것이다.

도표 22. 비구직형의 지원 기관 방문 목적

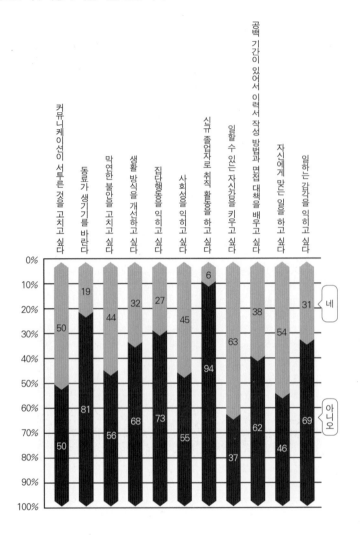

초등학교, 중학교 시절에 따돌림을 당해서 고등학교를 중퇴한 한 청

년은 민간 업체에서 발행하는 구인 매체를 싫어했다.

"모두가 웃는 얼굴로 V자를 만들고 있거나, 어깨동무를 하고 웃고

도표 23. 비희망형의 지원 기관 방문 목적

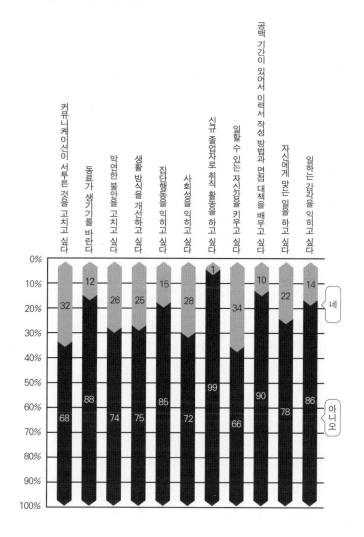

있거나, 하늘을 향해 뛰어오르는 모습들이 있는데 그런 사진을 게재한

기업은 피하고 있어요. 그 직장이 실제로도 그런 분위기인지는 알 수 없

지만 이 회사에 들어가면 항상 밝고 기운차게 일하지 않으면 안 된다는

압력 같은 걸 느끼게 되거든요."

청년이 안고 있는 고민들은 개별적으로 상당히 다르지만 대체적으로 원하고 있는 지원이 무엇인지를 분석해 보니, 앞으로 나아가고 싶은 마음을 현실화하기 위한 도움을 원하고 있음을 잘 알 수 있었다. 그러면서 취직했을 때에는 새로운 업무, 새로운 직장 환경에서 잘 적응해 내고 싶어 했다.

이들은 막연한 불안감은 잠재우고 각각의 불안감을 자신감으로 바꾸어 갈 수 있는 계기를 찾는 중일 것이다. 의식의 변화를 행동의 변화로 이어 가는 것, 반대로 행동의 변화에서부터 의식을 변화시켜 나가는 것, 어떤 식이든지 현재 상태의 자신이 어떤 무엇인가의 지원을 통해 바뀌기를 바라고 있는 것이라고 현장에서는 느끼고 있다.

타인을 믿지 못하는
청년들

'모든 청년 무업자가 지원을 바라고 있는가?'라고 궁금해한다면 아마 그렇지는 않을 것이다. 현재 자신의 상황을 정확하게 분석하고, 설정한 목표를 향해 최단 거리를 달려갈 수 있는 청년도 있을 것이다. 그런 반면 지원받기를 원하는 지점에조차 이르지 못하는 청년도 존재하는 것이 사실이다.

앞에서 고용센터의 존재를 몰랐던 청년의 예와 같이 유소년기부터 신뢰할 수 있는 사람들의 지지를 받으며 살아오지 못한 청년은, 지원을 받는다는 생각 자체를 처음부터 머릿속에 그려 나갈 수 없는 것이다. 그리고 누군가의 도움을 받는다는 것은 어떤 빚을 지는 것이라는 부정적인 교육을 받으며 자란 청년도 있다.

갱생보호가 필요한 청년이 있었다. 소년감별소[17]에서 출소한 10대 청년이었는데 우리의 지원을 받는 것을 매우 주저하였다. 무언가 분명한 이유가 있다면 '타인의 지원'이라는 쓸데없는 참견을 거부하는 것도 하나의 중요한 선택이라고 생각할 수 있겠지만, 그 청년에게 이유를 물어보니 "(타인은) 믿을 수 없다"는 대답이 돌아왔다. 부모나 교사, 친구라는 존재에게 계속해서 배신을 당해 온 경험 때문에 타인이 확실한 신뢰감을 느낄 수 있게 하기에는 힘든 사례였다.

우리들은 '왜 신뢰해 주지 않는 걸까'라는 생각에 그치지 않고 '그 또는 그녀가 남을 신뢰하지 못하게 되는 상황의 원인은 무엇인가, 그것은 지금부터 해결할 수 있는 것일까'를 생각한다. 타인을 신뢰하지 못하는 청년들을 만나다 보면 그들은 '지원을 원하지 않고 있다'라기보다는 '누군가에게 도움을 구해도 된다'는 생각조차 하지 못하는 것처럼 보인다.

표면상으로는 지원을 원하고 있지 않기 때문에 지원을 하는 입장에서는 그 필요성에 의문을 가질 수도 있겠지만, 이러한 청년일수록 처한 어려움의 정도가 심하며 그 어려움이 복잡해질수록 나중에는 타인에게 도움조차 받지 못하게 되는 상태가 될 수도 있다는 사실을 염두에 두었으면 한다.

---

17 가정재판소에서 청소년 심판을 하기 전에 청소년의 비행성이나 성격 등을 '감별'하기 위한 시설이다. 광역 지방자치단체인 각 도도부현에 1개소씩(홋카이도는 4개소, 도쿄와 후쿠오카는 2개소) 있고, 일본 전국에 52개소가 있다. 전문적인 조사·상담을 통해 청소년들이 비행에 이르게 된 원인·동기, 또한 앞으로 어떻게 하면 갱생할 수 있을지 등을 의학·심리학·교육학·인간과학 등 전문지식과 기술 등으로 밝혀내는 곳이다.

4장

'무업 사회'는
어떻게 등장하였는가?

젊을 때 고생을
미덕으로 여기던 시대

이제는 앞에서의 구체적인 사례나 Q&A와는 달리 청년 무업자 문제를 둘러싼 구조적 조건 또는 역사적 측면에 눈을 돌려 보고자 한다. 다시 말해 무업 사회의 구조와 역사를 이해하자는 것이다. 청년 무업자가 발생하는 구조적 요인을 생각해 보기 위해서는 일본의 기업 사회와 인사 전략 또는 사회보장 시스템을 이해할 필요가 있다. 교육도 그 안에 포함될 것이다. 이처럼 상당히 광범위한 분야에 주목해 봄으로써, 각 분야의 기능들이 제 역할을 다하고 있지 못하기 때문에 청년 무업자를 양산하는 복합적인 원인으로 작용한다는 사실을 알 수 있다.

앞에서 말한 바와 같이 이 책에서는 누구나가 '무업'이 될 수 있는 가능성을 갖고 있음에도 불구하고, 무업 상태에서 빠져나가기 어려운 사회를 '무업 사회'라고 부르고 있다.

2000년대 이후를 중심으로 현대 청년 무업자의 역사를 간단히 돌아보자. 일본 사회는 빈곤이나 실업을 오랫동안 중요한 문제로 여겨 왔다.

메이지(1868~1912년)·다이쇼(1912~1926년) 시대에 이미 빈곤을 둘러싼 근대적인 사회 투쟁이 일어났음은 잘 알려져 있다. 제2차 세계대전 이후 일본국헌법 제25조 제1항 "모든 국민은 건강하고 문화적인 최소한의 생활을 영위할 권리를 가진다"라는 서술을 둘러싸고 불거진 1957년의 아사히 소송[18]을 필두로 하여 '생존권'이라는 것의 구체적인 형태와 보장 방식 등에 대한 논쟁이 일어났다.

그러나 기존의 일본 사회는 청년 세대를 사회적 약자의 주요한 존

---

18 오카야마 현의 요양소에 중증 폐결핵 환자로 입원했던 아사히 시게루 씨(당시 44세)가 1957년에 생활보호비가 너무 부족해 필요한 영양조차 섭취할 수 없게 되자 "건강하고 문화적인 최소한의 생활을 영위"할 수 없다며 정부에 개선을 호소한 행정소송을 말한다. 가족도 없고 아무 수입도 없었던 그는 생활보호법에 따라 의료 부조와 생활 부조를 받았지만 그가 받는 것은 2년에 옷 한 벌, 1년에 팬티 한 장, 한 달에 휴지 한 묶음 등을 살 수 있는 600엔의 일용품비가 고작이었다. 그런데 오랫동안 소식이 없었던 형이 중국에서 일본으로 돌아온 것을 관할 복지 사무소가 알아내고는 형에게 "당신은 아사히 씨에 대한 민법상의 부양의무자이므로 매월 3000엔을 동생에게 보내라"고 요구했다. 형은 형편이 어려우니 깎아 달라고 사정해서 매월 1500엔을 동생에게 송금하기로 했다. 그러자 관할 복지 사무소는 이를 기다렸다는 듯이 1500엔을 아사히 씨의 수입으로 인정하여, 아사히 씨가 송금 받은 1500엔에서 600엔을 일용품비로 충당하게 함으로써 종래 지급하였던 생활 부조를 폐지하고, 잔액 900엔을 의료비의 일부로 본인이 부담하게 하는 '보호 변경 결정'을 했다. 그 결과 형이 보낸 돈은 아사히 씨에겐 아무것도 아닌 것이 되어 버렸다. 아사히 씨는 불복신청을 했으나 각하되었고, 다시 후생대신(우리나라의 보건복지부장관)에게 불복신청을 했지만 이 역시 각하되고 말았다. 이에 아사히 씨는 1957년 8월에 후생대신을 피고로 하여, 지급되는 일용품비가 턱없이 부족하고 중증 결핵 환자에게는 요양소의 급식 외에 계란, 과일 등의 보식비가 절대적으로 필요하다고 하면서, 후생대신의 보호 기준에 의한 일용품비 600엔의 기준 금액이 헌법과 생활보호법이 규정하고 있는 건강하고 문화적인 최저한도의 생활수준을 유지할 수 없는 위법한 것이라는 행정소송을 제기했다. 1심에서 승소하고 이후 재판 과정에서는 최종 패소했지만, 이 사건은 일본의 사회복지에 커다란 영향을 미쳤다. 우선 1심 판결이 내려진 다음 해에 보호 기준의 획기적인 상승이 있었는데 생활보호 기준은 18%, 입원 환자의 일용품비는 47%가 실질적으로 상승했다. 무엇보다도 큰 성과는 일본인들에게 사회보장을 시혜가 아닌 권리로 인식시켰으며, 헌법전(憲法典)에 묻혀 있는 생존권을 살아 있는 권리로 부활시켰다는 것이었다. 이 소송을 계기로 무수히 많은 사회복지 소송이 제기되었으며 사회복지 운동이 활성화되었다.

재로 인식하지 않았다. 따라서 청년 세대는 그러한 논의의 주요 대상에 포함되지 않았던 것이다. 젊은이의 수가 많았고 특히 사회 전체가 경제적으로 꾸준히 성장했기 때문에 청년들에게는 '언젠가는 풍족해질 테니까'라는 믿음이 있었고, 청년 시절의 가난과 빈곤은 '미덕'으로까지 여겨졌다. 하지만 이러한 전제는 이제 통용되지 않는다. 이미 확인된 바와 같이 청년 세대 실업률은 전체 세대 실업률보다 높은 수준이다. 1990년대 후반 '취업 빙하기' 이후 정규 사원 고용률은 계속해서 악화되고 있다. 누구나가 당연시하던 안정적인 경제성장에도 그늘이 드리워 있다.

격차 사회에서
SNEP까지

이러한 흐름 속에서 1990년대 후반 이후에 이르러 사회 양극화 속에 약자로서의 청년 세대의 존재가 주목을 받기 시작했다.

사회학자인 사토 도시키(佐藤俊樹)의 『불평등사회 일본 ― 사요나라 총중류[19]』(중앙공론신사, 2000년)나 경제학자인 다치바나 도시아키(橘木俊詔)의 『격차 사회 ― 무엇이 문제일까』(이와나미서점, 2006년) 등에서는 일본 사회가 '1억 총중류 사회'[20]라는 인식이 이제는 성립되지 않는 것인가라는 문제 제기를 하기 시작했다. 다치바나의 의심은 실제로 격차가 확대되고 있는 사실에 대한 인식으로부터 출발하여 격차의 존재를 어떻게 받아들일 것인가와 같은 사회 가치에 대한 인식에까지 폭넓

---

19 중산층 사회를 말한다.

20 모든 국민이 자신을 중산층으로 인식하고 있는 사회를 말한다.

은 논의를 불러일으켰다.

약자로서의 청년 세대에 관한 논의에서 경제학자인 겐다 유지(玄田有史)와 마가누마 미에(曲沼美惠)는 2004년에 『니트－프리터도 아니고 실업자도 아니고』(겐토샤)라는 저서 등을 통해 일본에도 간과할 수 없는 수의 니트가 존재한다는 것을 지적했다.

오래전부터 일본의 교육과 능력주의(meritocracy)에 대해 연구해 온 교육사회학자인 혼다 유키(本田由紀) 등이 중심이 되어 발간한 『'니트'라고 말하지 마!』(나이토 아사오內藤朝雄, 고토 카즈토모後藤和智와 공저, 코분샤, 2006년)에서는 세대론적 표현인 '니트'라는 말에 대한 위화감과 함께 빈번히 당사자들에게 향하는 자기 책임론이 지니고 있는 문제점을 지적했다. 또한 사회적 과제로서의 측면을 학계뿐만 아니라 널리 일반 사회에도 제시했다.

'노력하면 그만큼의 보상이 있는 사회'로서의 일본 사회, 특히 고도경제성장기 이후 당연시되었던 이 가치관에 대해 회의감이 생기기 시작했다. 전후 민주주의적 가치관도 역시 예외가 아니었다.

자유기고가인 아카기 토모히로(赤木智宏)는 『청년을 방치하는 나라－ 나를 전쟁으로 내모는 것은 무엇인가』, 『'마루야마 마사오(丸山眞男)'를 때리고 싶다』(소후샤, 2007년) 등을 통해 '희망은 전쟁'이라고 표현하여 논란을 일으켰다. 이런 발언들은 현재 '불공평'과 격차를 양산해 내는 사회 환경을 리셋(reset, 초기화)하고 싶다는 바람을 과장하여 직접적으로 표현한 것이다.

아카기의 주장은 과격했고, 비정규 고용 등 불안정한 환경에 놓인 청년 세대로부터의 이의 제기는 사회운동으로까지 이어졌다. 예를 들어 아마미야 카린(雨宮處凜)은 저서 『Precariat — 디지털 일용직 세대의 불안한 삶』(요센샤, 2007년)에서 이러한 청년들을 '프레카리아트'[21]라고 불렀다.

이와 같은 빈곤이나 불안정한 근로 방식에 관한 논의는 2010년대에 들어서도 전혀 진정될 기미를 보이지 않았다.

2010년에 NHK는 '무연사회(無緣社會)'라는 기획을 보도했다. 일본에서도 굶어 죽는 사람이 있다는 것과 청년 세대가 홈리스가 되는 실태 등을 그려냈다. 아사히신문도 2010년 말부터 2011년 말에 걸쳐 '고족(孤族)의 나라'라는 특집을 기획하였는데, 책으로도 발간되어 반향을 일으켰다.

일본에 'NEET'라는 말을 널리 보급시킨 겐다 유지는 『고립무업(SNEP)』(일본경제신문출판사, 2013년)에서 '고립무업(孤立無業)'(Solitary Non-Employed Persons)을 줄인 말인 'SNEP'라는 개념을 소개하고 일본에도 100만 명이 넘는 SNEP가 존재한다고 지적하였다. 이런 언급들은 일본의 '무연'이나 '고립'의 기점이 실업에 기인하는 경우가 많음을 지적한 것이다.

한편 조 시게유키(城繁幸)는 일련의 저서들을 통해 높은 최저임금 수준이나 엄격한 해고 규제가 오히려 고용주의 국내 고용 의욕을 꺾을 수도 있음을 지적했다(예를 들어 조 시게유키의 『청년을 죽이는 것은 누구인가?』, 후소샤, 2012년). 실제로 고용주가 국외로 고용의 눈을 돌려 버리면 국내 고용을 유지할 수가 없게 된다.

---

[21] 불안정한 고용·노동 상황에 놓인 비정규직·파견직·실업자·노숙자들을 말한다.

도표 24. 1990년대 후반부터의 청년 빈곤과 '무연사회'의 관계

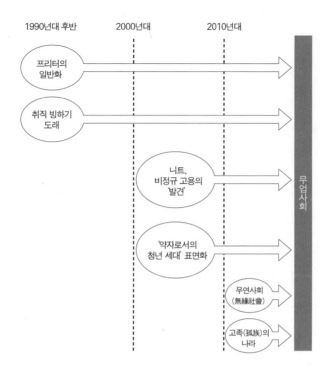

유럽을 중심으로 유연한 노동시장(flexibility)을 통한 기업의 경쟁력 유지와 노동자에 대한 완전한 안전망(security)을 접목한 플렉시큐리티(flexicurity)라는 개념이 주목을 받고 있다. 일본에서의 적용 가능성도 검토되어야 할 것이다.

지금까지 살펴봤듯이 2000년대 이후 약자로서의 청년 세대에 대한 논의는 상당히 일반화되었다(도표 24 참조).

그러나 거시적으로 정량화된 수치들을 활용하는 방식으로 이들 존재에 대한 지적이나 정책 제언을 하는 것은, 당사자 고발이나 실태 묘사와는 다소 거리가 있다고 생각한다. 그런 의미에서 이 책은 양자를 이어주는 다리의 역할을 할 수 있을 것이다.

여기에서는 '일본형 시스템'이라는 개념을 소개하면서 일본의 사회경제적 특징에 대한 설명을 할 것이다. 타성에 젖은 채로 이어져 온 전통적 사회 시스템 및 교육 시스템과 급속히 변해 버린 노동시장과의 괴리가 청년 무업자를 낳게 하는 원인임을 해명해 보고자 한다.

일본적 경영과
장기적 고용의 합리성

청년 무업자에 대한 지원과 이를 위한 민관의 체계는 충분히 확립되어 있지 않다. 또한 '청년 무업은 청년 본인의 책임으로 발생하는 문제다'라는 오해가 널리 퍼진 이유를 이해하기 위해서는 구조적인 문제를 파악하고 해당 정책이 형성되어 온 역사를 알아야 한다.

일본 사회 시스템의 특징 중 하나로서 분야를 막론하고 자주 거론되는 것이 '일본형 시스템'이라는 개념이다. 예컨대 경제학자 노구치 유키오(野口悠紀雄)나 사회학자 다카하라 모토아키(高原基彰)는 일본형 시스템과 현재의 사회·경제적 과제에 대해 논하고 있다(노구치 유키오, 『1940년 체제(증보판) ─ 굿바이 전시경제(戰時経済)』, 동양경제신보사, 2010년 / 다카하라 모토아키, 『현대 일본의 전기 ─ '자유'와 '안정'의 딜레마』, NHK출판, 2009년).

'일본형 시스템'은 청년 무업자 문제를 포함한 사회 안전망을 구상하는 데에도 그 전제가 되어 왔다. 다카하라는 '일본형 시스템'의 특징으로 '일본적 경영', '일본형 복지사회', '중앙집권적 재분배 시스템'의

세 가지 요소를 지적했다. 그중에서도 이 책의 내용과 밀접하게 관련되는 것은 일본적 경영과 일본형 복지사회에 대한 것이기 때문에 이 두 요소에 초점을 맞춰 보자.

'일본적 경영'은 신규 졸업자 일괄 채용, 종신 고용, 연공서열형 임금, 기업별 노동조합[22]이라는 특징을 갖고 있다(각 내용에 대해서는 다양한 연구가 있지만, 자세한 사항은 James Christian Abegglen,『일본의 경영〈신역판〉(The Japanese Factory)』, 일본경제신문출판사, 2004년 등을 참조할 것). 이 책에서는 지면 관계상 신규 졸업자 일괄 채용, 종신 고용과 연공서열형 임금에 주목해 보고자 한다.

신규 졸업자 일괄 채용은 기업이 대학 입학 시에 학력 심사에서 이미 선별된 대학교 졸업자를 일정 규모로 일괄 채용하는 시스템이다. 실무에 필요한 훈련은 입사 후 연수나 현장을 통해 추후에 실시한다. 이런 연수나 훈련을 통해 입사 시기가 같은 사원들끼리 '동기 의식(멤버십)'을 형성하여 입사 후에 배치가 바뀌게 되더라도 유연하게 대응할 수 있는 인간관계를 구축함과 동시에 입사 동기끼리 서로 격려하며 생산성을 향상시킬 수 있다는 점이 기대되었다.

따라서 인재 한 사람 한 사람에게 특정 분야의 구체적인 전문 기능을 요구하기보다는 여러 업무에 유연하게 대응할 수 있는 높은 범용적 능력을 요구해 온 것이다. 실제로 순환 제도에 따라 일정 기간이 지나면 사원이 기업 내의 다른 부서로 전환 배치된다. 인사는 개개인의 적성이나 희망도 배려하긴 하지만 인사 전력상 합리적 관점을 중시하여 실시된다.

22　기업별 노동조합은 산업별 노동조합이 중심인 사회와 비교했을 때 노동자보다는 사용자 (회사) 측에 유리하며 정사원을 기준으로 한 노사협조 노선이 자주 선택된다.

즉 출판이나 미디어 등 일부 업종을 제외하고는 일본 기업에는 대체로 기업과 기업 간의 인재 유동성은 낮지만 기업 내 유동성이 높다는 조직 특성이 있다. 이러한 기업에서 장기적으로 합리적인 인사 전략을 실현하기 위해서는 종신 고용과 연공서열형 임금과 같이 한 조직에 인재를 장기간 정착시키는 구조가 필요했다. 이는 뒤에서 서술할 일본형 복지사회의 합리성과도 관련성이 있다.

종신 고용제와 연공서열형 임금은 짝을 이루고 있으며 입사 후 근무 연수가 짧은 기간에는 급여가 낮고, 중년기 이후에는 급여의 상승 폭이 큰 임금체계로 이루어져 있다. 따라서 사원 입장에서는 입사 후 단기간 내에 기업을 그만두기가 어려운 구조였다. 그 대신에 기업이 원칙적으로 정년까지 고용을 보장하는 것이다.

물론 이런 제도는 실제로 연간 채용제 기업이나 특별한 인사 전략이 없는 많은 중소중견기업, 외국자본 기업, 벤처기업에는 해당되지 않고, 경단련[23] 가맹 기업 등에만 한정된 시스템이다. 그러나 대학생들은 이러한 제도를 의식하며 오랫동안 '취업 준비'를 해 왔고, 교육기관 역시 동일한 '취업 지도'를 해 온 것이 사실이다.

이러한 배경의 일본적 경영 및 고용 관습을 통해 기업의 인사 전략에서 한 번 배제되면 특별한 실력과 기술을 보유한 사람이 아니라면 재진입은 불가능하다는 사실을 알 수 있다.

---

23 일본경제단체연합회의 약칭으로 한국의 전경련에 해당한다. 1946년 8월에 설립된 일본의 전국적인 종합 경제 단체로서 대기업 대표로 구성된 재계의 총본산이며, 24개의 상설 위원회와 간담회, 방위생산위원회, 우주개발추진회의를 갖고 있다.

'복지국가의 위기'와
'새로운 사회민주주의'

　　　'일본형 복지사회'란 '중(中)복지 중(中)부담'[24]이라고
도 불리는 현재 일본의 사회보장 시스템의 특징과 오늘날에 이르기까
지의 과정을 표현한 말이다. 먼저 복지국가에 대해 훑어본 후, 일본형
복지사회 구상을 살펴보자.

　　제2차 세계대전 후, 영국에서 전쟁 중에 제출된 '베버리지 보고서
(Beveridge Report)'를 계기로 국민의 복지는 국가가 충분한 제도를 마
련해서 부담해야 한다는 사고방식이 확산되었다(사회보장의 기원은 비
스마르크 체제하의 구 독일제국에서 찾을 수도 있다). 이른바 '복지국
가' 정책이다.

　　그 후 세계적으로 복지국가 정책은 1970년대 중반 이후 '복지국가
의 위기'와 90년대 이후 '새로운 사회민주주의'라는 두 차례의 전환점을
맞이하게 되었다. 첫 번째 전환점이 된 것은 1973년과 79년 두 번의 오
일쇼크였다. 연간 10%를 넘는 인플레이션과 높은 실업률의 원인이 복
지국가 전략에서 유래한다고 여겨진 것이다. 그 결과 복지국가의 발상
지인 영국에서조차 복지국가 정책의 재검토와 함께 신자유주의화가 진
행되었다(다케카와 쇼고武川正吾, 『복지국가와 시민사회 — 영국의 고령
자 복지』, 법률문화사, 1992년). 80년대 영국 대처 정권은 규제 완화와
국영기업·정부기관의 민영화, 법인세와 소득세 감세 같은 정책을 실시
했다. 규제 완화는 사회정책의 일부에까지 영향을 미쳤다. 그 결과 영국

24　일부 유럽 국가들이 고부담 고복지인 것과 비교하여 중간 수준의 세 부담과 중간 수준의
　　복지라는 것을 말한다.

경제는 확실히 경쟁력을 회복하게 되었지만, 사회적으로는 양극화가 심화되었다는 지적을 받았다.

90년대에 와서 새로운 복지국가 탄생의 전기가 된 것은 '새로운 사회민주주의'였다. 이때까지는 세계 각국에서 이미 고전적인 복지국가는 재정적으로 실현하기 어렵다는 합의가 형성되어 있었다. 하지만 반대로 사회적 포섭이나 격차 문제에 대한 대응의 필요성 때문에 공공서비스와 사회보장의 확충이 필요하다는 인식도 생기고 있었다. 그런 이유로 민간 시장과 비영리 섹터와의 협력을 적극적으로 활용함으로써 사회적 포섭을 실현함과 동시에 공공서비스를 확충하기 위한 개념이 '새로운 사회민주주의'였다. 영국의 블레어 정권이나 미국 클린턴 정권 아래에서 이러한 노선이 모색된 것이 기점이 되어 유럽 각국으로 확대되었다. 특히 영국 블레어 정권의 정책은 '제3의 길'이라는 이름으로 널리 알려져 있다.

미국에서는 시장이 기능을 잃는 '시장의 실패'나 정부 기능의 한계를 뜻하는 '정부의 실패'에 덧붙여서 아마추어리즘이나 특정 이해관계자에 한정된 서비스 제공과 같은 '자발성의 실패'도 지적을 받아, 레스터 샐러먼(Lester M. Salamon) 등을 중심으로 비영리 섹터와 정부의 협동을 의미하는 '제3자 정부'의 필요성이 이론화되기도 하였다(레스터 샐러먼, 에가미 사토시江上哲 감수·번역 『NPO와 공공서비스─정부와 민간 파트너십』, 미네르바 서방, 2007년). 정부와 비영리 조직 각각의 약점을 협동으로 극복함으로써 이데올로기와 무관하게 (미국의 공화당·민주당이라는 2대 정당의 틀을 넘어서) 국민의 복리 후생을 향상시킬 태세를 구축하자는 취지였다.

복지국가의 발전적 계승은 실질적인 신자유주의화라는 비판도 있었다. 그러나 그 기본 이념은 영국의 보수당과 자유민주당을 주축으로 하여 제2차 세계대전 이후 처음으로 탄생한 연립 정권 아래에서 2010년대 이후의 '큰 사회'[25] 정책에도 계승되었다(후지모리 가쓰히코藤森克彦, 『사회동향 리포트 영국 캐머런 정권의 '큰 사회'란 무엇인가』, 2011년).

연금제도 가입이
대전제인 일본형 복지사회

현재 일본의 사회보장 시스템을 지금까지 살펴본 세계 복지국가의 발전 과정과 비교해 보면, 개인과 기업과 정부가 각각 부담을 분담하여 중부담 중복지를 실현해 왔다는 점과 주체적인 복지사회의 구상을 갖지 않은 상태에서 발전해 왔다는 점 등에서 그 특징을 찾을 수 있다. 이것이 바로 '일본형 복지사회'의 모습이다.

우선 일본의 사회보장의 기본은 '전 국민 보험', '전 국민 연금'의 체계라고 할 수 있다. 특히 연금제도의 내용적인 면에서 가입자와 정부, 그리고 기업이 각각 분담하는 구조로 되어 있다(도표 25 참조).

연금제도는 국민연금이 기초 연금의 역할을 맡고 있다. 거기에 후생연금과 공제 연금이 추가 연금으로 2층, 3층 부분을 담당해 왔다(2015년도부터 공제 연금이 후생 연금으로 통일될 예정). 하지만 2층과 3층

---

25 큰 사회(Big Society) 정책은 2010년 영국 총선에서 승리한 데이비드 캐머런의 정책적 슬로건이다. 취지는 정부 실패와 시장 실패의 대안으로 사회를 부각시킨다는 것이며, 사회문제 해결의 주체를 국가에서 민간과 지역사회로 이전한다는 것이 핵심이다. 구체적인 정책으로는 강한 공동체의 조직화, 공동체 참여의 강화, 지방정부로의 권한 이행, 사회적 경제에 대한 지원, 정보 공유 등을 제시하고 있다. 국가의 영역을 사회에 이전시킴으로써 작은 정부와 큰 공동체를 지향한다. 대표적인 성과로는 Big Society Capital 설립, 공공서비스(사회적 가치)법 제정 등이 있다.

도표 25. 일본의 연금제도 체계도

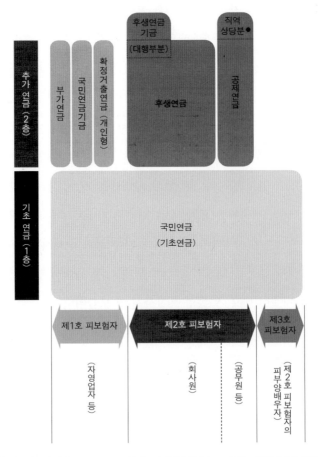

출처: 일본연금기구 웹 사이트

● '직역(職域)가산 부분'이라고도 불리는 공무원 특유의 연금인 '공제 연금'의 추가 연금을 말한다. 일본의 연금제도는 세 개 층으로 이루어져 있는데 그 3층 부분에 해당한다. 회사원이 후생 연금에 가입되듯이 공무원은 공제 연금에 가입되는데, 공무원은 파업 등 노동기본권이 제한되기 때문에 직역 가산이라는 추가 연금을 받을 수 있다. 그러나 2012년 11월 16일 '개정국가공무원퇴직수당법'이 성립되면서 국가공무원의 퇴직금에 공제 연금의 추가 부분인 '직역가산'을 합한 급부 총액이 민간 수준을 상회하기 때문에 2015년 10월 직역가산 제도가 폐지되는 것으로 결정되었다.

부분을 갖추지 못하면 퇴직 전과 비교해서 충분한 연금 급부를 받을 수가 없다. 후생 연금이나 공제 연금 보험료는 가입자와 사업자가 공동으로 부담한다. 다시 말해 연금제도의 2층, 3층 부분은 사업자 즉 기업 사회도 공동으로 떠맡고 있는 셈이다.

그러나 사업자가 후생 연금에 가입하지 않은 기업의 근로자 또는 자영업자, 기업가 등의 경우에는 개별적으로 추가 연금에 가입하게 되는데, 그런 경우 보험료는 스스로 지불해야 하며 기업으로부터의 지원도 없다.

일본의 연금제도는 '전 국민 연금'제도를 전제로 하기 때문에 청년 무업자처럼 기존 기업 사회에 참여하지 못하거나 못했던 이들에 대해서도 국민연금 가입을 강요하지만, 반면에 국민연금만으로는 충분한 급부를 제공하지 않는, 자기 책임의 비중이 큰 제도이기도 하다. 기업에서 근무하고 있거나 공무원인 경우에는 이러한 점을 제대로 인식하기가 쉽지 않은데, 이것이 일본 사회 안전망의 특징 중 하나라고 할 수 있다.

전후 최소한의 복지 정책만
실시해 온 일본

일본형 복지사회는 왜 이런 구조를 갖게 된 것일까? 이제부터 역사적 발전 과정에서의 또 하나의 특징을 살펴보자.

원래부터 일본의 현대 사회복지는 제2차 세계대전 패전 후의 혼란 속에 사회와 경제가 시대적 변화에 대응해 나가면서도 특히 경제 발전에 이바지하도록 구상되었기 때문에 적극적이고 주체적인 구상을 가질 수가 없었다. 일본의 현대적 사회복지의 기원은 패전 직후 1946년의 연합국 총사령부 사회복지지령에서 찾을 수 있다(에이자와 나오코榮澤直子,「종전부터 고도성장의 시작까지」, 2006년 / 이마다 다다시今田忠 편저,『일본의 NPO 역사 ─ NPO의 역사를 읽다, 현재·과거·미래』, 교세이, pp.91-117).

사회복지지령은 1950년까지 생활보호법, 아동복지법, 신체장애인복지법이라는 '복지 3법'으로 이루어졌다. 생활보호, 아동복지, 신체장애인복지의 세 개 분야를 출발점으로 하고 있으며 패전 후의 혼란 속에서 구상된 것이기 때문에 최소한의 구성이었다고 볼 수 있다. 1956년에 하토야마 이치로 내각하에서 출간된『경제 백서』는 "이제 전후가 아니다"라고 소리 높여 선언했다. 실제로 오랫동안 계속된 고도경제성장은 전후 일본 의 부흥을 가속화하였고, 일본이 경제 대국으로 들어가는 데 주요한 역할을 했다.

여기서 주목해야 할 점은 이 복지 정책에는 청년 무업자와 같은 청년 세대를 대상으로 한 복지나 취업 지원의 구상은커녕 노인 세대를 대상으로 한 지속적인 복지와 그 체제에 대한 구상조차도 충분하지 않았다는 점이다. 복지 3법은 그 후인 1960년 정신박약자복지법, 1963년 노인복지법, 1964년 모자복지법을 추가하여 '복지 6법'으로 발전되었다. 그렇지만 현실적인 개호[26] 제도 설계는 1997년 개호보험법[27] 성립 때까지 기다려야만 했다. 고령화 사회의 도래 자체는 일본의 고도경제성장 시기부터 이미 인식하고 있었지만, 주체적인 사회 안전망과 개호보험 구상은 나중으로 미뤄 두고 있었던 것이다.

---

26 'Care'의 일본식 표기이며 주로 노인 요양을 위한 각종 복지 서비스를 말한다.

27 일본이 고령화 사회로 진입함에 따라 독일에 이어 두 번째로 도입한 사회보험 제도로서 노인 요양 서비스만을 전담한다.

임기응변식으로
발전해 온 복지

현재 일본 연금제도의 원형은 1959년 국민연금법이 제정된 이후 1961년부터 국민연금 제도가 실시된 시점에서 찾을 수 있다. 20세 이상 국민 모두가 국민연금에 가입하게 된 것이다. 건강보험은 1958년에 국민건강보험법이 제정된 이후 1961년부터 전국 시정촌[28]에서 국민건강보험 사업이 시작되었다. 이것이 흔히 말하는 '전 국민 연금, 전 국민 보험'의 실현이었다.

일본형 복지사회가 현재의 모습을 갖추게 된 것은 당시 다나카 가쿠에이 총리의 구상에 의해서이다. 일본 사회가 고도성장으로 경제적 발전을 이루었기 때문에 선진국으로서의 겉모습을 꾸미기 위해서라도 높은 경제력에 상응하는 사회 안전망의 구축이 시급하게 되었다. 그러나 다나카의 구상은 경제성장을 배경으로 한 것이었기 때문에 사회복지를 발판 삼아서 더욱 높은 수준의 경제성장을 지향하는 것이었다. 다나카는 "복지는 하늘에서 내려오는 것도 아니고 외국으로부터 주어지는 것도 아니다. 일본인 스스로가 자체의 생명력을 갖고 경제를 발전시키며, 그 경제력을 통해 구축하는 방법 이외에는 필요한 자금을 만들어 낼 수 없다"고 말하였다(『일본열도개조론』 p.63, 일간공업신문사, 1972년).

그 후 경제성장을 전제로 한 복지의 확충에 이어 그 복지 확충을 배경으로 한 더 높은 수준의 경제성장이 기획되었다. 어디까지나 일본 사회의 기반을 경제성장에 두고, 그 기반을 더욱 견고하게 하기 위해서 원

---

28 우리나라의 시군구에 해당하는 일본의 행정구역.

래 사람들의 생활을 보호하는 수단이어야 하는 사회 안전망까지도 동원된 것이다. 그렇기 때문에 기업들도 정부가 경제적 활동에 대한 각종 규제를 완화해 주는 조건으로 사회복지 비용 부담에 합의한 것이다.

저출산·고령화 사회의 도래나 일부 지역에서의 인구 집중 현상이 앞으로 일본 사회에 악영향을 미치게 될 것이라는 점은 꽤나 이른 시기부터 예측되었다. 다나카 야스오(田中康夫)의 소설『어쩐지 크리스탈』(신초샤, 1980년)의 각주 속에서도 저출산·고령화 사회의 도래에 대한 언급을 찾을 수 있다. 이 소설은 당시 버블 분위기를 빗대느라 고급 명품에 대한 언급과 각주가 지나치게 많은 서술 방식을 사용해 화제가 되기도 했다.

전후 일본 사회는 일찍이 저출산·고령화 사회의 도래를 어렴풋이 깨닫고 있었다. 그럼에도 불구하고 인구동태 변화에 따른 영향을 현저하게 받을 수밖에 없는 사회복지 분야의 개혁을 계속 미뤄 두었던 것이다. 그 후 오일쇼크 등의 사태를 거치면서 영국을 비롯한 세계적인 복지국가의 개혁은 일본에도 적지 않은 영향을 미쳤다. 1970년대에 이르러서 현재의 사회복지의 원형이 완성되었지만, 베이비붐 세대[29]가 연금을 받는 연령이 되기 훨씬 이전부터 일본에서도 긴축 분위기가 감돌기 시작했다.

이처럼 일본의 사회복지는 안전망을 구축하기 위한 주체적인 구상의 결과물이 아니었다. 경제를 한층 더 성장시키는 것을 목표로 하여 기

---

29 종전 직후인 1947~49년 사이에 태어난 제1 베이비붐 세대는 무려 1900만 명 정도로서 이들이 정년퇴직하는 2007년도부터 숙련된 근로자의 대거 퇴직으로 인한 생산력 저하와 급격한 연금 수령에 의한 기금 부담을 초래하게 되었다.

존의 사회복지와 비슷한 사회경제 상황에 대한 임기응변적 대응을 통해서 발전해 온 것이었다. 연금제도가 시행될 당시에도 제도의 지속가능성이 의문시되어 왔지만 개정은 계속 미뤄졌다. 이후 사회복지 제도는 복지 8법, 골드플랜, 신 골드플랜으로 발전과 확충을 더해 갔지만 사회정세의 변화에 따른 임기응변적 대응은 여전했다. 각종 사회복지 제도의 변천 이후 1986년에는 노동자파견법과 남녀고용기회균등법이 시행되면서 노동기준법의 완화도 동시에 이루어졌다.

프리터와 취직 빙하기가
저출산의 원인?

이러한 일본형 복지사회의 형성 과정에서 일본 사회의 일하는 방식이나 고용 관습이 크게 흔들리게 된 것은 1990년대로 진입한 뒤부터였다. 1993년 버블 붕괴는 앞으로 일어날 변화를 예감케 하는 사건이었다. 이 시기에는 새로운 형태의 일하는 방식이 제창되기 시작했다. 예를 들어 일본에서 취업 알선 분야의 대표적 업체인 리크루트가 '프리터'라는 말을 선전한 것이 이때였다. 뒤집어 생각해 보면 정규 고용이 사람들 인식의 중심이었던 당시 상황 속에서 비정규 고용을 긍정적인 의미로서 사회에 내세우고 있던 것이었다. 그 후 1995년에는 일경련이 「신시대의 '일본적 경영' — 도전해야 할 방향과 그 구체적 대책」을 발표했다. 이를 통해 고용 유동성 촉진과 비정규화야말로 일본의 경영을 다시 부활시키는 것이라고 제언하였다.

90년대 후반에는 대학교를 졸업해도 취직하기 힘든 이른바 '취업 빙하기'의 시대를 맞이하게 된다. 그 후에도 신규 졸업자 채용 인원수의 삭감은 앞서 말한 일본형 경영이나 일본형 복지사회의 지속가능성에 타격을 주었다. 특히 출생자 수가 많은 제2 베이비붐 세대[30]의 취직 시기와 겹쳤기 때문에 이 시기를 중심으로 수많은 니트, 프리터, 그리고 청년 무업자가 탄생하게 되었다. 그리고 제2 베이비붐 세대 이후에는 급속도로 저출산이 진행되며 출생자 수는 계속 감소하였음에도 불구하고 정규 고용자 수가 눈에 띄게 개선되지는 않았다.

그 후에 '잃어버린 10년', '잃어버린 20년'이라고 불리는 일본의 경기 침체는 2000년대에 들어서서도 계속되었다. 예를 들면 그 당시에 호경기를 맞이했다고 하는 2000년대 후반에도 일반 노동자의 급여 수준이나 고용 상황은 크게 개선되지 않았다. 실업률은 3%대에서 5%대 사이를 맴돌았다.

2000년대 전반의 고이즈미 정권하에서는 파견 노동에 대한 규제가 원칙적으로 해제되었다. 2005년에는 일본 인구에서 출생자 수가 사망자 수를 밑돌게 되면서 처음으로 자연 감소되었고, 2012년에는 출생자 수가 역대 최저인 103만 명을 기록하였다. 이제 청년 세대는 과거와 같이 수적으로도 많지 않게 되어 세대별 인구 비율로 보면 오히려 희소한 존재가 되었다. 또한 2005년에는 합계 특수 출생률[31]이 1.25를 기록한 것이 화제가 되었다. 그 후 약간 개선의 기미가 보였지만 기본적으로 낮은 수준에서 맴돌고 있다.

2010년대에 들어서면서 제1 베이비붐 세대에 이어 인구가 가장 많

---

30 1971~74년 사이의 고도경제성장기에 호응하여 출생한 세대.

31 한 명의 여성이 평생 낳는 자녀 수.

은 세대인 70년대 전반에 태어난 제2 베이비붐 세대 여성들도 임신 적령기가 끝나 가고 있으므로 앞으로 합계 특수 출생률이 크게 개선된다고 하더라도 인구의 급속한 증가는 더 이상 기대할 수 없게 되었다. 이 세대가 임신 적령기일 때 저출산 대책과 환경 정비를 이루지 못했던 점은 추후에 일본 사회가 놓쳐 버린 큰 터닝포인트로 기록될 것이다.

2008년에는 미국의 증권회사 리먼 브라더스의 파산으로부터 시작된 세계적 대불황의 영향 때문에 일본의 노동시장은 다시 침체되었다.

논의를 정리하자면 2000년대 내내 실업률 등의 수치는 구미 각국과 비교해서 상대적으로는 낮은 수준을 유지했다. 그러나 신규 졸업자 일괄 채용, 종신 고용, 연공서열형 임금과 같은 일본형 경영의 전제 조건과 고용 관습, 그리고 청년 세대의 위상은 사람들이 명확히 의식하지 못하고 있는 사이에 크게 변화하였다. 동시에 일본형 복지사회의 전제 조건도 점점 사라져 가고 있었지만 주체적인 관점으로 사회 안전망을 구상하지 않는 일본형 복지사회의 부정적 측면만은 계속 이어져 왔다. 정치적으로도 고령 세대에 더 많은 투표권이 주어져 있기 때문에 청년 세대에 특화된 지원 정책의 확충을 우선적으로 실시하기가 어려운 상황이다.

이제서야 청년도 '약자'라고
인정한 공공 기관

여기까지 기술한 일본의 사회경제적인 맥락 속에서 청년 세대를 위한 지원 정책은 어떤 상황에 있는 것일까?

이 책의 저자 중 한 명인 NPO법인 소다테아게넷 이사장 구도 게이 씨는 "일본의 공공 기관에는 청년이나 청소년을 대상으로 하는 담당 전문 부서가 없었다"고 지적해 왔다. 사회경제적 상황의 변화 속에서 나름의 임기응변적인 방식으로 지원 대상을 확장해 왔지만, 일본의 경우 일본형 경영과 같이 독특한 대량 채용 관습의 영향으로 통계적인 실업률도 낮았기 때문에 청년 세대를 약자로 인식하기는 어려운 상황이었다. 그렇기 때문에 공공 기관에서는 이들을 명백한 지원 대상으로 인식하지 않았으며 지원을 특화하기 위해 담당하는 과도 없었던 것이다.

청년 무업에 대한 발언이 눈에 보이게 증가한 것은 2000년대 이후의 일이다. 비정규 고용이 증가하고, '히키코모리', '니트'와 같은 말을 미디어로부터 접하는 기회도 많아졌다. 또한 경기 침체의 영향으로 청년 세대의 실업률이나 비정규 고용률도 서서히 올라갔다. 2010년대에 들어서면서 청년 세대 비정규 고용률은 30%를 넘어서게 되었다.

청년 지원 사업이 본격화된 것은 2000년대에 들어와서부터였다. 2003년에 후생노동성과 경제산업성, 문부과학성, 내각부 등 정부 부처 네 곳은 '청년 자립·도전 전략회의'를 발족하였다. 그 후 교육·고용·산업 정책의 연계 강화 등을 위한 종합적인 인재 대책으로서 '청년 자립·도전 플랜'을 발표하여 각 부처가 사업으로 구체화하게 된 것이 본격화의 계기였다.

후생노동성은 2006년에 '지역청년서포트스테이션'을 개설하여 NPO나 기업 등과의 연계를 통해 종합적인 상담과 직업의식 계발 지원, 조정 등을 진행하고 있다. 당초에는 시범 사업이었지만 현재는 일반 사업으로 정착되었다. 또한 2004년에는 경제산업성이 '청년 자립·도전 플랜'의 핵심 사업으로서 'JOB CAFE'를 전국 각지에 개설하여 원스톱형 취업 지원 사업을 진행하고 있다(현재에는 정부 사업에서 각 지자체로 이관되었음). 문부과학성은 커리어 교육을 도입하기 시작하였다.

그럼에도 불구하고 일본에서 청년 세대를 대상으로 한 본격적인 지원 체제를 구축한 지 불과 10년 정도(2013년 현재)밖에 되지 않았고, 아직은 질적·양적으로 모두 충분하지 못한 실정이다. 예를 들어 '지역청년서포트스테이션'은 2013년 현재 전국에 160개소가 설치되어 있지만 기초 지자체 수가 1,742곳인 것을 생각하면 양적으로 충분하다고 할 수 없다. 또 각각 원스톱 서비스라고 설명하고 있으면서도 소관 기관이 달라 'JOB CAFE'와 '지역청년서포트스테이션'이 별도로 존재하고 있다는 점도 아이러니한 상황이라고 말할 수 있다.

한 번 밀려나면 모든 것이
불리해지는 사회구조

지금까지 이 책의 전제라고 할 수 있는 일본 사회 시스템의 특징과 청년 무업자를 둘러싼 상황에 대해 살펴보았다. '일본형 시스템'에 참가하지 못하거나 그 시스템으로부터 떨어져 나가게 되면 치열한 경쟁 환경이나 불리한 입장에 처하게 되는 상황과 구조를 엿볼 수 있었을 것이라고 생각한다. 또한 만일 '일본형 시스템' 속에 들어갈 수 있었다고 하더라도 어떤 이유로 인해 실패해서 시스템 밖으로 밀려나가게 되면, 스스로의 힘으로 다시 시작하는 것이 지극히 어려운 일이 되는 상황에 놓이게 된다. 일본의 사회 시스템에서는 노동시장으로부터 떨어져 나가는 것과 사회로부터 떨어져 나가는 것이 거의 같은 의미를 갖고 있기 때문이다.

기업 사회로부터의 탈락이 사회에서의 탈락을 의미하는 원인 중 하나로 일본형 시스템하에서는 회사가 유사 공동체로서의 기능도 장악하고 있다는 점을 지적할 수 있다. 회사를 그만두면 평일 낮 동안 주된 사회참여 기회를 잃어버리게 되는 것이다. 3대 도시권은 예외라고 하더라도 조금 떨어진 교외나 지방 도시에서 평일 낮에 필자와 같은 30대 남성이 거리를 돌아다니고 있다면 의심스러운 시선을 적지 않게 받게 될 것이다.

이러한 상황이 발생하는 이유로 '공동체의 3대 기능 약화'라고 부르는 문제점을 지적할 수 있다. 그것은 ① 마을 공동체의 기능 약화, ② 근대 시민사회에서 자발적인 문제 해결 주체로서의 연대에 대한 신뢰 부재, 그리고 ③ 그것을 대행할 수 있는 어떤 형태의 공동체 부재이다.

이러한 이유 때문에 직장으로부터 이탈하면 공동체나 타인과의 연결 고리도 함께 상실하기 쉽다. 그뿐 아니라 현대사회에서는 기업에서 필요한 지식이나 노하우를 실천적으로 배울 수 있는 기회가 한정적이기 때문에 한번 기업 사회나 노동시장으로부터 떨어져 나가면 다시 진입하는 것이 어려운 것이다.

인재를 키우는 곳이
없어진 일본

게다가 기업이 인재 육성 시스템을 자기 회사나 관련 기업 내부에 한정해 왔기 때문에 사회 안에 현실적인 커리어 육성 교육 기회는 그리 많지 않다. '지역청년서포트스테이션'이나 'JOB CAFE'는 그 존재가 좀처럼 알려져 있지 않고, 일본 고등교육기관의 커리어 교육은 기업 사회에서 그 실효성을 인정하지 않는다. 필자도 대학교에 근무하고 있지만 아쉽게도 일본의 기업 사회는 대학교의 교육을 신뢰하고 있지 않고, 그러한 경향의 옳고 그름을 떠나서 실제로도 대학교가 기업이 원하는 인재를 육성하는 프로그램을 갖추고 있는 것도 아니다.

과거에 일본판 '리커런트(recurrent) 교육(순환 교육, 평생교육)'에 기업의 관심이 쏠린 시기가 있었다. 기업에 근무하면서도 한 단계 더 성장하기 위해 일시적으로 대학이나 대학원으로 되돌아가서 다시 배운다는 개념인데, 최근에는 예전만큼의 참여 열기를 느끼기가 어렵다. 아마도 기업 사회가 일본의 대학교를 통해 가치를 찾지 않으려 하거나 또는 찾을 수 없었던 것이 주된 요인일 것이다.

그리고 1990년대 후반 이후의 '취직 빙하기'와 2008년 리먼 쇼크를 겪은 일본 사회에서는 대학교 졸업 후 정규 채용되지 못하는 경우나 행여 입사를 했다고 하더라도 고용 환경이 열악한 이른바 블랙 기업을 흔히 볼 수 있게 되었다. 그리고 정해져 있는 코스라고 할 수 있는 기업 사회의 경력 형성 과정으로부터 단 한 번이라도 벗어나는 경우에는, 사회 속에 다른 길이나 경력을 모색하기 위한 학습 기회나 공간이 충분히 마련되어 있는 것이 아닌데도 불구하고 그것을 찾는 걸 개인의 책임으로 돌리고 있다.

이와 같이 융통성이 없는 체계에 대해서는 특히 청년 세대에서 많은 비판이 제기된다. 쉽게 생각해 보아도 치열한 경쟁 속에서 장기간 적응하는 것은 매우 어려운 일이다. 특히 그런 환경에서 살아남기 위한 방법이나 노하우를 제공받을 기회가 거의 없는 일본의 중·고등 교육과정을 마친 뒤 갑자기 현실에서의 경쟁적 상황에 놓이게 되었을 때 대번에 슬기롭게 잘 헤쳐 나갈 수 있는 사람은 극히 드물 것이다.

청년 무업자에 대한 구체적인 지원 현황을 비교하면서 이 글에서 말한 바와 같은 구조적인 문제나 제도의 결함을 시정하기 위해서는 오랜 시간이 필요하다. 하지만 과거의 시대적 상황 속에서 만들어진 일본의 사회 안전망이 청년 무업자의 문제를 비롯하여 여러 분야에서 그 기능의 한계를 보이고 있다는 사실은 틀림이 없다. 따라서 근본적인 해결을 위해서는 이와 같은 인식과 깨달음을 공유하기 위한 노력을 병행하며 각각의 구체적인 정책의 보완과 확충을 추진할 필요가 있을 것이다.

5장

'무업 사회'와
일본의 미래

1인당 평생

1억 5,000만 엔이라는 차이[32]

청년 무업자 문제를 방치하면 어떤 미래가 다가오게 되는 것일까?

후생노동성이 「생활보호 수급을 지속한 경우와 취업한 경우가 사회보장 등에 미치는 영향에 대해서」라는 자료를 2012년에 공개하였다. 이자료에서는 청년 무업자가 25세부터 65세까지 생활보호 수급자가 되는경우와 취업을 통해 납세 의무자로 바뀌는 경우를 비교하여 사회가 부담하는 비용의 차이를 추계하고 있다.

여기에서 말하는 '사회가 부담할 비용 차이'란 어떤 사람이 취업을통해 사회에 복귀한 경우에 납부할 세금과 사회보험료를 다 더한 액수에서 의료개호 등의 사회보장 급부와 연금 급부를 합계한 액수를 빼고,거기에 계속 무직 상태이며 수급자인 경우에 상정되는 생활보호비를 더한 금액이다(도표 26 참조).

근로에 의한 임금이 25세를 기준으로 한 평생 임금은 1억 9,422만

---

32 원화 기준으로 약 14억 7천여만 원.

도표 26. 25세 이후 정사원과 생활보호 수급자 간의 사회보장 비용 차이

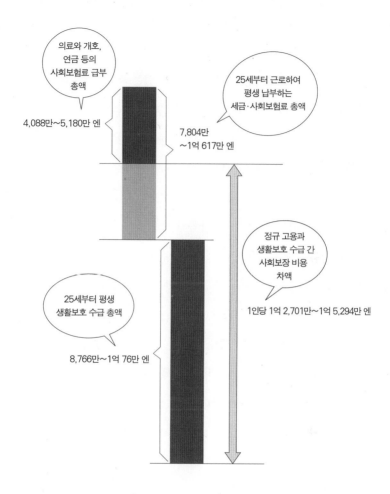

의료와 개호, 연금 등의 사회보험료 급부 총액

4,088만~5,180만 엔

25세부터 근로하여 평생 납부하는 세금·사회보험료 총액

7,804만 ~1억 617만 엔

정규 고용과 생활보호 수급 간 사회보장 비용 차액

1인당 1억 2,701만~1억 5,294만 엔

25세부터 평생 생활보호 수급 총액

8,766만~1억 76만 엔

~2억 5,299만 엔이며 그 중 근로에 따라 동반되는 세금·사회보험료
가 7,804만~1억 617만 엔이고, 의료와 개호, 연금의 사회보장 급부가
4,088만~5,180만 엔으로 추산된다. 역으로 평생 생활보호 수급자가 되
면 8,766만~1억 76만 엔이 된다고 한다.

이러한 수치를 근거로 25세에 정규 취직한 경우와 평생 생활보호 수급자인 경우 사회보장 비용 차액은 1억 2,701만~1억 5,294만 엔으로 추계된다.

헌법 제25조가 생존권을 보장하고 있는 이상, 생활이 빈곤한 자를 방치한다는 선택지는 있을 수 없으며 현대적인 국가가 그러한 선택을 취할 리도 없다. 따라서 청년 무업자 문제의 방치는 사회보장비의 무질서한 증대를 불러올지도 모르기 때문에, 세대를 막론하고 일본 국민이라면 이 문제를 '당사자 책임'이라는 식으로 남의 일처럼 단정해 버리기는 사실상 불가능한 것이다. '당사자 책임'이라고 잘라 버리더라도 실제로 청년 무업자는 존재하고 있다. 그렇기 때문에 그대로 방치한다면 이들을 지원하기 위해 많은 액수의 사회보장비를 부담해야 하기 때문에 문제는 결국 되돌아오게 된다. 그리고 청년 실업률 증가와 취업 구조 변화에 따라서 이제는 청년 세대 누구나 청년 무업자가 될 수 있는 시대가 되었다. 이 문제에 대한 효과적인 대책 마련이 세대별 구분을 넘어서 반드시 필요하다는 것은 명백하다.

OECD 추계

잠재적 청년 무업자 483만 명

최근 들어 청년 무업자(그리고 예비 청년 무업자)의 증대와 이들의 고령화, 무업 기간의 장기화가 매우 걱정스러운 상황이 되고 있다.

청년 무업자의 정의는 다양하지만, 내각부가 2010년 공개한 「청년 무업자(15~39세) 수 및 비율 ― 취업 구조 기본 조사(2007년)의 재집계

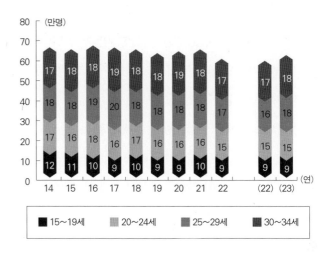

결과」에서는 '15~39세로 가사도 통학도 하고 있지 않는 무업자 중 취업을 희망하고 있는 자이며, 구직 활동을 하고 있지 않는 자(비구직형)와 취업을 희망하고 있지 않는 자(비구직희망자)'로 정의하고 있는데 그 수는 약 81만 8,000명에 달한다.

후생노동성에서는 '15~34세 비노동력 인구 중 통학, 가사를 하고 있지 않는 자'라는 정의를 사용하고 있는데 2011년 기준으로 그 수를 약 60만 명으로 추계하였다(도표 27 참조).

이 추계로부터 2000년대 이후 청년 무업자는 60만 명 전후를 유지하고 있다는 것을 알 수 있다. 단, 내각부의 조사나 후생노동성 조사에서도 연령이 한정되어 있기 때문에 단순하게 정적(靜的)인 변화에 사로잡혀 있게 되면 문제의 본질을 간과해 버릴 수도 있다. 청년 무업자가 나이가 들어 청년 구분의 상한선인 34세나 39세를 넘었다고 해서 갑자기 취업할 수 있게 되지는 않을 것이기 때문이다. '청년'의 범주에 속하지 않게 된 것뿐이지 무업 상태는 계속되고 있다고 생각하는 것이 더 자연스러울 것이다. 니트, 프리터의 고령화도 오랫동안 지적되어 왔지만, 고령화에 따라서 무업 기간도 함께 길어지고 있는 것으로 봐야 한다. 그렇기 때문에 누적량에 주목할 필요가 있다.

『OECD 청년 고용 리뷰』의 일본판은 아래와 같은 무서운 지적을 하고 있다.

결국 위와 같은 추계는 어디까지나 청년 무업자 일부에 불과하며, 2006년 기준으로 총무성 노동력 조사에 의하면 교육이나 훈련을 받고 있지 않는 미취업 상태인 15~34세 483만 명이 잠재적 청년 무업자에 해당하는 것은 아닌가 하는 점이다(OECD 편, 『일본 청년과 고용 —OECD 청년 고용 리뷰 : 일본』, 아카시 서점, 2010년).

만약 위의 청년 무업자 수치 중 최대치를 가정하여 483만 명이 평생 1억 엔의 생활보호 급부를 제공받는다고 하면, 483조 엔이라는 막대한 지출이 필요하다는 것을 알 수 있다. 중앙과 지방의 채무 잔고가 1,000조 엔을 넘은 것이 화제가 되었는데, 그 절반에 가까운 지출이 필요한 셈이다.

이번에는 후생노동성이 조사한 약 60만 명이라는 수에 평생 받을 생활보호 급부를 1억 엔으로 계산하면 60조 엔이라는 금액이 나온다. 현재 일본의 세출에서 차지하는 사회보장 비용이 약 30조 엔이므로, 그 배에 가까운 수치이다. 더구나 이 청년 무업자 숫자에는 장래에 생겨날 신규 청년 무업자를 포함하지 않았다는 걸 유의하길 바란다.

일본의 세출 중에서 사회보장비는 현재에도 계속적으로 가장 큰 지출을 차지하고 있다. 이러한 수치를 직접 확인한다면 청년 무업자 문제를 방치하면 방치할수록 더욱 심각한 사태를 불러일으킬 수 있다는 점을 알 수 있다.

이처럼 청년 무업자 문제가 사회보장의 지속가능성에 부정적 영향을 미칠지도 모른다는 점을 이해하기는 쉽다. 사회보장이 파탄 나면 당사자뿐만 아니라 대다수의 국민이 함께 피해를 입고 영향을 받게 된다. 또한 장래에는 청년 세대의 수가 더욱 감소할 것이 확실시되고 있는데 그렇지 않아도 인구가 적은 청년 세대가 노동시장에서 계속 활약을 하지 못한다면 국가의 경제활동에도 악영향을 미칠지도 모른다.

인구 감소에 대해서는 탈경제성장이나 정상화(定常化)[33]를 이와 직결시키는 논의가 눈에 띄지만, 현실적으로 사회보장은 경제의 영향을 강하게 받는다. 경제와 사회보장은 불가분의 관계라고 말할 수 있다. 예컨대 경제 사정이 악화되어 급여의 수준이 떨어지게 되면 저소득층일수록 그에게 차지하는 사회보장비의 비율은 높아지게 된다. 이와 같이 재정적인 제약 조건이 있는 상황임에도 불구하고 청년 무업자 문제는 더 이상 방치할 수 없다는 점이 무업 사회의 현주소라고 할 수 있다.

---

33 정상화(定常化)는 정상형 경제(定常型經濟)가 되는 것, 즉 '경제성장을 목표로 삼지 않는 경제'가 되는 것을 말한다. '제로 경제'라고도 하며, 활발한 경제활동이 벌어지고 있긴 하나 그 규모 자체는 확대되지 않는 경제다. 이러한 경제가 지향되는 이유는 크게 두 가지다. 첫 번째는 환경문제와 관계되는데, 자원이나 자연환경에는 한계가 있어서 이대로 경제활동이 가속화되면 환경 악화가 심해지기 때문이다. 두 번째는 인구 감소를 이유로 들 수 있다. 일본은 이미 인구 감소 시대를 맞이했는데 인구가 감소하면 노동자도 줄어들기 때문에 GDP로 측정될 만한 경제성장을 유지하기 어렵게 된다. 이러한 상황에서 성장 전략을 대신하는 것으로 에도 시대와 같은 정상형 경제를 지향하자는 주장이 높아지고 있다.

483조 엔을
어떻게 줄여 나갈 것인가

이제 청년 무업자 문제는 더 이상 당사자 책임으로 돌리며 자신과 일본 사회로부터 분리하여 방치할 수 없는 문제라는 점을 충분히 인식할 수 있었을 것이라 생각한다. 당사자의 책임이라고 아무리 비난해 봤자 일본 국민인 이상 누구든지 사회보장 등으로 연결되는 이 문제와 결코 무관하지 않다. 따라서 세대 간 대립을 극복하고 문제를 구체적으로 해결해 나가는 것이야말로 가장 합리적이라고 말할 수 있다.

청년 무업자의 문제 중에서도 무업 기간의 장기화는 원래 취직을 희망했던 사람들을 비구직형으로, 더 나아가서는 취직을 희망하지 않는 비희망형으로 전락시킬 수 있다.

청년 무업자 문제의 근본적인 해결책은 ① 현 단계에서 곤궁한 사람을 긴급히 구제할 것, ② 이미 청년 무업자가 된 사람이 빨리 취직할 수 있도록 독려할 것, ③ 또한 무업 상태가 되어 버렸다고 해도 다시 한번 노동시장에 재진입할 수 있는 기회와 시스템을 사회 안에 구축할 것 이외에는 없다.

그러나 이러한 해결책의 실현을 방해하고 있는 것은 앞서 말한 바와 같이 아직까지도 심하게 남아 있는 일본형 시스템과 청년 무업자에 대한 사람들의 잘못된 인식이다. 이미 노동시장이나 고용 습관이 변화하고 있으므로 전 시대의 사회적·정치적 조건에 입각하여 설계된 지원 시스템 역시 근본적인 재검토가 필요한 시기에 이르렀다고 말할 수 있다.

6장

청년 무업자를 지원하는
바람직한 사회 시스템

사라진
'재도전 담당 장관'

　　　　청년 무업자 문제의 해결 과제로서 지금까지 말한 구체적인 현장 지원 정책 확충 이외에 어떤 방향이 더 필요할까. 몇 가지 제안을 해 보고자 한다.

청년 무업자 지원의 핵심적인 기조는 '포섭성', '연속성', '재도전의 지원'이다. 여기서 말하는 '포섭성'이란 남녀, 수입, 사회적 속성과 같은 여러 조건을 넘어서 모든 곤란한 상황에 처해 있는 사람을 지원하는 것과 동시에 행정 부서를 넘어선 연계와 원스톱 지원의 실현이라는 이중의 의미를 갖고 있다.

'연속성'이란 지원의 다단계화, 다양화, 다각화를 의미한다. 현재 취업 지원은 비숙련 노동에 대한 재진입이 중심이 되어 있지만, 청년 무업자의 고령화가 계속 진행되고 있고 일본에서는 연장자에게 보다 숙련된 고부가가치적인 업무를 기대하는 문화가 아직도 남아 있다. 또한 무업에 이르는 연령도 다양해지고 있기 때문에, 지원도 그에 따라 정형화된 단순 업무에서부터 고부가가치적인 업무에 이르기까지 입구를 다양화시킴과 동시에 연속적인 지원이 이루어질 필요가 있지 않을까 생각된다. 누군가를 지원할 때에는 소득 등을 기준으로 지원할 것인지 그렇지 않은지에 따라 달라질 때가 많은데 실제로 이 경계는 애매모호한 점이 있다. 인재에 대해 부가가치가 높은 업무 연계의 필요 여부를 파악하는 경우에도 마찬가지다. 현재와 같은 소득 위주의 획일적인 기준을 상황 변화에 따라 맞춰서 대응할 수 있도록 보다 탄력적으로 개선해 나갈 필요가 있다고 생각한다.

마지막으로 '재도전의 지원'은 자발성을 이끌어 내기 위한 지원이다. 『청년 무업자 백서』에서도 알 수 있듯이 자발성은 다른 요소에 비해 무업 기간과 뚜렷한 상관관계가 있다. 동기부여를 하고 자기 자신을 인정할 수 있도록 하기 위한 보다 다각적인 지원이 필요하다.

이러한 지원이 가능하기 위해서는 신규로 공적 지출이 더 늘어나야 하는 것이 아닌가를 걱정하는 사람이 있을지도 모르겠다. 이와 관련해서 정보 통신 정책을 비롯해 아주 다양한 문제에 대해 활발히 의견을 펼치고 있는 미국의 헌법학자 캐스 선스타인(Cass R. Sunstein)의 개념을 인용해 보자. 선스타인은 저서 『음모 이론 그리고 다른 위험한 생각들: Conspiracy Theories and Other Dangerous Ideas』(Simon & Schuster, 2014년)에서 '미니멀리스트/트리머'라는 두 개념을 비교하고 있다. 쉽게 말하자면 전자는 어떤 시점에서 최소한의 공적 지출을 추구하는 태도라고 할 수 있다. 후자는 '정원사'라는 의미인데 정원사는 때로는 잔디에 물을 뿌리고 거름을 주는 등 잔디를 키우면서 정원을 가꾼다. 이렇게 하는 편이 '아름다운 정원'을 만드는 데 합리적이면서도 지출이 적어질 수가 있다. 여기서 말하는 '물'이나 '거름'은 공적 지출을 비유한 것이다. 장기적으로 생각하면 어느 한 시점에 무작정 최소한의 지출을 추구하기보다는 후자의 경우가 문제 해결에 드는 비용을 줄일 수도 있다는 것을 선스타인은 시사하고 있다.

청년 무업자 문제에도 이러한 측면이 있다고 생각된다. 실제로 지원의 확충은 해당 시점에서는 공적 지출의 증가로 나타나지만, 확실한 안전망 확충이나 노동시장에서 높은 부가가치 창출을 발휘할 수 있는 청년 세대 지원은 중장기적으로 볼 때에 비용 대비 효과가 오히려 높을 수도 있다는 말이다. 이러한 가능성과 시나리오는 지원자나 정책 마련의 차원에서도 구체적인 계산식을 통해 적극 보여 줄 필요가 있다.

보다 구체적인 제안은 구도 씨에게 맡기고, 다음으로는 '청년 무업자 지원의 강력한 비전 수립', '조사의 확충', '민·관 연계에 의한 통합적 사회참여 기회의 창출'이라는 세 가지를 제안해 보고자 한다.

먼저 청년 무업자 지원의 강력한 비전을 수립할 필요성에 대해 언급해 보자. 이 책에서 이미 말한 바와 같이 현재 청년 세대를 둘러싼 사회 상황은 급속히 변하고 있지만 제도나 정책의 대응 속도는 더뎌서 진행이 잘되지 않는 상태이다. 미시적인 차원의 정책 확충도 필요하지만 구조적 문제의 대처도 중요한데, 그에 대해서는 정치적으로 강력한 리더십과 비전의 부재가 걱정스럽다. 요즘 정치는 걸핏하면 비판받기 쉽지만, 정치적 메시지는 별로 알려지지 않은 사회문제에 대해 다양한 분야의 관심을 이끄는 데 큰 영향력을 가지고 있다.

예를 들어 민주당 정권 시대인 2009년부터 2012년까지 정치권은 '새로운 공공'이라는 이름을 걸고 적극적으로 비영리 섹터의 변혁에 나섰다. 당시 하토야마 유키오 총리는 소신 표명 연설을 통해 '새로운 공공'이라는 단어를 사용하며 사회적 포섭의 중요성에 대해 언급했다. 예전부터 소신 표명 연설에서는 경제정책과 외교 문제를 언급하는 것이 일반적인데, 사회적 포섭을 주제로 언급한 경우는 이때가 처음이었을 것이다. 그 결과 비영리 섹터뿐만 아니라 새로운 지역 고용의 담당 주체 또는 새로운 근로 방식 등으로 이 문제에 대해 다양한 관심의 눈길을 모으는 계기가 되었다. 이러한 대중의 관심에 탄력을 받아서 그간에 좀처럼 큰 성과를 이루지 못했던 민주당 정권에서는 기부세 제도 및 인정 NPO법인 제도의 개정과 같은 뛰어난 성과를 거두었다.

제1기 아베 신조 내각이 2006년부터 '재도전'이라는 키워드를 가지고 청년 무업자 문제의 해결에 남다른 의욕을 보였던 일은 여전히 기억에 새롭다. 당초 '재도전 가능한 사회를 구축하기 위한 정책을 종합적으로 추진하기 위해 기획 입안 및 행정 각 부서가 담당하는 사무 조정'을 위해 국무장관 및 부서가 설치되었고 그 후 2007년에는 '내각부 특명 담당 장관(재도전 담당)' 및 부서가 설치되어 기시다 후미오가 그 역할을 담당하게 되었다. 그러나 아쉽게도 이 직위는 나중에 폐지되고 말았다.

이러한 정치권의 적극적인 태도는 각종 정책에도 반영이 되었으며 앞서 언급한 지역청년서포트스테이션 사업이나 JOB CAFE의 확충 등이 바로 이 시기에 실시된 것들이다. 어떤 면에서 청년의 재도전을 권장하는 일본 정치권의 태도는 오히려 몇 년 전보다 지금 들어서 소극적으로 변했다고 볼 수도 있다.

조금 다른 이야기인데, 필자는 원래 정보와 정치 연구가 전문이기 때문에 국회의원이나 지방의원, 해당 관료들과 함께 논의할 기회가 자주 있다. 이때에 자주 듣게 되는 말이 "청년층은 투표율이 낮아서 청년 세대를 위한 정책을 추진하고 싶어도 그러지 못한다"는 것이다. 이러한 말을 들을 때마다 개인적으로 분개하면서 막스 베버(Max Weber)의 말을 떠올리곤 한다. 베버는 『직업으로서의 정치』에서 미래를 위한 책임을 완수하려는 정치가는 존재하지 않는가 물으며 정치가의 신념과 책임감을 언급했다.

자녀나 손자와 같은 가족 관계까지 고려했을 때, 청년 무업자 지원 정책은 청년 세대뿐 아니라 그 밖의 더 넓은 세대로부터 지지를 받을 가능성이 크다. SROI(사회적 투자 수익률)과 같은 평가 도구를 활용하여 경제적 측면에서의 효과를 계측하려는 시도도 일어나고 있기 때문에 경제문제에 관심이 높은 현 일본 정권과의 궁합도 그리 나쁘지 않을 것이다.

현재 청년 세대 앞에 놓인 상황은 과거의 어느 세대도 경험하지 못했던 상황이다. 이런 상황 인식하에서, 장기 집권의 가능성이 점쳐지고 있는 제2기 아베 내각이 한 번 더 청년 무업자 문제에 대한 강력한 리더십과 비전 제시에 나서 주기를 기대해 본다.

객관적 근거로서의
『청년 무업자 백서』

이 책에서는 청년 무업자 실태에 대한 다양한 오해를 풀고자 정량적인 분석과 사례를 통해 반박하며 기술하였다. 여러 가지 오해가 언론을 통해 유통되고 있는 배경에는 청년 무업자와 그들의 생활 실태, 그리고 주변 환경에 대한 조사가 충분히 이뤄지지 않고 있다는 점도 큰 영향을 주고 있다. 그렇다고 해서 언론이 악의를 갖고 있는 것은 아니다. 아마 기사를 작성할 때 제대로 된 근거만 쉽게 입수할 수 있다면 보통의 일반적인 미디어는 오해를 유통시키는 일에 적극적으로 가담하지는 않을 것이다.

그래서 근거와 객관적인 자료에 기초한 올바른 정책을 수립하기 위해서도 상세한 자료 조사가 필수 조건이다. 이 책의 공동 저자인 소다테아게넷의 구도 게이 씨에 따르면, 기존의 조사는 "거시적인 규모의 데이터 분석이거나 지나치게 작은 모수(母數)의 분석에 치우쳐 있어서 지원 현장에서 활용할 수 있는 것이 드물었다"고 한다.

필자와 구도 씨는 수년 전부터 이 책에서도 소개한 바가 있는 『청년 무업자 백서』를 기획하여 민간 조성 재단에 제작을 제안해 왔다. 그러나 직접적 수혜자에 대한 지원 사업이 아니라 앞으로 지원을 하기 위한 간접적인 조사 사업에 대한 제안은 좋은 반응을 얻을 수 없었다. 그래서 2013년에 인터넷상에서 기부금을 모으는 크라우드펀딩을 통해 연구 조사와 백서 인쇄에 필요한 경비를 조달하기로 했다. 일단 시작하고 보니 많은 분들로부터 기대 이상의 호평을 받아 실질적인 현장 조사를 실시함으로써 백서 제작을 완료할 수 있었다.

그뿐만이 아니라 당초 예상했던 금액을 웃도는 기부금이 모아졌기 때문에 한국어판 제작의 번역 비용으로도 활용하기로 했다. 현재 '히키코모리'라는 단어가 번역되지 않고 그 자체의 로마자 표기로 영어권에 수출된 것이 상징하듯이 청년 무업자 문제에 대해서 일본뿐만 아니라 세계 각국에서 깊은 관심을 갖고 있다. 일찍부터 저출산·고령화 사회를 맞이한 일본의 현황과 정책은 세계적인 관심사이기도 하다. 그 중에서도 유교 등 문화적 배경에 적지 않은 공통점을 가진 동아시아 각국에서는 더욱 큰 관심을 보이고 있다.

처음에는 의도하지 않았던 한국어판을 제작할 수 있게 되어서 위와 같은 관심에 대해 일본 현장의 자료를 활용하여 답변하는 것이 가능해졌다. 2014년 6월에는 우선 한국어판이 공개될 것이다[34] 그리고 동 6월에는 필자와 구도 씨가 한국을 방문하여 현지 지원 기관과 정책 담당자, 유관 기관 담당자들과 의견 교환을 하게 되어 있다[35].

비록 『청년 무업자 백서』가 자금 마련부터 제작까지 스스로 해낸 것이기는 하지만, 아직 해야 할 것이 많이 있다. 이러한 조사에서 필수라고 할 수 있는, 같은 관점을 가지고 계속해서 반복적으로 조사를 실시함으로써 시계열적인 변화를 관찰하기 위한 새로운 조사 계획은 아직 기획하지 못하고 있다. 일정 규모의 질적 조사에 대해서도 마찬가지다. 새로운 가설의 탐색이나 미시적으로 개체차에 대한 식견을 축적하기 위해서는 인터뷰 등과 같은 질적 조사가 매우 중요한데, 이러한 질적 조사는 컴퓨터로 모두 작업할 수 있는 것도 아니어서 많은 인력이 필요하고 만만치 않은 비용이 소요되기 때문이다.

연구 조사는 많은 관련 주체가 정책의 효율성이나 정밀도, 실행 과

---

34 『청년 무업자 백서』 한국어판은 2014년 6월 11일 비매품으로 출간됐다. 구도 게이·니시다 료스케 지음, 고은진 옮김, 『일본청년니트 백서 ─ 그 실태와 사회경제구조 분석 2012~2013』, 함께일하는재단, 2014.

35 2014년 6월 25일 한국에서 니트 문제 해결에 초점을 맞춘 국제포럼 '한일 청년 니트 비교 포럼'이 함께일하는재단 주최, 한일청년포럼 주관으로 서울시청년허브에서 개최되었고, 『일본청년니트 백서』 출간 기념식과 더불어 한일 니트 지원 실무자 회의가 진행되었다. 한국의 현황과 청년 무업자에 대한 지원 정책 및 상호 협력 가능성에 대해 뜨거운 논의가 이루어졌다.

정의 효율화에 활용할 수 있기 때문에 소요되는 비용에 비해 미치는 영향력이 크다. 조사의 설계 단계부터 현장 활동가나 연구자의 협력을 통해 해당 분야에 대한 광범위한 효과를 기대할 수 있는 것이다. 현장 활동가에게 연구 조사는 수익 사업이 아닐 뿐더러 직접적인 지원 효과를 기대할 수 없기 때문에 미래를 위한 투자의 의미가 강하다. 하지만 행정적인 사업 예산을 고려해 본다면 반드시 큰 비용만은 아닐 것이다. 정책이나 시행 계획의 효과성 제고를 위해서도 효과적인 정책 개발을 위한 연구 조사 활동의 확충을 제안하고 싶다.

이러한 목적의 연구 조사를 제안하면 지원 현장이 조사표나 설문 조사로 넘쳐 나게 되거나, 지원 활동 자체가 무미건조한 사무적인 지표에 의해 좌우될 거라고 우려하는 사람도 있을 것이다. 하지만 그렇지 않다. 구도 씨는 "청년 지원 분야에는 장인(匠人) 기질을 가진 사람이 많다"고 말한다. 청년 무업의 당사자 한 사람 한 사람은 모두 개성을 가진 인간이기 때문에 사람을 직접 마주 대해야 하는 지원자 스스로도 장인의 기질을 자연스럽게 갖게 되는 것인지도 모른다. 연구 조사의 필요성은 그러한 점을 부정하는 게 아니다.

연구 조사를 활용한다면 앞으로 이 분야에서 새롭게 지원 활동을 시작하는 사람이나 외부에 있는 다른 사람과 소통할 때 공통언어의 역할을 기대할 수 있다. 또한 만일 근거 자료가 지원자의 직감과 일치한다면 올바른 선택을 할 수 있을 것이며, 일치하지 않을 때에도 그 원인을 찾아 나감으로써 지원 사업의 정밀화에 공헌할 가능성이 있다. 이와 같이 개개인의 개성에 따른 세심한 지원과 연구 조사 및 근거 자료에 의한 지원은 본질적으로 대립적인 것이 아니라는 점도 기술해 두고 싶다.

부처 간 벽을 넘어
추진해야 할 청년 무업자 대책

마지막으로 민·관 연계에 의한 통합적인 사회참여 기회를 창출할 수 있는 방법은 소관 관청을 넘나드는 원스톱 서비스이다. 일본에서 청년 무업자에 대한 대책은 현재 후생노동성과 경제산업성, 그리고 지자체에서 추진하고 있다. 후생노동성이 사회복지 관련 안건을, 경제산업성이 경제나 취업에 관한 사항을 담당하면서 지자체나 정령지정도시[36]도 독자적인 지원을 준비하고 있다.

그러나 이 책에서도 언급했듯이 청년 무업자 지원에 있어서 고용과 사회복지는 분리할 수 없는 관계에 있다. 실제로 일본 사회는 여전히 기업에 의존하는 사회관계가 뿌리 깊게 존재하며 영향을 미치고 있다. 아마도 이러한 점 때문에 후생노동성의 정책은 '직업의식 계발'에 머무르고 있으며, 경제산업성은 직접적으로 사회복지 영역에 개입하지 않기 위해 주의를 기울이고 있을 것이다.

하지만 각 부처 간의 이러한 간극 사이에서 지원의 한계에 부딪쳐 고뇌하게 되는 사람들은 바로 청년 무업자 당사자와 현장에서 지원을 제공하는 지원 활동가일 것이다. 이러한 칸막이 행정의 폐해를 제거하기 위해 필요한 것이 정치의 리더십이라고 말할 수 있다. 소관 관청을 넘나드는 진정한 원스톱 서비스의 실현이 필요하다.

---

36 한국의 광역시에 해당한다.

7장

누구나 무업이 될 수 있는
사회에서 NPO의 역할

작은 성공 사례를
만들라

어려운 고용 환경이나 사회 정세 속에서 어느 누구나 순식간에 무업 상태가 되어 버리는 사회에서 NPO는 어떤 역할을 할 수 있을까?

현장의 역할은 소소하더라도 성공 사례를 만들어서 그것을 사회에 알리는 것이라고 생각한다. 눈앞에 있는 청년의 이야기를 청취하고 과제를 정리하며 곁에서 그것들을 함께 해결해 나가는 것. 지원자 스스로의 노력이 미치지 못하는 경우에는 외부의 전문가 또는 다른 조직과 협력하여 같은 비전으로 지원 방침을 공유하고 역할을 분담하면서 무업 청년의 옆에서 함께 달려 주는 것. 아주 단순해 보이지만 이러한 일은 성실하고 꾸준한 활동이 요구된다.

한 스태프가 상담을 한 적이 있었다. 구직 활동을 할 때 입을 정장이 없는데 경제 사정으로 구입하기도 어려운 청년이 있다는 것이었다. 그 당시에는 내가 갖고 있던 양복을 빌려 주어서 면접에 나갈 수 있도록 도움을 주었다. 양복의 효과가 있었는지는 모르겠지만 그는 무사히 채용

되었다. 양복을 준비할 수 없는 청년이 바로 눈앞에 있었는데 그에게 필요한 과제를 해결하기 위해 양복을 빌려주는 방안을 제시하여 채용이라는 결과를 얻게 된 것이다. 이러한 경우는 아주 작은 성공 사례이다.

다른 사례로는 사무직을 희망하지만 컴퓨터를 다뤄 본 적이 없는 여성의 경우가 있었다. 이 여성은 모집 공고에 있는 '컴퓨터 사용이 가능할 것'이라는 조건 때문에 응시해 볼 용기를 내지 못하고 있었다. 청년 무업자의 컴퓨터 보유율에 대해서는 이미 기술한 바가 있는데 그녀는 키보드를 쳐 본 경험조차 없었다. 그래서 한 스태프는 사용하지 않는 컴퓨터를 가지고 그녀가 타자부터 배울 수 있도록 함께 연습을 했다. 그녀는 어느 정도의 기초 기술을 익히고 나서 직업훈련 등을 받고 더 높은 수준의 기술을 익혔다. 그렇게 해서 그녀는 모집에 지원할 수 있었고, 최종적으로 개호 시설에 취직을 했다. 사무직이자 현장 스태프로 활약할 수 있게 된 것이다. 이 경우 또한 작은 성공 사례인 것이다.

왜 이러한 작은 사례들이 중요할까? 일정 수의 청년들이 비슷한 문제들에 봉착하고 있을 것이라고 확신하기 때문이다. 그리고 그들을 위한 해결 방법은 이미 존재한다. 양복과 관련해서는 이것을 준비하지 못하는 청년이 있다는 것을 사회에 알려 기부금을 모으는 프로젝트를 실시하여 완료한 경험이 있다. 당시에 최종적으로 3,000벌이 넘는 양복, 250개 가량의 벨트, 셀 수 없을 정도로 많은 넥타이 등을 개인과 법인으로부터 기부받아 전국의 청년 지원 단체들과 공유함으로써 각 지원 현장에서 양복을 대여할 수 있게 되었다.

컴퓨터를 다루는 기초 능력이 부족한 여성의 사례는 소다테아게넷에서 IT 기술 습득 기회를 제공하는 프로젝트로 이어졌다. 그것이 계기가 되어 지금은 일본 마이크로소프트사와의 연계로까지 이어졌다. 현재 약 서른 개의 NPO 등과 파트너십을 체결하여 전국에서 IT 기술 연수와 취업 지원을 패키지로 진행하고 있다. 이제까지 누적 수강자는 총 18,219명이다(청년 UP프로젝트 : http://www.wakamono-up.jp/top.html).

바로 눈앞에 서 있는 한 청년의 과제를 해결하며 작은 성공 사례를 쌓아 가는 것. 그러한 과정에서 청년 무업자들의 공통 과제가 발견된다면 많은 개인, 기업, 행정기관 등과 협력하여 더욱 폭넓게 전개해 나아간다. 큰 프로젝트가 만들어지면 사회적인 주목을 받을 수 있는데, 그것은 항상 현장에서의 과제 발견과 해결 방법 제시를 원천으로 한다. 이렇게 과제 발견과 해결, 전개라는 과정을 만들어 가는 일이야말로 현장을 기반으로 하고 있는 NPO다운 접근 방식이라고 할 수 있다.

작은 데이터들을
축적하라

NPO가 다루는 과제의 대부분은 사회적 혹은 정책적으로 좀처럼 주목받지 못했던 이슈들이 많기 때문에 과거로부터의 사례 축적은 물론 근거로 제시할 수 있는 각종 자료 및 연구 조사가 많이 이뤄지지 않는 것이 특징이다. 이 책에서는 『청년 무업자 백서』의 근거 자료를 활용하고 있는데, 이것 또한 현장에서 한 사람 한 사람의 청년들을 지원하는 과정에서 축적된 것이기 때문에 전체적인 수치는 적다고 볼 수 있지만 매우 귀중한 자료이다.

청년 한 사람 한 사람으로부터 수집되어 모일 수 있는 자료의 수가 수만, 수십만 개가 되기는 어렵지만, 그래도 꾸준하게 자료를 모으다 보니 어느덧 수백, 수천에는 이르게 되었다. 이 자료들은 본질적으로 보다 효과적인 지원을 하기 위한 기본적인 정보이지만 이렇게 작은 데이터들을 계속해서 축적해 나가는 일도 현장이 아니고서는 아무도 할 수 없다.

미지의 영역을 향해 나아가고자 하는 NPO가 그간의 경험이나 식견을 잘 살려서 보다 효과적이면서도 효율적으로 큰 힘을 발휘하고자 할 때에, 오로지 현장에서밖에 축적할 수 없는 자료들은 여러 가지 종류의 가치로 변모할 수 있는 잠재력을 발휘한다.

『청년 무업자 백서』는 일본에 청년 무업자의 실태가 어떠한지를 시사할 만한 자료가 없다는 사실이 그들에 대한 판에 박은 듯한 편견의 확산과 정착을 부추기고 있는 것은 아닐까 하는 위기감으로부터 시작된 프로젝트이다. 2,300명이라는 모집단이 대단히 많은 수치는 아니지만, 결코 하루 이틀 만에 수집될 수 없는 이 귀중한 자료의 축적은 작은 데이터일지라도 꾸준히 모여 왔기 때문에 가능했던 일이라고 생각한다.

그뿐만 아니라 이번에는 니시다 씨처럼 소다테아게넷만이 아니라 리츠메이칸 대학과의 협력을 통해 추진되었다는 점도 의미가 크다. NPO가 단독으로 자료를 조사하여 집계, 분석을 하자면 전문성도 부족할 뿐더러 특정한 단체의 분석이라는 점에서 객관성을 확보하기도 어려웠을 것이다. 이러한 협력을 가능케 했던 점도 돌아보면 작은 데이터들을 꾸준히 축적해 왔기 때문임과 동시에 그 주체가 현장을 터전으로 삼고 있는 NPO였기 때문에 가능했던 일이다.

에코시스템을
만들라

NPO가 도전하는 사회문제는 초기 단계에서는 아무도 알아채지 못하거나 거의 인지되지 못하는 문제일 경우가 있다. 청년 무업자 문제 역시 아직은 그 단어조차 잘 인지되지 않고 있는 사회문제이다. 그리고 대부분의 경우 NPO가 단독으로 해결해 나가기에는 역부족일 수밖에 없는 수많은 장벽들이 놓여 있다.

그럼에도 불구하고 해결하고자 하는 사회적 과제에 대해서 조금이라도 기여할 수 있는 환경을 조성하거나 여러 해결 기회를 제공하기 위해서는 에코시스템(생태계)이 구축되어야 한다. 그렇게 하기 위해선 우선 그 사회적 과제의 존재를 널리 알려 나갈 필요가 있다. 사람들은 자신이 모르는 일에는 관심을 가질 수가 없다. 어떤 것이라도 인식을 시켜야만 그 과제에 대해 관심을 갖게 만들고 해결에 필요한 도움을 얻을 수 있는 가능성이 열리는 것이다.

사회 과제의 분야에는 당연히 다양한 이해관계자가 상정되는데 기업, 행정기관, 정부, 시민 활동 단체, 교육기관 그리고 개인 등이다. 거의 모든 사회 과제는 많고 적고를 떠나 이들 모든 이해관계자에게 영향을 미치고 있다. 가족 중에 무업 상태인 청년이 있는 경우라면 당연히 이해관계가 직결될 것이다. 그렇지 않더라도 숨어 있는 무업 청년이 추가로 발굴된다거나 미래의 사회보장을 담당해야 할 청년 세대의 많은 수가 무업 청년이 되어 가고 있는 현실 등을 개선하는 문제에 대해서 아무런 이해관계가 없는 사람은 없을 것이다.

NPO는 청년들과 직접적으로 만날 기회가 없는 평범한 사람들에게 청년 무업자의 문제가 '남의 일'이 아니라 '자신의 일'이라는 의미를 전달하며 각자의 입장에서 어떤 '관계'를 맺고 어떤 가치를 통해 협조할 수 있는지를 제안함으로써 에코시스템을 만들어 나가야 한다.

하지만 에코시스템을 만들기 위한 이러한 노력은 NPO만의 전유물이 아니다. 오히려 과제를 인지한 누군가가 먼저 목소리를 내며 지지자를 늘려 나가는 가운데에서 에코시스템은 형성된다. 또 이 과정에서 NPO라는 조직체가 꼭 결정적인 역할을 해야 하는 것도 아니다. 다만 사회적이거나 지역적인 과제를 처음 발견한 개인이나 단체는 이 사회 과제 해결을 주요 목적으로 하기 위해 NPO라는 법인 설립을 선택하게 되는 것이다.

이들의 헌신적인 활동과 변화에 대한 기대는 크다. 이들의 노력에 힘입어 기존에 있던 여러 가지 제도를 서서히 바꾸며 정비해 나가고 있다. 그러므로 NPO가 사회 과제의 발견자이자 해결의 선구자이자 에코시스템 구축의 중심적인 역할을 하게 되는 것은 자연스러운 일일 것이다.

그런 의미에서 청년 무업이라는 과제의 해결을 지향하는 NPO로서 현장에서 청년들을 위해 헌신하면서도 그 과제를 사회화시키고, 다양한 이해관계자들이 '자신의 일'로 여기며 다양한 관계를 형성할 수 있도록 꾸준히 소통해 나가는 것이 소다테아게넷의 필수불가결한 활동이라고 할 수 있는 것이다.

2부

'일한다는 것'이란?

일할 수 없었던 내가
일을 하게 되면서
알게 된 것들

1장

여섯 청년의 이야기

'일할 수 없었던' 경험을 가진
여섯 청년들에게
일을 하게 된 계기.
일의 매력,
일한다는 것은 무엇인지를
물어보았다.

청년은 일하지 않는 것인가,
아니면 일하지 못하는 것인가?

일하고 싶지만 일할 수가 없다. 이젠 어떻게 하면 좋을까. 어디서부터 시작해야 할지 모르겠다. 이런 고민을 갖고 있는 청년들에게 사회적 소속을 제공하고, '일하도록', '일을 계속하도록' 지원을 해 온 지 십수 년이 지났다.

지금까지 8,000명이 넘는 청년들의 '일할 수 없는' 이유와 마주했다. 그리고 '무엇이 그/그녀를 그렇게 만들었는가'를 생각하며 활동해 왔다. 일할 수 없도록 노력하고 있는 사람은 없다. 분명 우리 사회에 무언가 부족한 것이 있어, 그 부족함이 일할 수 없는 청년의 존재를 통해 변혁에 대한 물음으로 드러나고 있는 것이라 생각한다. 개개인을 지원하는 활동을 하면서 그 질문에 대한 대답을 지금까지도 찾고 있다.

'일할 수 없는 청년을 지원한다'는 매우 오지랖 넓은 활동을 하고 있으면, '일하는 것은 의무다', '일하지 않는 자 먹지도 말라', '일하는 것은 사람으로서 당연한 일이다' 등의 엄격한 말들과 맞닥뜨리게 된다. 이전에 '청년은 일하지 않는 것인가, 아니면 일하지 못하는 것인가'라는 내용을 블로그에 쓴 적이 있다. 놀랍게도 백만 명 이상이 조회했고, 100개에 가까운 코멘트를 받았다. 그중에는 읽기 힘든 말들도 있었지만, 정성껏 코멘트를 읽어 내려가면서 대부분이 '일할 수 있게 되었'고, '힘들지만 일하고 있다'는 분들의 말씀이라는 것을 알 수 있었다.

일한다는 것은 누구에게나 큰 주제이며, 또한 일하지 못한다는 것은 누구에게나 한마디 하지 않을 수 없는 문제인 것이다. 흔히 젊은 세대가 '일하는 것'은 당연한 것이며, 일하고 있지 않거나 일할 수 없는 것은 당연치 않은 일로 여겨진다. 이러한 고정된 사회적 인식이 계기가 되어 우리에게 '일한다는 것'은 어떠한 것인지 생각해 보게 되었다. 그리고 이를 보다 깊이 알아보고자, 일하고 싶지만 일할 수 없었던 과거를 가진, 지금은 일할 수 있게 된 청년들에게 물어보자고, '일한다는 것'과 '일하는 것의 가치'란 무엇인가 다시 한 번 생각해 보자고 마음먹은 것이다.

일한다는 것은 생활이나
인생을 자아내기 위한 '수단'

소다테아게넷에 상담을 받으러 오는 청년들에게 일한다는 것은 목적인 동시에 목표이다. 그러나 이 책에서 인터뷰했던 청년들의 말을 되새겨 보면 일한다는 것은 생활이나 인생을 자아내기 위한 '수단'이라는 것을 깨달을 수 있다.

사람들과의 관계가 생기는 것이라고 생각합니다. (타가야 요스케 씨)
일한다는 것은 이어지는 것이라고 생각합니다. (요시카와 카오리 씨)
생활의 일부입니다. (하야시 야스유키 씨)

누군가를 위해 일하는 것입니다. (요시자키 나오토 씨)

막연했던 꿈을 실현해 주는 것입니다. (사쿠마 신이치 씨)

사회로 나가기 위한 첫걸음이 아닐까요? 그런 느낌이 듭니다.

(가쓰다 요시키 씨)

우리는 일을 하기 위해 태어난 것도, 일하기 위해 살고 있는 것도 아니다. 그런 당연한 사실도 '일하는 것'에서 오랜 기간 떨어져 있다 보면 흐려져, 언제부턴가 일이 삶의 목적이었던 것만 같은 착각이 들게 된다.

그러나 실제로 일할 수 있게 되면 '일하는 것'은 수단일 뿐이라는 것을 깨닫게 된다. 그런 모습을 보고 있으면, 사람은 너무나도 약한 존재이기도 한 동시에 힘차고 부드러운 존재이기도 하다는 것을 느낀다.

청년들이 쓰고 버려지는
환경은 바꿔야 한다

감정노동이라는 말이 있다. 다양한 해석이 있겠지만 '힘들거나 괴로운 감정을 억제해 가면서 하고 있는 일을 임금으로 전환하는 것'이라는 정의가 일반적이다. 이 해석을 빌려 생각하면, '보람'이나 '인연', '동료의 존재'로 인해 괴로운 감정 상태를 완화할 수 있게 하여 임금이나 근로조건의 보상에 크게 연연하지 않도록 한다는 의미로도 이해할 수 있게 된다. 그러한 마음을 악용하는 직장의 방식을 '보람 착취'라고 부르기도 한다.

최근 들어서는 기업이 '근로 방식'과 '계약 방식'의 비참함을 개선하고자 하고 있다. 확실히 기업은 이익을 추구하는 조직 형태일지도 모른다. 하지만 그곳에서 일하고 있는 사람, 특히 앞으로의 일본 사회를 짊어 지게 될 청년들이 쓰고 버려지는 환경은 바꿔 가야만 한다.

이 책의 다양한 이야기들에는 '임금'이나 '노동조건'에 대한 언급은 많이 나오지 않는다. 그러나 일함으로써 얻을 수 있는 자기 긍정감이나 감정적 유용함이 있다고 이러한 문제들을 어물쩍 넘어가도 괜찮다고는 생각하지 않는다. 다만 여기 등장하는 청년들이 '계속 일할 수 있는' 이 유로 직장의 인간관계를 들고 있다는 점은, 일할 수 없었던 청년들이 가 정·학교·직장·지역이라는 장소나 가족·친구·지인과의 관계에 대해 고 민하고 괴로워했다는 증거라고 할 수 있지 않을까.

이 책에 등장하는 청년들에게서는 정규직 채용 제안인데도 거절을 하거나, 조건이 더 나은 기업에 이직할 수 있음에도 불구하고 현재의 직 장과 지금 하고 있는 일을 포기하고 싶지 않아서 고심하는 모습이 관찰 된다. 이러한 모습은 그들이 그만큼 원해 왔던 안심할 수 있는 대인 관 계가 유지되는 직장을 갖게 된 것이라고 볼 수도 있다. 이러한 상황은 오로지 그들이 일을 할 수 있도록 도움을 주었던 현장 직원의 노력과 열 정의 산물이다. 만약 그들이 지금의 아늑한 직장과 바꿔서라도 정규직 이 되는 것을 포함해 다음으로의 도전을 희망한다면, 앞으로도 전력으 로 지원할 것이다.

요즈음은 청년의 '일'을 둘러싼 상황이나 환경에 주목해, 청년들에 게 이유나 문제를 묻는 게 아니라 상황이나 환경의 문제를 개선·개혁하 려 하는 움직임이 가속화되고 있다. 시대가 변화하면서 여태껏 당연했 던 일들이 당연하지 않아지고 있다. 어쩌면 청년들이 생각하는 '일' 또 한 바뀌고 있는지도 모른다. 또 시간이 흘러도 변하지 않는 것도 있을 것이다.

그런 정답이 없는 질문을 우리가 지원했던 청년들을 통해 생각해 보고 싶다고 느꼈기에 이 책을 펴내게 되었다. 원고를 읽으면서 다양한 이야기들에 눈물이 났다. 그들은 과거에 정말로 괴로운 상황에 있었음에도 지나간 일을 웃으며 말하고 있었고, 자신의 일 이상으로 우리의 일이나 우리가 지원하고 있는 청년들을 신경 써 주고 있었다.

일한다는 것은 무엇입니까?

이 여섯 청년들의 이야기가 단순하지만 복잡한, 누구에게 있어서도 중요한 이 질문에 다가갈 수 있도록 도움이 된다면 기쁘겠다.

용어 설명

인터뷰 중 등장하는 청년지원단체·기관, NPO법인 소다테아게넷의 지원 시스템과 프로그램 등에 대한 설명입니다. 내용을 읽기 전에 참고하기 바랍니다.

● 서포트스테이션(지역 청년 서포트스테이션)

일본 후생노동성이 인정한 NPO법인, 주식회사 등이 운영하는 상담 지원 시설로, 2013년 기준으로 160곳에 설치되어 있다. 다음은 NPO법인 소다테아게넷이 운영하는 서포트스테이션이다.

- 다치카와 청년 서포트스테이션 ● 초후 청년 서포트스테이션 ● 오사카시 청년 서포트스테이션 ● 가와사키 청년 서포트스테이션 ● 가와구치 청년 서포트스테이션

● NPO법인 소다테아게넷

지금 이 순간에도 사회적으로 고립된 청년이 많다. 이것을 그들의 개인적 문제가 아니라 사회적으로 해결해야 할 문제로 인식하고, 사회 전체가 청년에게 아낌없는 지원을 해 나가는 것을 목표로 하는 단체이다.

안정감을 느낄 수 있고, 도전 정신을 길러 주는 관계성을 지닌 장소를 청년들에게 제공하면서 사회 전체적으로 청년들을 응원하는 기반을 조성해 가고자 한다.

○ 잡 트레이닝

NPO법인 소다테아게넷이 다치카와 본부에서 실시하고 있는 청년 취업 기초 훈련 프로그램이다. "이대로는 안 되겠다고 느꼈다", "어떻게든 해결하고 싶었다", "일을 해야만 한다", "아무것도 하지 않고 집에만 있는 게 너무 힘들다"라고 외치는 청년들이 개선의 한 발을 내딛는 계기를 찾는 장소이다. 생활 리듬 개선을 비롯하여 일을 찾기 위한 여러 가지 기술 습득까지 참가자 개개인의 상태와 상황에 맞춘 자기 계발이 가능하다.

잡 트레이닝에 참가하기 위해서는 우선 '상담'을 신청해야 한다(보호자만 와도 된다). 상담을 통해서 청년의 상황 및 상태를 파악하고 잡 트레이닝에 참가하는 것이 적합한지 여부에 대해 이야기를 나눈 다음, 직원이 잡 트레이닝 서비스와 비용에 대

해 설명한다. 그 후 시설을 직접 방문해 직원 및 다른 수강생들과 함께 직업 연수 프로그램을 체험하는 '잡 트레이닝 체험'을 진행한다. 잡 트레이닝의 분위기 등을 직접 경험한 후에 참여 여부를 결정한다.

● 취업 활동 지원 …… '불안감'을 '자신감'으로
일에 도움이 되는 여러 가지 워크숍 및 직업 체험담을 들어 볼 수 있는 직업 세미나 등의 프로그램이 준비되어 있다. 채용 정보의 선택 요령 및 면접 대책까지 개개인 맞춤형으로 잡 트레이닝 직원이 도와준다.

● 직업으로 이어지는 다양한 연수 …… 인턴과 연수를 통해 경험 축적
회사 사무실에 정장을 입고 출근해 간단한 사무나 컴퓨터 작업을 경험하는 인턴 프로그램 또는 접객 판매, 컴퓨터 입력 업무, 공장 내 단순 업무, 농업 등 여러 가지 업종 및 업태의 연수를 개개인 맞춤형으로 제공한다.

● 잡 트레이닝 수료 후에도 언제든지 상담 가능 …… '일을 지속'할 수 있도록 지원
졸업 후에도 '워크 타이즈(약한 연결) 프로그램'이라는 후속 제도를 통해 상담을 받을 수 있다. 일에 관한 이야기, 직장 내 인간관계에 대한 이야기 등 사소한 내용이라도 상담이 가능하다. 예를 들어 "지금은 아르바이트지만 정규직을 목표로 열심히 해보고 싶다"며 취업 후 경력 개발에 관한 상담을 받으러 오는 졸업생도 있다.

● 행사 참가를 통해 사회에서 필요로 하는 기초 능력 키우기 …… 일을 지속하기 위한 소통능력 함양
계절마다 여러 행사가 열린다. 집단 속에서의 소통 능력과 사회에서 필요로 하는 기초 능력을 익히게 된다.

○ 어머니 모임 '결'
사회 참여 및 취업이 어려운 상태의 자녀들로 인해 고민하는 어머니들을 위해 소다 테아게넷이 주최하는 모임이다. 자녀들의 자립을 위해 지금 할 수 있는 일, 일상생활 속에서 시작할 수 있는 구체적인 조언 등을 직원들과 함께 생각하고 이야기해 보는, 어머니들을 위한 '컨설팅 서비스'이다.

2장

'일한다는 것'은
'사람들과의 관계가 생기는 것'

타가야 요스케(가명)

27세. 현재 100엔 숍 점장.
대학을 중퇴한 후 반년 동안
집에만 틀어박혀 지냈다.

대학을 그만둔 것을
지금도 후회하고 있다

—— 타가야 요스케(가명, 27세) 씨는 현재 100엔 숍 점장으로서 가게 하나를 담당하고 있다. 하지만 그에게는 대학을 중퇴하고 반년 동안 집에만 틀어박혀 있던 시절이 있었다.

사실은 대학에서 수학을 공부하고 싶었는데 고등학교 선생님이 물리를 권해서 추천 입학으로 대학에 갔어요. 추천 입학으로 들어간 영향도 없지 않아 대학에 간 이후로 공부를 쫓아가기가 버거웠죠. 열심히 입시 공부를 했던 사람들과 비교하자면 아무래도 기초 학력이 부족했던 것 같습니다. '원래는 수학을 공부하고 싶었는데……'라는 생각도 있었던 탓에 대학 생활이 너무도 재미없어진 거죠.

수업은 둘째 치고 공부 외적으로도 만나고 어울릴 만한 친구가 없었기 때문에 학교에 갈 기회가 점점 사라졌어요. 수업 진도를 쫓아가지 못해도 어떤 인간관계가 있었다면 좋았을 테지만 그런 관계성조차 없다 보니 대학에 다니는 의미를 느끼지 못한 겁니다. 그리고 점점 안으로 안으로 혼자만의 생각에 틀어박히게 됐죠.

대학은 2학년 때까지는 치바 캠퍼스로 다녀야 했기 때문에 방을 하나 얻어 자취를 했는데, 2학년 후반부터는 거의 학교에 나가지 않았어요. 겨우 학점만 따서 3학년 과정으로 진급은 했지만 원래 집으로 돌아간 시점부터 학교를 전혀 나가지 않았습니다.

학교를 빠지는 건 부모님께는 비밀로 했어요. 낮 시간에는 가족들이 모두 출근해서 집에 아무도 없었기 때문에 제가 학교에 가지 않았다는 사실은 누구도 몰랐을 거예요. 어쩌면 부모님은 뭔가 눈치 채고 있었을 수도 있지만 "별일 아닐 거야"라는 식으로 넘어가곤 했습니다.

학교를 전혀 안 나갔기 때문에 당연히 1학점도 따지 못했고, 퇴학 처분을 받았을 때 부모님이 깜짝 놀라셨어요. 어머니는 "눈치 채지 못해 미안해"라고 하셨습니다. 그때의 저는 굉장히 예민한 상태였기 때문에 어머니가 그렇게 말씀을 해 주셨는데도 불구하고 무뚝뚝하게 불쾌한 표정을 짓고 있었을 거예요. 지금에 와서는 대학을 중퇴한 일이 후회돼요.

가령 수업을 쫓아가지 못했다 하더라도 출석만 제대로 했다면 어떻게든 되었을 것 같아요. 원래 사교성이 좋은 편이 아니고 누군가에게 고민 상담을 하는 스타일도 아닙니다. 지금은 제법 좋아진 편이지만 그 당시에는 남에게 약점을 보이지 않으려고 무척이나 아등바등했던 것 같아요.

기본적으로 무언가를 '해낸다'는 것이 힘들어요. 학창 시절에 클럽 활동도 그랬습니다. 도중에 쉽게 포기하는 편이었죠.

대학을 중퇴한 일에 대해서는 돈도 많이 써 버린 셈이고, '부모님께 폐를 끼친 것은 아니니 괜찮다'고는 전혀 생각하지 않습니다. 이 일은 앞으로도 계속 후회할 것 같아요.

뭔가를 하고 싶지만
혼자의 힘으로는 불가능하다

—— 대학을 중퇴한 뒤 타가야 씨는 거의 집 밖으로 나가지도 않고 히키코모리 생활을 하게 되었다.

제가 완전히 집 안에 틀어박힌 탓에 어머니가 너무 걱정된 나머지 소다테아게넷에 상담을 받으러 가셨던 모양이에요. 어느 날 "이런 곳이 있는데 같이 가 보지 않을래?"라고 하시더라고요.

타이밍이 참 좋았던 것 같습니다. 집에만 줄곧 틀어박혀 있는 생활에 진저리가 난 거죠. 매일 같은 일상을 반복하는 게 너무 힘들었습니다. '뭔가 하고 싶다', '활동을 하고 싶다'고 생각을 하기는 하지만 저 혼자서는 움직일 수가 없는 상황이었어요.

그래서 사실은 어머니가 그곳을 찾아 준 게 너무 고마웠어요. 하지만 당시의 저는 예민한 상태였기 때문에 '그렇게까지 이야기한다면 한번 가 주지 뭐' 하는 식으로 못 이기는 척 따라갔습니다. 말 그대로 가시 돋친 말투로 이야기했을 거예요(웃음). 제 문제인데 부모님께 계속 못난 모습을 보였죠.

—— 소다테아게넷에 상담을 받으러 간 타가야 씨는 잡 트레이닝을 체험해 보기로 했다. 정식 잡 트레이닝에 참여하기 전에 1~2일 정도 실제

프로그램에 참가해 보는 것이다.

첫 상담은 어머니와 함께 받았습니다. 직원이 이러한 상황에 이르게 된 경위에 대해 물어봤던 것이 기억납니다. 저는 '어쩌면 저렇게 직설적으로 물어보는 거지?' 싶은 생각에 신경질이 났습니다. "요새는 집에서 뭘 하세요?"라는 질문에 "컴퓨터 게임 같은 거요" 하고 대답했더니 옆에 있던 어머니께서 깜짝 놀라셨죠(웃음).

"게임을 했었니? 전혀 몰랐네!" 어머니께서 계속 그런 반응을 덧붙이시니까 저도 점점 짜증이 쌓여 갔습니다.

체험에서 뭘 했었는지 잘은 기억이 안 나요. 어쩌다 설거지를 하게 되었는데 제가 하겠다고 나서서 설거지를 했던 게 기억이 납니다. 체험 과정이었기 때문에 직원분이 신경도 많이 써 주셨고 멤버들 간의 분위기도 좋아서 여기라면 편하게 다닐 수 있지 않을까 하는 생각에 잡 트레이닝에 참가하기로 결심했습니다.

잡 트레이닝에서 했던 프로그램은 어느 하나 힘든 게 없었고 쉽게 익숙해졌던 것 같습니다.

하지만 저는 잡 트레이닝을 2년이나 다녔어요(잡 트레이닝의 평균 수강 기간은 6개월에서 1년 정도임). 다른 사람들보다 조금 더 길었던 것 같습니다.

저는 환경 변화에 약하거든요. 영 마음이 내키지도 않고 귀찮고……. 대학을 그만둔 것도 1년 이상 생각한 끝에 내린 결론이었어요. 재빨리 다음 행동으로 옮기지도 못하고 결론을 나중으로 미루는 편이에요. 현재의 상황이 아무리 힘들어도 미련이 많아서 해결을 못 하고 그 상태 그대로 질질 끌고 가는 경우가 있어요.

제가 사회 경험이 전혀 없다는 점도 취업을 망설이게 했던 이유인 것 같습니다. 잡 트레이닝에서는 잘 해냈어도, 새로운 것에 도전하고자 면접을 가는 건 도저히 불가능했죠. 직원들이 "이제는 잘할 수 있어. 이력서를 넣어 보자"라고 몇 번이고 도와주었지만 현 상황에 안주하게 되어 버리더라고요. 이제는 가야 한다는 걸 알고 있으면서도 나서질 못했습니다.

2년이나 있다 보니 졸업하는 멤버들이 줄을 잇더군요. 사이가 좋았던 친구들이 계속 졸업을 했고 새로운 친구들이 계속 들어왔습니다. 그런 상황을 보며 좋은 의미로 초조해졌던 것인지도 모릅니다. 저만 여기에 멈춰 있으면 안 된다는 생각에 드디어 무거웠던 다리를 옮기기 시작했던 거죠.

몸을 움직이는 건 좋아하지만 청소는 싫고 건설 현장 같은 곳은 도저히 안 될 것 같았어요. 직원들과 상담을 거듭하면서 소거법으로 생각해 보니 남아 있는 채용 정보는 접객뿐이었습니다. 제가 접객을 한다니 상상도 못 할 일이었지만 채용 정보가 이리도 많으니 한 번 해보자 하는 마음이었죠.

첫 번째 면접으로 간 곳은 스포츠용품 매장이었습니다. 스포츠를 좋아하니까 괜찮을 거라 여기고 아무 생각 없이 갔더니 떨어지더라고요. 상심이 컸습니다.

다음으로는 신발 매장에 지원했습니다. 이건 잡 트레이닝 직원에게는 말을 못했는데 사실 면접 당일에 면접을 취소했어요(웃음). 직전까지는 갈 생각이었는데 아무리 생각해도 싫어져서 "죄송합니다, 면접을 못 갈 것 같습니다" 하고 전화만 했죠……. 잡 트레이닝 직원에게는 "떨어진 것 같아요"라고만 이야기했어요(웃음).

세 번째 면접으로 간 곳이 지금 일하고 있는 100엔 숍이었습니다. 그때 오픈 멤버를 모집하고 있었어요. 신규 매장에 투입할 아르바이트를 뽑았기 때문에 이미 인간관계가 형성되어 있는 직장보다는 직원 모두가 처음 만나는 곳에서 시작하는 게 사람 사귀기도 쉬울 것 같았고 업무 내용도 다 같이 처음부터 배워 가는 게 좋아 보였습니다.

돈을 받는 이상
프로처럼 일을 해야

— 무난하게 100엔 숍 아르바이트에 합격한 뒤, 타가야 씨는 그곳에서 계속 일하고 있다. 3년 차에 점장이 되었고 그 후로 1년이 지났다. 정확히 3년 동안 같은 곳에서 일을 하고 있는 것이다.

저는 진심으로 잡 트레이닝 연수를 고맙게 생각해요. 무엇보다도 여러 직원 여러분들을 통해 '프로 의식'이라는 것을 배웠습니다.

잡 트레이닝 프로그램 중 하나인 청소 작업은 평범하게 청소를 하는 일이지만 아주 철저하게 해야 해요. 직원 오무라 씨는 "머지않아 돈을 받으며 일하게 될 테니 여기서부터 프로처럼 일해 봅시다"라고 말하곤 했어요. 그런 의식을 제 머리 속에 박아 주신 거죠.

그래서 일을 하게 되니 철저하게 프로처럼 일을 하고자 하는 의지가 생겼습니다. 다른 아르바이트생들은 '어차피 100엔 숍 아르바이트인데 뭘' 하는 감각으로 일했지만 저는 잡 트레이닝에서 전수받은 '프로 의식'이 있었기 때문에(웃음) 현실에 만족하지 않고 여러 곳에 주의를 기울이며 속도감을 의식해서 효율적으로 움직였죠……. 그렇게 남보다 먼저 움직일 수가 있었어요.

나중에 당시 점장님에게 들은 이야기인데 전국의 매장을 도는 트레이너가 제 모습을 보고 "저 사람은 제법 괜찮아 보이는데?"라고 했다는 거예요. 역시 잡 트레이닝을 듣기를 잘했다는 생각이 들고 감사할 뿐입니다.

— '해낸다는 것이 힘들었던' 타가야 씨가 이 직장에서는 3년 동안 일을 하고 있다. '해내는' 비결은 무엇일까?

인간관계가 아닐까요?

당시의 점장님도 다른 아르바이트생들도 다 좋은 사람들뿐이었고 사이도 좋았어요. 물론 급여가 높은 편이라고 할 수는 없었지만 근무 환경이 정말 좋았습니다. 그러한 복 받은 곳에서 일을 시작할 수 있었다니 제가 참 운이 좋았던 것 같습니다.

일은 제법 체력을 필요로 했지만 원래 몸을 움직이는 건 좋아했고 별로 힘들다고 느끼지는 않았어요. 하지만 접객 업무를 좋아한다고 할 수는 없었기 때문에 처음에는 "어서 오십시오"라는 말도 너무 창피했어요. 손님이 말을 걸면 어떡하지 하면서 긴장하기도 했습니다. 하지만 시간이 지나면서 익숙해지더군요. 손님이 "고마워요"하고 감사의 말을 건넬 때면 직장이 마음 편한 곳이 되는 거예요.

제가 사실 상품 진열을 좋아해요. 매장의 선반에 어떤 상품을 진열할지는 거의 정해져 있는 경우가 많지만, 계절마다 기획에 맞춰서 특별한 진열을 할 때도 있거든요. 크리스마스나 밸런타인데이 같은 날에 그

선반에 어떤 물건을 진열하고 어떤 분위기로 꾸며서 손님을 사로잡을지 생각하는 게 재미있어요. 선반 진열에 딱히 정답이 있는 것도 아니고 당시 점장님께서 여러 가지 설명해 주셨는데 결국에는 어깨 너머로 이것저것 보고 배울 수밖에 없어요.

점장이 되고 난 후에는 신규 매장 지원을 가는 경우가 있는데 거기서 '매장 디자인의 프로' 같은 사원에게 한 소리 듣고 죄다 다시 만들어야 했죠. 그래도 굴하지 않고 다시 저만의 진열 디자인에 도전하고 있습니다(웃음).

이런 식으로 일을 하면서 겪는 실패가 셀 수 없이 많습니다.

계산대 안의 현금과 정산 금액이 맞지 않는다거나 기계 조작이 서투른 탓에 망가뜨리거나 너무 기다리게 한 나머지 손님이 화를 내신 적도 있고……. 초반에는 당시 점장님께서 많이 도와주셨어요.

또 그 점장님이 너무나도 좋은 분이시고 믿음이 가는 분이었어요. 무슨 문제가 발생했을 때 "뭐 하는 짓이야!"라고 화를 내는 스타일도 아니고 그렇다고 하나하나 트집을 잡는 분도 아니었죠. 모든 것을 "이건 내 책임이야" 하면서 받아들이셨고 우리 아르바이트생들의 이야기도 잘 들어 주시는 분이었어요. 상사가 이런 좋은 분이 아니라 이유 없이 화내는 스타일이었다면 전 이렇게까지 오래 일을 할 수 없었을 겁니다. '그만둘까' 하는 생각을 단 한 번도 한 적 없었어요.

역시 직장에는 존경할 수 있는 사람이 있어야 합니다. 잡 트레이닝에도 직원 오무라 씨, 아베 씨가 있어서 제가 버틸 수 있었어요. 신뢰할 수 있는 우수한 사람들과 함께 일할 수 있다는 기쁨은 잡 트레이닝을 통해서도 경험한 바 있습니다.

수없이 실패하지만 오래 끄는 스타일은 아니고 금방 잊어버리거든요. 그것도 장점이라고 할 수 있겠죠. 제 성격 중 가장 내세울 만한 부분이자 제일 안 좋은 부분이기도 해요. 중요한 걸 잊어버릴 때도 있거든요(웃음).

— 타가야 씨의 직장 이야기를 듣고 있자면 잡 트레이닝 시절에 배웠던 요소들이 자주 등장한다. "잡 트레이닝에서 배운 것이 너무 많아 셀 수조차 없다"는 타가야 씨에게, 예를 하나 들어 달라고 부탁했다.

점장이 되고 나서도 잡 트레이닝에서 배운 건 도움이 됩니다. 가장 도움이 된 것은 '지시하는 법'이에요. 제가 또 잡 트레이닝을 2년씩이나 받다 보니 후반에는 새로 들어온 수강생들에게 연수 내용을 가르쳐 줘야 했어요.

사실 이것도 오무라 씨에게 배운 것이지만 뭔가를 가르칠 때 항상 의식해야 하는 것은 '초등학생도 알아들을 수 있도록 지시하는 것'이에요. 잡 트레이닝 수강생 중에 일의 순서를 잘 외우지 못하는 사람도 있었는데요. 그런 사람들도 쉽게 외울 수 있도록 지시를 내리는 거죠. 너무 뭉뚱그려서 대충 가르치면 안 되고 너무 세세하게 가르쳐도 다 못 외우잖아요. 즉 '초등학생도 알아들을 수 있도록 지시를 해 주면서 가르치는 것'이 포인트예요.

그다음은 "잘 모르겠으면 몇 번이고 물어봐도 괜찮다"고 이야기해 주는 겁니다. 몇 번이고 같은 질문을 듣고 나면 "아까도 말해 줬잖아!" 하고 신경질이 나기 마련인데 오무라 씨는 그 누가 몇 번을 물어봐도 끝까지 몇 번이고 꼼꼼하게 설명해 주셨어요.

이러한 경험을 통해 저도 새로운 아르바이트생들에게 일을 가르쳐
줄 때는 오무라 씨처럼 해야겠다고 가슴에 새겨 두고 있죠.

함께 일을 하면
친구가 될 수 있다

— 인터뷰 중에 매장으로 전화가 한 통 왔다. 타가야 씨는 아르바이트
생의 문의 전화에 신속하고 정확하게 지시를 내렸다. 일을 즐기고 있는
것처럼 보였다. "무슨 문제가 생겼나요?"라고 묻자 "괜찮아요. 우리 아르
바이트생은 똘똘해서 오히려 제가 도움을 받는 걸요"라고 대답하며 웃
어 보였다.
즐거운 마음으로 일에 임하는 타가야 씨에게 '일을 한다는 것의 묘미'에
대해 물어보았다.

저는 사람들과의 소통을 어려워하는 편인데요, 함께 일을 함으로써
누군가와 친구가 될 수 있다는 점이 일의 참된 묘미인 것 같습니다. 가
령, 이런 얘기를 하면 안 되긴 하지만 상대하기 어려운 손님을 어떻게
대하면 좋을지 모두 함께 머리를 맞대고 생각하거나, 어떤 목표를 달성
하기 위해 어떻게 하면 좋을지 다 같이 생각하거나.
저 같은 경우에는 제가 먼저 화제를 꺼내서 적극적으로 소통을 유
도하는 타입은 아니거든요. 하지만 직장에서는 누군가가 먼저 이야기를
꺼내면 거기에 참여하면 되니까요. 아마 혼자만의 힘으로 시작하고 마
무리하는 일은 없을 거라고 생각해요. 일을 하다 보면 반드시 사람과 얽

히기 마련이니까요.

— 만약 대학을 중퇴하고 히키코모리가 되었을 때 어머니께서 잡 트레이닝에 데려가 주시지 않았다면 지금 타가야 씨는 뭘 하고 있을까요?

지금 돌이켜보면 '그때 어머니가 소다테아게넷에 가지 않았더라면' 하는 생각만으로도 식은땀이 흘러요. 아직도 계속 히키코모리였겠죠. 몇 년이고 그렇게 집에만 틀어박힌 채 시간은 점점 지나고 밖에 나갈 수조차 없는 상태가 되어 있었을 것 같아요. 제가 집에만 있었던 기간은 고작 반년이었지만 몇 년을 그렇게 틀어박혀 있었던 사람과 크게 다르지 않았을 겁니다.

지금은 부모님도 걱정을 놓으신 것 같아요. 대학 중퇴 시기의 이야기는 거의 꺼내지 않으시거든요. 오히려 지금은 "이렇게 일도 하고 참 잘됐지" 하고 말씀하시곤 하죠.

— 타가야 씨의 왼손 약지에는 결혼반지가 빛나고 있었다. 함께 아르바이트를 했던 여성과 1년간의 동거를 거쳐 작년에 결혼했다.

저는 원래 남들과 깊이 친해지지 못하기도 하고 여자를 대하는 것도 참 어색해하는데요. 그냥 잘 맞았던 것 같아요……. 제가 생각해도 용케 결혼했구나 싶습니다.

— 타가야 씨도 지금은 순조로운 인생을 걷고 있는 듯이 보이지만 딱

한 가지, 평생 후회할 것만 같은 일이 있다. 바로 대학 중퇴이다.

대학을 중퇴한 건 지금도 후회가 돼요. 대학 졸업장이 있었으면 또 다른 인생을 걸었을지도 모르죠. 생각이 모자랐던 거죠.

그래서 지금 대학 중퇴를 생각하는 누군가가 있다면 후회가 없도록 생각하라고 조언하고 싶어요. 저희 매장에도 대학 중퇴를 생각하는 아르바이트생이 있는데요, 그 친구한테 "물론 대학을 그만둬도 상관없지만 앞일을 생각해야 한다, 다른 목표가 있어서 대학을 그만두는 거라면 괜찮지만 딱히 하고 싶은 게 있는 게 아니라면 힘내서 계속 다녔으면 좋겠다"고 했죠.

그리고 저는 못 한 일이지만 다른 사람들과 상담을 해 보라고 이야기하고 싶어요. 여러 사람의 이야기를 들어 봐야 해요. 부모님과는 꼭 이야기를 나눠 볼 필요가 있어요. 경제적인 부분도 생각하면 부모님에 대한 예의로라도 우선은 말씀을 드려야 해요.

타가야 요스케 씨에게
'일한다는 것'은?

'다른 사람들과의 관계가 생기는 것'이라고 생각해요.

역시 돈이 전부가 아니에요. 물론 돈도 중요하지만 일을 하면서 다른 사람들과 관계가 생기고 나 자신이 존중받을 수 있어요.

제가 사적으로 친구들과 이야기를 나누지는 못하지만 일을 통해 사람들과 소통을 하게 되는 것 같아요.

3장

'일한다는 것'은 '이어지는 것'

요시카와 가오리(가명)

29세. 현재 아르바이트를 하면서
기업의 인턴으로 일하는 중이다.
대학을 졸업하자마자 취업했지만
1년 만에 퇴사하고,
그 후 1년간 아무 일도 하지 않았다.

아무 일도 없을 때 떠오르는
고교 시절의 아픈 기억

── 요시카와 가오리(가명, 29세) 씨는 고교 시절의 경험을 통해 인간관계가 무섭다는 생각을 했다. '나 따위 없어도 그만 아닌가' 하는 생각을 할 때가 있다고 한다.

여자애들은 보통 무리 지어서 몰려다니잖아요. 고등학교 때 사이가 좋았던 친구들에게 따돌림을 당한 적이 있었어요. 말을 걸면 대답도 없고 무시하고 그냥 지나치는 거예요. 내가 무슨 잘못을 했나 싶어서 용기를 내서 "나를 도대체 어떻게 생각하고 있니"라고 문자를 보냈더니 "아무렇게도 생각 안 해"라고 답이 오더라고요. 이건 내가 있어도 없어도 상관없다는 이야기구나 하는 생각을 하게 되었죠. 그 이후로 사람 사귀는 게 힘들고 누가 조금만 뭐라고 해도 '나 따위는 없는 게 나아' 하는 생각을 하곤 했어요.

사실 저는 고등학교를 두 군데 다녔어요. 한 번 학교를 그만두고 다른 고등학교로 편입을 했기 때문에 다른 친구들보다 1년 더 고등학교를 다닌 셈이죠.

대학교는 고등학교 때 경험했던, 사람에 대한 불신감 없이 무사히 졸업했고 바로 통신 서비스 중소기업에 취직했습니다. 그런데 그 회사를 1년 정도 다니고 그만뒀어요. 정시에 퇴근하는 날이 없는 회사였어요. 두세 시간 야근은 기본이고 11시까지 일할 때도 많았어요. 때로는 자정을 넘어서까지 일한 적도 있었습니다. 너무 힘들어서 이렇게 다닐 수는 없다는 생각에 그만뒀죠.

그만두기 한 달 전쯤부터 불안 증세가 좀 생겨서 병원을 다녔어요. 그리고 한 달 정도 휴직을 한 다음에 퇴직했는데 병원 진단에 따르면 사회불안장애라고 하더라고요. 한때는 아스퍼거 증후군(전반적 발달 장애의 한 유형)일지도 모른다는 생각에 전문 센터에 가 보기도 했는데 그건 아니라고 하셨어요.

— 요시카와 씨는 병원을 계속 다니며 이직을 목표로 자격증 공부를 시작했다.

이전 직장에서 1년밖에 일을 안 한 탓에 이직이 쉽지 않을 거라는 건 알고 있었어요. 그러면 자격증이라도 하나 따서 오래 일할 수 있는 곳을 찾아보자 하는 생각에 의료 사무 자격증을 따기로 했어요. 학원을 다니면서 자격증을 땄죠.

그런데 자격증이 있어도 취직은 어렵더라고요. 채용 정보에 '미경험자 가능'이라고 쓰여 있어도 경험자가 우대를 받기 마련이죠. 그리고 사실 그건 어쩔 수 없는 것 같아요. 2개월 동안 열 군데 가까이 지원했어요. 계속 떨어지니까 대학 시절에 크게 느끼지 못했던, 사람에 대한 불신감이 다시 살아나는 거예요. 고등학교 때를 떠올리며 마음고생도 했죠.

힘들게 취직한 병원 아르바이트도 2개월 만에 잘렸어요. 아마 병원 측에 사정이 있었던 것 같은데 "이제 안 오셔도 됩니다"라고 하더군요.

그 후로 저도 병원을 다니면서 집 안에만 틀어박히는 생활을 하게 되었죠. 집과 병원만 오가는 일상을 보내면서 '이렇게 살아도 되는 걸까'라는 생각을 했어요. 집에 있으면 누워만 있고 잠만 자는 거예요. 마침 그 시기에 어머니께서 입원을 하시는 바람에 이렇게 살다가는 체력도 바닥나서 정작 중요한 시기에 움직이지도 못하면 어쩌나 하는 생각이 들었어요.

게다가 아무것도 안 하고 있으려니 고교 시절이 계속 떠오르면서 마음이 아팠어요. 그래서 일을 하고 싶다는 생각을 했죠.

—— 그런 고민을 품고 있던 요시카와 씨는 병원에서 청년들을 지원해 주는 단체가 있다는 이야기를 듣게 된다. 부모님이 여러 가지를 알아봐 주신 끝에 나온 곳이 소다테아게넷이었다.

부모님이 여러 가지를 알아봐 주신 곳 중에서 가장 가까운 곳이 소다테아게넷이었어요. 그래서 거기에 견학을 가보기로 했어요.

더 먼 미래를 위해
천천히 배워 나가다

── 요시카와 씨가 견학을 간 곳은 소다테아게넷 본부 다치카와에서 운영하는 프렙PREP (Preparation for Relationship & Employability Program, 청년 사회 참가 준비 지원 프로그램)이었다. 프렙은 잡 트레이닝처럼 취업 기초 훈련에 해당하는 연수를 하는 것이 아니다. 오히려 그 준비 단계로서 생활 습관을 개선하고 의사소통이 원활하게 이루어지도록 연습할 수 있는 '쉼터' 역할을 한다.

견학을 가 보고 알게 된 건 프렙이 가고 싶을 때 가면 되고, 하고 싶은 걸 하면 되고, 다 같이 힘을 모아 활동할 때도 있지만 참가하기 싫으면 하지 않아도 되는, 아주 자유로운 곳이라는 것이었어요. 이 자유로움이 저와 잘 맞았어요.

처음에는 집에서 늘어져만 있으면 건강에 좋지 않고 체력이 떨어질 거라는 생각만 했는데 저에게는 집과 병원이 아닌 또 다른 '갈 곳'이 필요했던 건지도 몰라요. 도서관에라도 가 볼까 했는데 혼자서 어딜 간다는 게 쉬운 일은 아니더라고요.

처음에는 일주일에 몇 번 오전 중에 가서 다 같이 요리도 하고 먹고 집에 돌아오는 식이었어요. 아침에 일어나기가 힘들고 만원 전철을 타는 게 너무 힘들어서 오전에 가는 빈도가 줄어들기는 했지만 재미도 느꼈기 때문에 계속 다니기는 했어요. 마음도 편했죠. 지금 생각해 보면 딱히 뭘 하는 것도 아닌데 즐거워했던 게 신기해요.

프렙에 가게 되었을 때도 인간관계에 대한 두려움은 남아 있어서 사람들 틈에 억지로 끼려고 하지는 않았어요. 사람들과 잘 지내라고 강요하는 것도 아니고 그저 개개인이 하고 싶은 걸 하면 된다는 분위기였기 때문에 부담이 없었어요.

프렙이 도쿄에서 시행하는 사업 중 하나였는데 그 사업이 종료되면서 다닐 곳이 사라지는 바람에(지금은 형태를 바꾸어 계속되고 있다) 실망감이 컸어요. 1년 정도 다니면서 애착도 생겼고 다음에는 어디를 가야 하나 고민도 했죠.

그때 소다테아게넷과는 다른 단체에 견학을 간 적이 있어요. 분위기만 보면 잡 트레이닝 연수와 프렙의 '장소' 기능을 더해서 반으로 나눈 것 같은 성격의 단체였는데 내용은 좋았지만 지하철을 타고 내려서 버스로 15분 정도 가야 하는 곳이었어요. 이 거리를 다니긴 힘들겠다 싶어 마음을 접었죠.

그래서 잡 트레이닝으로 옮겨가 보자 생각했어요. 그동안 조금 익숙해진 것도 있고 저를 잘 아시는 직원분들도 있었거든요. 그래서 프렙이 종료된 후 잡 트레이닝에 참가하게 되었습니다.

여러 가지 일을 체험한 만큼
직업 선택의 폭이 넓어지다

잡 트레이닝에는 체력이 필요한 일도 있는데 직원분이 알아서 담당 분야를 배정해 주기 때문에 힘든 일을 한 적은 없어요. '안 되는 걸 하게 한다기보다는 할 수 있는 일을 한다'는 방침이었죠. 그래도 청소도 했고 신문에 전단지를 끼워 넣는 작업도 했어요. 제가 아토피성 피부염이 있어서 청소 작업 중에 못 하는 부분이 있었는데 직원분과 친구들이 "내가 대신 해 줄게" 하고 나서 주시니 너무 고마웠어요. 안테나 매장에서 판매 업무도 해 보고 연고가 있는 회사에서 PC 업무도 잠시 하고……. 여러 가지를 경험했어요.

잡 트레이닝은 프렙과는 다르게 해야만 하는 일이 있어요. 그래도 그게 고통으로 느껴지지는 않았죠. 직원분이 친절하게 어떻게 하면 되는지 다 가르쳐 주셨기 때문에 헤맬 일도 없었어요.

사람에 대한 두려움도 일을 시작하면 일단 뭉쳐 있을 일이 없으니까 굳이 대화를 나눌 필요가 없었죠. 다들 일을 어디까지 진행했는지 주변을 체크하고 속도가 느린 사람이 있으면 가서 도와주곤 했어요. 그래도 직원분이 안 계실 때는 제가 나서서 해야만 한다는 게 힘들었죠.

예를 들자면 어떤 회사에 인턴으로 가서 자료 입력 업무를 한 적이 있는데 가끔 혼자서 가야 할 때도 있었어요. 직원분이 같이 계시면 그 회사 사람들에게 적극적으로 말도 걸어 주고 하니까 저도 옆에서 듣고 있기만 하면 되는데, 혼자 있을 때는 제가 나서서 말을 꺼내지 않으면 일이 진척이 안 되는 거예요. 뭐 하라는 말씀을 안 하시니까 가만히 있으면 그냥 앉아만 있는 사람이 되는데 "이제 뭘 할까요?" 하고 물어보는 게 좀 어려웠어요.

게다가 일을 잠시 쉬었던 시기가 있다 보니 저의 비즈니스 매너가 맞는지 틀리는지 자신이 없었어요. 특히 경어 사용 같은 경우에는 제대로 하고 있는 건지 많이 불안했어요.

회사 측에서도 잡 트레이닝 연수생이다 보니 너그럽게 봐주셨던 것 같아요. 하지만 제가 앞으로 사회에 나가서도 그럴 수는 없는 만큼 정신 차려야겠다고 생각했죠.

이제 진짜 일자리를 알아봐야겠다 싶었던 건 잡 트레이닝을 다니고

10개월 정도 지났을 때였어요.

'일한다'는 것에 대해, 일을 잘할지 못할지 불안하기보다도 사람들 속에서 융화가 될지 안 될지가 더 불안했어요. 그리고 그 불안보다 더 큰 것이 '일을 해야만 한다'는 조바심이었죠.

제가 잡 트레이닝을 다니는 동안 아버지께서 정년을 맞이하셨고 어머니는 건강이 나빠지셨어요. 부모님이 평생 일을 하실 수 있는 것도 아니고 영원히 사실 것도 아니니 나도 알아서 살 길을 찾아야 하지 않을까 하는 조바심이 컸어요. 금전적으로 위험한 상황은 아니었지만 '자립을 해야만 해', '여러 가지로 불안한 요소는 많지만 그래도 반드시 일을 찾아야 해'라고 강하게 생각했어요.

일을 찾게 되면서 제 시야가 넓어진 게 느껴졌어요. 예전에는 '이 일을 하자'고 결정하면 그 이외의 것들은 눈에 들어오지 않았거든요. 의료 사무직이라고 결정하면 다른 일은 찾아보지도 않는 거죠.

그래도 잡 트레이닝에서 여러 가지 일을 경험하고 나니 '세상에는 정말 많은 직업이 있다'라는 당연한 이야기가 그제야 받아들여지는 거예요. 일을 찾는 것도 직종은 뭐라도 상관없다는 생각이 들었어요. 오히려 집에서 가깝고 다니기 쉬운 나만의 '직업 조건'을 최우선으로 일을 찾았죠.

처음으로 일을 하게 된 건 한 달짜리 아르바이트였어요. 단기 아르바이트였기 때문에 일을 하면서 다음 일을 찾다가 100엔 숍 모집 공고를 보게 되었죠. 오픈 멤버를 모집하는데, 모두가 처음부터 시작한다는 부분이 좋았던 것 같아요. 그곳에서 2년 정도 일을 하게 되었어요.

'서로 돕는 것'이
자연스러운 근무 환경에 감사

이 100엔 숍은 오피스 밀집 지역에 위치한 탓에 좀 특수한 매장이에요. 20~30개씩 구매하시는 손님이 많아서 물건이 금방 떨어지거든요. 저는 문구 담당이었는데 특히 한꺼번에 많이 사 가는 손님이 많아요. 재고가 없으면 다른 상품으로 채워 넣기도 하고, 크기가 작은 상품이 많아서 눈에 잘 띄도록 진열대를 만들기도 하고, 여러 가지를 스스로 생각해서 움직여야 했어요.

손님께 "고마워요"라는 말을 들었을 때 보람을 느꼈어요. 100엔 숍에는 몇만 종류의 상품이 있잖아요. 그중에서 손님이 원하는 상품을 찾아내서 "고맙다"는 말을 듣는 건 판매직에게 있어서는 최고의 칭찬이 아닐까요.

점장님이 안 계실 때는 모두가 아이디어를 내서 계절마다 진열대를 제작하거나 디자인을 생각하곤 해요. 우리에게 맡겨진 일이라는 책임감도 있었고 부담감도 있었지만 보이지 않는 부분까지 노력해서 결국 손님에게 고맙다는 말을 듣게 되면 일의 보람을 느낄 수밖에요.

처음에는 인간관계에 불안함을 느끼기도 했어요. 초반에는 직원들이랑 마주치기만 해도 긴장이 되더라고요. 직원이 40~50대의 분도 계시고, 주부가 많았어요.

다들 너무 좋으신 분들이었어요. 직원이 넉넉한 편은 아닌 상황에서 매장을 다 관리해야 하기 때문에 서로 돕는 게 자연스러운 일이었어요. 다른 매장 이야기를 들어 보면 '무서운 고참'이 있다고들 하는데 우리는 그런 위압적인 사람이 단 한 명도 없었어요. 진짜 좋은 분들뿐이었어요.

근무 초반에 한 직원분이 임신을 하신 거예요. 임산부에게 힘쓰는 일을 시킬 수는 없잖아요. 그래도 그만두라고 하지는 않아요. 모두가 그분의 몫까지 자연스럽게 도와주곤 했어요. 그분이 사다리에 올라가려고 하면 "위험하니까 제가 할게요" 하고 꼭 누군가는 나서서 도와줬어요. 그렇게 도와주는 게 지극히 당연하고 자연스러운 직장이었기 때문에 내가 큰 복을 받았구나 싶었어요.

사실 이 매장은 아주 최근에 폐점했어요. 경영 상황이 좋지 않았죠. 지금은 다른 100엔 숍에서 근무하고 있어요. 예전에 같이 일했던 직원분도 이곳으로 옮겼는데 잘 아는 사람들과 함께 일을 할 수 있다는 게 얼마나 큰 행운인가 싶어요.

도전할 기회가 있다면
놓치고 싶지 않다

— 요시카와 씨는 수료 이후에도 소다테아게넷에서 상담을 받아 현재 사무직 인턴에 도전하고자 하고 있다. 지금 하는 일을 지속하면서 인턴을 할 수 있을지 고민 중이라고 한다.

일을 찾을 때부터 사실 사무직을 하고 싶었어요. 그런데 경험이 없으면 아무래도 어렵더라고요. 채용 정보는 전부 '경험자 우대'뿐이에요. 100엔 숍에서 즐겁게 일하긴 했지만 일하던 매장이 한 번 문을 닫고 나니 미래가 걱정되더라고요.

그래서 작년 송년회 때 직원분과 상담을 했어요. 매년 잡 트레이닝 연수생과 OB, 직원, 관계자분들이 모이면 제법 대규모의 송년회가 되거든요. 저는 잡 트레이닝을 수료하고 나서도 본부에 놀러 갈 때가 있는데 송년회 같은 행사에는 한 번도 간 적이 없었어요. 그런데 송년회 초대장이 왔을 때 부모님이 "모처럼인데 한 번 가 보면 어떻겠느냐"고 하시는 말씀에 그냥 한 번 가 보게 된 거예요. 잡 트레이닝 연수생과 직원들이 이벤트로 여장을 하기도 하고 개인기를 선보이기도 하고 너무 재미있게 놀았어요.

그때 100엔 숍이 폐점했다는 이야기와 사무직에 도전해 보고 싶다는 이야기를 직원분에게 했죠. 그랬더니 '인턴을 신청할 수 있는 회사가 있을 것 같다'고 하시더라고요. 이후에 회사 두 군데를 소개 받았어요.

그런데 지금 하는 일을 하면서 인턴을 할 수 있을지 걱정이 돼요. 어떤 일이 적성에 맞는지 감이 안 오는 것도 걱정이고요. 앞으로 잘해 나갈 수 있을까, 과연 이게 나에게 맞는 일일까……. 그런 부분도 상담을 받으려고 생각 중이에요.

그래도 도전할 기회가 있다면 놓치고 싶지 않아요. 저도 고집이 있는 편이라 한 번 하겠다고 결정한 일은 해내고 말거든요. 이 고집이 오히려 저의 지원 직종을 한정하는 부작용도 있지만요(웃음).

첫 한 걸음은 무섭지만
그다음부터는 쉬워진다

—— 졸업 이후 바로 취직한 회사를 그만둔 뒤 프렙에 다니기까지의 약 1

년이라는 시간 동안 부모님은 항상 따뜻하게 요시카와 씨를 지켜봐 주셨다.

저에게 부담을 주신 적은 한 번도 없었지만 부모님도 아마 '이 아이가 이대로 괜찮을까' 하는 생각을 하셨을 거예요. 이게 병이라는 걸 알았을 때도 그 부분을 굳이 언급하지 않으셨어요.

그저 제 병을 치료해 줄 만한 병원을 찾아 주시고 소다테아게넷과 같은 지원 단체를 찾아 주셨죠. 처음 소다네아게넷을 방문할 때도 부모님께서 함께 와 주셨어요. 그게 얼마나 마음이 든든한지 몰라요. '혼자가 아니다'라는 생각만으로도 불안감이 가라앉거든요.

부모님께는 지나칠 정도로 많은 것을 받아 왔어요.

저는 고등학교도 두 군데나 다니고 취직한 회사를 관두고 그렇게 항상 멀리 돌아왔기 때문에 부모님께 죄송하다는 마음이 참 커요.

그래도 이 죄송한 마음을 직접적으로 표현하기는 어려워요. 부모님 앞에서는 "죄송해요"라는 소리를 절대 안 하죠. 부모님이 애써 지원 단체를 찾아 주셨을 때도 저는 무슨 뒤늦은 반항기를 맞이한 것마냥 "그만 좀 해!", "그런 데를 내가 왜 가!" 하고 소리나 빽빽 질렀죠.

제가 아무리 못되게 굴어도 부모님은 "이런 곳이 있더라", "함께 가보지 않겠니", "같이 가 보자"라고 계속해서 권유해 주셨어요. 도전해 보자고, 일을 해 보자고, 부모님이 앞장서 주셨기 때문에 저도 움직일 수가 있었어요.

만약 이 이야기를 읽고 있는 저와 비슷한 처지의 사람이 있다면 저는 "지금 아니면 언제 할래!"라고 외치고 싶어요(웃음).

한 발을 내딛는다는 건 너무 무서운 일이에요. 그 기회를 놓치게 되면 다음에는 없을지도 몰라요. 하자고 마음먹었다면 견딜 수 없이 무서워도 한 발을 내디뎌야 해요. 한 번만 해 보고 나면 그다음부터는 굉장히 쉬워져요. 그리고 내가 할 수 있는 일과 할 수 없는 일을 구분할 수 있게 될 거예요.

저도 처음으로 프렙에 가기로 한 전날에는 긴장감에 어쩔 줄을 몰랐어요. 처음 일주일 동안은 긴장과 불안으로 가득했지만 한 달이 지나고 나니 익숙해져서 "가 볼까!" 하고 가벼운 기분이 되더라고요. 첫걸음의 두려움을 잘 알고 있는 만큼 그 걸음이 시작되지 않으면 아무것도 변하지 않는다는 이야기를 해 주고 싶어요.

만약 프렙에 가지 않았다면 지금의 저는 없을 거예요. 그대로 집에서 아무것도 하지 않는 일상을 보냈겠죠. 제가 직업소개소에서 일을 찾고 있을 줄 누가 알았겠어요. 그저 집에만 처박혀 있었겠죠.

요시카와 가오리 씨에게
'일한다는 것'은?

음. 어려운 질문이네요.

'일한다는 것'은 '이어지는 것' 같아요.

특히나 판매 및 접객 업종에 종사하기 때문에 그렇게 느끼는 건지도 모르지만, 직원 모두가 이어져 있는 것뿐만 아니라 잘 모르는 손님이라도 매장을 통해 이어질 수 있다고 봐요. 우리가 손님의 시선으로는 보이지 않는 노력을 거듭함으로써 손님이 물건을 구매해 주시고 매장을

또 방문해 주시게끔……. 이 매장은 그렇게 움직이거든요. 직원 모두와,
또 손님과도 이어지게끔 하는 게 중요한 것 같아요.

제가 처음에 일했던 매장은 옛 오피스 밀집 지역에 있어서 연세가
있으신 분들이 많이 찾아오셨어요. 온갖 세상 돌아가는 이야기를 다 하
시는 손님도 계시고 클레임을 거는 손님도 있었죠.

신뢰하는 직원들과 서로 도와 가며 매장을 운영하고, 손님과의 거리
가 가까웠기 때문에 우리도 손님을 더 이해하며 일할 수 있었고 손님도 우
리를 믿어 주셨던 거죠. 정말 행복하고 감사한 환경이었다고 생각해요.

〔취재 후기〕

요시카와 씨는 지금까지 일했던 100엔 숍에서 일을 하며 소다테아게넷이 소
개한 회사에서 인턴을 시작하게 되었다. 앞으로는 정규직을 목표로 취업 활동을 지
속할 예정이라고 한다. 다음 도전을 향해 요시카와 씨는 걸음을 멈추지 않고 있다.

4장

'일한다는 것'은
'생활의 일부'

하야시 야스유키(가명)

30세. 현재 편의점에서 일하고 있다.
전문학교를 중퇴한 후
2년 동안 집 안에만 틀어박힌
생활을 하며 보냈다.

'세상 밖으로'라는 벽이
눈앞을 가로막고 있었다

—— 하야시 야스유키(가명, 30세) 씨는 현재 편의점에서 일하고 있다. 전문학교를 중퇴한 후 집 안에만 틀어박혀 있었다.

히키코모리 생활을 했던 건 전문학교를 중퇴하고 한 2~3년 동안이었어요. 전문학교를 그만둘 때쯤에는 부모님께서 더 필사적으로 악을 쓰셨는데(웃음), 저로서는 이미 의욕을 완전히 상실한 상태였기 때문에 부모님의 말씀을 듣는 시늉이야 했지만 그 내용에는 전혀 귀를 기울이지 않았어요.

제가 집 안에 틀어박힌 이후 부모님은 '히키코모리 자녀를 둔 부모들의 모임'에 다니기 시작하셨던 모양이에요. 그때부터 저에게 잔소리도 별로 안 하셨어요. 중고등학교 때부터 부모님과 대화를 많이 주고받는 편은 아니었거든요.

한 번은 부모님께서 그 모임에 저를 데려가셨어요. 본 모임의 부수적 모임이었는데, 다른 사람들도 자녀를 데리고 참여해 그룹 형태로 전문가와 이야기를 나누는 것이었죠. 하지만 오래가지는 못했어요. 저는 '부모님에게 억지로 끌려갔다'고 생각했으니 오래갈 리가 없었죠. 남 얘기를 할 입장은 아니지만 그곳에 온 사람들도 딱히 대화 능력이 있는 게 아니었기 때문에 대화가 성립되지 못했죠. 그런 사람들을 보면서 '내가 저 정도는 아닐 거야'라는 생각을 한 적도 있어요.

제가 그런 상황이라는 걸 부모님이 친척분께 이야기했던 것 같아요. 보다 못한 친척분이 아주 단순한 작업을 맡기신 적이 있어요.

아파트 관리를 하시는 친척을 도와 일주일에 한 번 사무 작업이나 청소, 잡일을 하기도 하고 요양원에 들어가 계신 친척분의 말 상대가 되어 드리기도 했죠. 용돈으로 쓸 만큼의 급여도 받았고, 그때는 딱히 싫다는 생각도 없이 일단 부탁 받은 일이니까 한다는 느낌이었어요.

저는 아마 그냥 밖으로 나가고 싶었던 것 같아요.

일을 할 마음이 없었던 게 아니라 일을 할 계기가 없었던 겁니다. 일을 하는 것도 좋지만 '세상 밖으로' 나가야 한다는 벽이 제 앞을 가로막고 있었던 게 아닐까 싶어요. 친척분 일을 조금 도와드리는 정도밖에 한 적이 없었기 때문에, 아무것도 모르는 곳에 발을 내딛는 것에 대한 공포도 있었고 혼자의 힘으로는 계기를 찾기가 너무나도 어려운, 그런 상황이었죠.

어느 날 부모님이 "같이 가 보고 싶은 곳이 있다"고 하셔서 갔던 곳이 바로 소다테아게넷이었어요. "이런 곳이 있으니 가 보렴"이라고는 안 하시더군요(웃음). 어딜 가는지도 모르고 일단 쫓아가 보니 직원분이 나와서 느닷없이 면담을 시작하더라고요(웃음). 원래 부모님께서는 소다테아게넷에서 여러 가지 상담을 받으셨던 모양이에요. 근데 저는 그런 걸 몰랐으니까 너무 갑작스러웠죠.

제가 어찌할 줄 모르고 있는 걸 보고 직원분이 여러 가지 배려도 해주신 덕분에 '한 번 흘러가는 대로 맡겨 볼까' 하는 생각이 들었죠. 그렇게 잡 트레이닝을 다니게 되었습니다.

'평범한' 직장이
너무나도 무섭다

── '흘러가는 대로' 잡 트레이닝에 다니게 된 하야시 씨는 도중에 포기하지 않고 성실하게 임했다. 잡 트레이닝 프로그램에도 금방 익숙해졌다.

잡 트레이닝에 다니는 게 쉽지는 않았어요. 집에서 소다테아게넷이 있는 다치카와까지는 거리로 보면 그렇게 멀지는 않지만 전철을 갈아타는 게 복잡해서 결국은 한 시간 정도 걸렸어요. 매일 한 시간씩 들여 가며 어떻게 다녔는지 모르겠어요. 지금 생각해도 신기해요(웃음). 처음에는 컨디션이 안 좋아 쉰 적도 많았는데요, 2년 정도 다니다 보니 어느 틈엔가 그게 습관이 되었는지도 모르겠네요.

잡 트레이닝이 처음에는 낯설고 힘도 들고 했는데 저에게 잘 맞는 부분이 있었던 것인지 그렇게 싫지만은 않았어요. 게다가 직원분이 하나하나 섬세하게 뭐가 하고 싶은지, 뭐가 하기 싫은지를 물어봐 주고 제가 활동하기 편한 환경으로 만들어 준 덕분에 불안감이나 공포감은 없었어요. 그런데 신문에 전단지 끼우기 작업 같은 경우에는, 잘하는 사람과 못하는 사람의 차이가 확연해서 잘하는 사람은 계속 그 작업만 시키는 경우가 있어요. 저는 잘하는 편이어서 막판에는 거의 신문 작업만 했던 것 같아요. 그래도 그게 싫은 건 아니었고요. 믿고 맡겨 주시는 거니까 즐겁게 했죠(웃음).

깊은 인상을 받은 건 농가 일손 돕기예요. 잡초 뽑기나 채소 수확 등의 작업을 하는데 농업은 제가 평소에 접할 일이 없으니까 더 재미있게 했던 기억이 있어요. 가끔 하는 거라 재미있었는지도 모르죠.

사실 제가 전문학교를 포기한 이유는 인간관계 때문이었어요. 그래서 인간관계가 깊이 형성되어 있는 곳은 되도록 가고 싶지 않았어요. 그래서 저는 '평범한 직장'이 너무나도 무서웠어요. 왜냐하면 직장이란 곳이 원래 '인간관계의 결정체'라는 느낌이 있잖아요?

신기하게도 잡 트레이닝에 다니면서 '평범한 직장의 무서움'이 잊히는 것 같았어요. 그때까지 잘 알지도 못하면서 불안감만 증폭시켰던 거죠. 일을 하려면 어떻게 해야 하는지 차츰 알게 된 것이 중요했던 것 같아요. 일을 어떻게 찾으면 되는지, 면접에서는 어떻게 대답하면 되는지 다 가르쳐 주셨거든요.

다른 친구들의 영향도 있었을 거예요. 잡 트레이닝에서 "누구누구씨는 오늘 면접 보러 갔대"라는 이야기를 자주 듣는데, 누가 면접을 보러 가거나 취직을 하는 게 일상적인 곳이기 때문에 일에 대한 낯선 느낌이 해소된 거겠죠.

잡 트레이닝을 통해
'어떻게든 된다'는 걸 배웠다

— 하야시 씨는 잡 트레이닝에 참여하면서 '일하는 것'에 대한 공포가 사라졌고 '나도 이제 일을 해 보자'라고 결심했다.

잡트레이닝에 다닌 지 2년이 되어 가는 시점에 일을 해야겠다는 의식이 생겼어요. 직원분이 "이제 슬슬 지원해 보면 어때요?"라는 이야기를 했기 때문인지 사실 어떤 계기로 '일을 하자'는 생각을 했는지는 잘 기억나지 않습니다.

딱히 희망하는 직종이 있었던 건 아니에요. 한 번에 정사원이 되는 건 어려울 거라고 생각했기 때문에 처음에는 아르바이트부터 시작해 보자 하는 마음은 있었죠.

지금도 같은 일을 하고 있는데, 처음에 하게 된 건 슈퍼마켓의 상품 진열 아르바이트였어요. 일은 역시 쉽지 않았어요. "좀 더 빠릿빠릿하게 해야지!"라고 혼난 적도 몇 번인가 있고 그 때문에 낙담한 일도 있었죠. 접객 업무이다 보니 가끔 손님이 "고마워요"라고 하실 때가 있는데 그게 너무 기쁘더라고요. 물론 말도 안 되는 일로 손님한테 트집을 잡혀서 힘들었던 적도 있어요(웃음).

처음에는 정말 파트타임 아르바이트였는데 점점 근무시간도 늘려 갔고 결국엔 하루 일곱 시간씩 주 5일 일하게 되었어요. 거의 풀타임이었죠. 그렇게 천천히 일을 배워 가면서 적응을 해 간 게 도움이 되었던 것 같아요.

제가 담당했던 건 채소 진열이었어요. 채소를 그냥 가져와서 늘어놓으면 될 것 같지만 사실 여러 가지 요령이 있어요. 예를 들면 양배추 잎이 더러운 부분이 있다고 해서 그걸 막 뜯으면 안 되고요, 잎 안쪽의

뿌리 부분부터 칼로 잘라 내야 됩니다. 채소마다 다루는 방법이 다 다르고 진열 방법에도 포인트가 있기 때문에 그걸 일일이 기억하는 게 쉽지 않았죠.

가끔 잡 트레이닝에서 배웠던 걸 떠올릴 때가 있어요. 일 순서를 정할 때 몇 시까지는 이걸 정리하고 다음에는 이걸 하자고 다 같이 확인을 하곤 했죠. 분담을 통해 시간 안에 일을 끝내도록 서로 돕는 거예요.

잡 트레이닝에서 배운 것이 일에 직접적인 도움을 줬다고 하긴 어렵지만 실제로 일을 하면서 '아, 잡 트레이닝에서도 이렇게 했었지'라는 생각이 들더라고요. 잡 트레이닝에서 여러 가지 활동을 해 보았던 게 도움이 되는 것 같아요. 뭐든지 익숙하지 않을 때는 혼날 때도 있지만 '요령만 알면 잘 할 수 있을 거야'라고 생각하게 된 건 잡 트레이닝의 경험이 있기 때문이죠. '잘 배우면 어떻게든 된다'고 생각해요. 혼났을 때도 필요 이상으로 영향을 받지 않고 마음을 다스렸던 것 같아요.

—— 슈퍼마켓에서 3년 동안 아르바이트를 했는데 그 슈퍼마켓이 대기업에 인수되면서 문을 닫게 되었다. 하지만 하야시 씨는 그 동안의 노력을 인정받아 인수 회사인 편의점으로부터 고용 제의를 받았다.

새 직장에 가면서 일은 더 바빠졌어요. 상품 진열뿐 아니라 접객도 해야 하고 계산도 해야 했죠. 배워야 할 게 늘어났고 도맡아서 해야 할 일이 산더미 같았어요.

일을 15분마다 하나씩 끝내야지 생각했었는데 그걸 하면서 접객도 하고 계산대도 맡다 보니 15분으로는 도저히 해결이 안 되는 겁니다.

게다가 예전처럼 매일 같은 시간대에 일하는 게 아니라 날짜에 따라 투입되는 시간대가 달라지는 바람에 오전에 두 시간 일하고 네 시간 쉬었다가 오후에 다섯 시간 일하는 식으로 하루의 근무시간이 띄엄띄엄 생기는 거예요. 이게 체력적으로 굉장히 힘들더라고요.

지금은 여기서 일을 계속해야 할지 고민 중이에요. 다시 소다테아게넷에 상담을 받으러 가려고 생각 중이에요.

—— 소다테아게넷은 '일을 지속할 수 있도록' 지원한다. 그렇기 때문에 잡 트레이닝을 수료하고 난 이후에도 지원이 이어진다. '이직하고 싶다'는 사람이 있으면 회사 견학 등의 프로그램에 초청하고, '지금 회사에 확신이 없다'는 사람이 있으면 상담을 진행한다.

제가 일을 시작하니 부모님도 어느 정도 마음이 놓이셨을 거예요. 예전에는 서로 대화도 별로 없었는데 요새는 어느 정도 하게 되었어요. 중고등학생 때도 학교에서 있었던 일을 이야기하거나 그런 건 없었는데 요새는 오늘 가게에 어떤 손님이 왔었는데 어땠다는 이야길 하기도 해요.

그래도 부모님은 "일은 아무쪼록 열심히 해야 한다!" 이런 말씀을 하세요(웃음). 저는 열심히 하고 있는데 부모님 입장에서 '열심히 한다'는 건 '정사원이 된다'는 거겠죠. 부모님 세대에서 본다면 정사원이 아니면 맘이 편치 않을 거예요.

저도 솔직히 말하자면 정사원이 됐으면 좋겠죠. 하지만 체력이 따라줄지 걱정이에요. 요새 정사원들은 장시간 업무를 종용당하는 경우가 많잖아요. 제가 그렇게 건강한 편이 아니라 지금 아르바이트만 해도 너무 힘든데 정사원이 되면 과연 버틸 수 있을지 걱정이에요.

—— 일을 시작하기 전과 후, 무엇이 가장 달라졌을까?

일을 하고 나서 가장 많이 달라진 건 생활 습관이 아닐까요. 물론 잡 트레이닝도 꾸준히 다녔지만 잡 트레이닝은 일과는 좀 다르니까 아무래 도 좀 느슨하게 생각할 때가 있어요. '아, 머리가 좀 아픈데' 싶으면 쉬기 도 했죠. 하지만 지금 그렇게는 못 하니까요. 정말 아파서 출근을 못 할 것 같을 때만 쉽니다.

오늘 제가 마스크를 하고 일을 했는데요, 감기에 걸려서가 아니고 감기가 유행한다고 하니까 예방하려고 한 거죠. 만약 감기에 걸리면 큰 일이잖아요. 아무래도 '돈을 받는다'는 책임감 같은 게 있죠. 일을 하고 처음으로 '컨디션 관리가 중요하다'는 것을 깨달았어요.

금전적인 면에서도 많이 바뀌었죠. 자유롭게 쓸 수 있는 돈이 들어 오는 게 커요. 취미 생활을 위한 컴퓨터도 사고 부모님께 식비로 매달 만 엔씩 드리고 만 엔씩 저축도 하고 있어요.

'일이니까' 이성적으로
생각하는 인간관계

제가 슈퍼마켓에서 오래 일할 수 있었던 건 인간관계가 원만했기 때문이라고 봅니다. 저는 일의 내용보다도 직장 사람들이 더 중요한 것 같아요. 예전에는 '직장은 인간관계의 결정체'라고 두려워하기만 했지만 여기에는 좋은 사람들만 있었어요. 처음에는 혼나기도 했지만 익숙해지고 나니 절 믿어 주시기도 하고 일도 맡겨 주시고 했죠. 너무 감사했고 기뻤어요.

저는 원래 남들 눈치를 많이 살피는 편이에요. 제 성격 탓이지만 누군가 아무 생각 없이 내뱉은 한마디를 너무 깊게 생각하면서 그 사람의 생각에 맞춰서 행동하려는 부분이 있어요.

학창 시절을 예로 들면 진지하게 임해야 할 순간에 장난을 치는 친구가 있어도 '그러지 말고 똑바로 하자'는 말을 못 하는 겁니다. 그러면서 '내가 제지하지 못했다'는 게 참 싫어요. 올바른 일을 하자고 하고 싶은데 그걸 못 하는 나 자신에게 실망하는 거죠. 어쩌면 '미움 받기 싫다'는 마음이 다른 사람들보다 큰 건지도 모르겠어요. 전문학교 시절에는 제가 그러는 게 너무 싫어서 학교를 그만둬 버렸죠.

하지만 일이라고 생각하면 그런 게 크게 와 닿지 않더라고요. 일을 하는 데 필요한 것은 꼭 해야만 하니까 다른 사람이 어떻게 생각하든 간에 말을 해야 했죠. '일이니까' 이성적으로 판단할 수가 있어요.

게다가 예전에는 제가 흥미가 없는 화제에도 끼어서 이야기를 나눠야 할 것 같았는데 지금은 그런 것도 전혀 신경 안 써요. 굳이 수다에 끼지 않아도 괜찮은 거예요. 깊은 이야기를 나누지 않아도 일은 가능하니까 마음이 참 편하더라고요.

물론 일하면서 사람들과 수다도 떨죠. 제가 먼저 화제를 꺼내는 건 어렵긴 하지만, 파트타임으로 일하시는 주부들이 많다 보니 날씨 이야기라도 하면 순간순간 대화는 이어지니까 너무 편하고 좋아요(웃음).

하야시 야스유키 씨에게
'일한다는 것'은?

'생활의 일부'죠. 저는 집에만 계속 있어도 건강을 해치는 타입이에요. 조금이라도 움직여야 하죠. 물론 일을 할 때는 '아, 빨리 쉬고 싶다'는 생각도 하지만 계속 쉬고만 있으면 컨디션이 나빠져요.

원래부터 집 밖에 나가는 걸 별로 좋아하지 않다 보니 일이라도 안 하면 나갈 일이 없고 움직이지도 않죠. 일을 하면 싫어도 밖에 나가야 하니까 건강을 위해서라도 일을 해야 해요.

지금 '일하는 것이 생활의 일부'라고 그럴싸한 소리를 하긴 했지만 한때는 '일'이라는 것 자체를 말도 안 될 만큼 큰 벽으로 느꼈던 적도 있어요.

결국 일을 하고자 결심하는 타이밍이 중요한 것 같아요. 부모님을 따라 나간 모임에서는 제가 아직 준비가 안 된 것처럼 느껴졌거든요. 아마 그때는 잡 트레이닝에 갔어도 제대로 못 했을 겁니다. '꼭 해야만 해'라거나 '죽이 되든 밥이 되든 일을 하고 싶다'는 마음은 없었으니까요.

잡 트레이닝에 참여했을 때가 마침 집에만 틀어박혀 있어 정신이 피폐해져 있을 때였어요. '이대로는 도저히 안 되겠다'는 생각을 했기 때문에 '뭐라도 해야겠다'는 정신으로 나설 수 있었던 게 아닌가 싶습니다.

지금 생각하면 그때 다소 강제적으로나마 잡 트레이닝에 끌려와서 어떻게든 흘러가게 내버려두는 식으로 참여했던 게 효과가 있지 않았나 싶어요. 처음에는 잡 트레이닝에 참여할 생각도 없었는데 저도 모르는 사이에 스스로 변화하고 있었던 거죠.

5장

'일한다는 것'은
'누군가를 위해 하는 것'

요시자키 나오토(가명)

27세. PC방 아르바이트를 거쳐
IT 기업에서 일하고 있다.
고등학교를 졸업하고
건강이 나빠지면서
6년의 사회적 공백이 있었다.

등교도 출근도 불가능한데
앞으로 어떻게 해야 할까?

—— 요시자키 나오토(가명, 27세) 씨는 PC방에서 주 2회 아르바이트를 하며, 인턴을 하고 있는 회사에서 CCNA(Cisco Certified Network Associate: 시스코 시스템즈가 주관하는 인증 자격으로 네트워크 엔지니어의 등용문이라고 할 수 있는 자격증) 취득을 위해 공부하고 있다. 요시자키 씨는 고등학교를 졸업한 뒤 6년이라는 사회적 공백기를 겪었다.

저는 공업 고등학교를 다녔는데 3학년 때 등교가 불가능할 정도로 몸이 안 좋아졌어요. 아침에 일어나서 학교를 가려고 하면 속이 안 좋은 거예요. 갑자기 그렇게 되더라고요. 어떻게든 몸을 이끌고 지하철을 타면 금방이라도 토할 것같이 속이 울렁거리는 거죠. 그러다 보니 지하철을 탈 수가 없고, 내가 지금 지하철도 못 타는데 평생 학교는 가겠으며 회사는 다니겠나 싶었어요. 학교도 못 가고 일도 못 하는 나는 어떻게 될 것인가, 그런 절망에 빠졌죠.

고등학교 3학년이 되면 보통 취업 활동이 시작되는데 저는 학교를 못 갔기 때문에 취업 활동도 불가능했죠. 원래 대학에 갈 마음은 없었기 때문에 취업도 못 하고 고등학교를 졸업하게 되었죠.

우선은 몸 상태를 회복해야겠다 싶어서 심리치료내과를 다니기 시작했고 '정신분열증'이라는 진단을 받았습니다.

치료를 시작하고 3년 정도가 지나니 컨디션은 제법 회복이 되었고 카운슬러 선생님이 추천해 주신 곳이 다치카와 서포트스테이션이었어요.

"네가 일을 할 수 있도록 도와줄 거야"라고 말씀하셨죠. 그 시점에 저는 이미 3년에 가까운 사회적 공백기가 있었기 때문에 "이력서 쓰는 법도 가르쳐 주실 거야"라고도 하셨어요.

저는 '일하기 싫다'는 생각을 해 본 적은 거의 없어요. 원래 고등학교를 졸업하면 바로 일할 생각이었고 컨디션만 원래대로 돌아가면 아르바이트를 찾아보려고 했죠. 하지만 고등학교 때도 아르바이트를 해 본 적은 없었고 '일'이란 것을 한 번도 경험해 본 적이 없었기 때문에 너무 불안했어요. 그래서 다치카와 서포트스테이션에 가 보자 결심한 거죠.

저 혼자서는 예약도 못 해서 카운슬러 선생님에게 부탁해서 예약을 하고 어머니와 둘이서 상담을 받으러 갔어요.

다치카와 서포트스테이션에 다니게 된 후로는 온갖 프로그램을 다 체험했어요. 일주일에 한두 번씩 1년을 다녔고 대부분의 프로그램을 다 수강했죠. 그리고 나니 이제는 그 프로그램들이 반복될 뿐이겠지 하는 생각이 들었어요. 같은 프로그램을 몇 번이고 들어 봤자 소용없을 테고, 너무 오래 다니는 것도 서포트스테이션 직원분들에게 죄송하다는 마음이 들어서 그 후로는 가지 않았어요. 지금 생각해 보면 그때 직원분들께 상담을 했으면 좋았을 걸 싶지만 그 당시에는 나 같은 놈한테 굳이 신경

쓰시게 하고 싶지 않다고 생각했죠.

서포트스테이션을 다닐 때 직업소개소도 소개를 받은 상태였기 때문에 그 후로는 한 달에 한 번 정도 직업소개소를 다니며 살았어요.

제가 딱히 '일하고 싶다'는 적극적인 의지가 있었던 건 아니에요. 그래도 최소한의 아르바이트 정도는 하고 싶다고 생각했죠. 물론 자유롭게 쓸 용돈도 필요했고 매일 할 일이 없어 심심하다는 것도 이유였지만 부모님에게 워낙 면목이 없어 '일단 일을 해야겠다'고 생각했어요.

계속 집에만 있으면서 아무것도 안 하니까 부모님께 몇 번이고 "넌 앞으로 뭘 어떻게 할 생각이냐"는 이야기를 들었죠. 저도 불안하니까 '뭐라도 해야겠다'는 생각은 했지만 직업소개소에 가 봐도 일을 못 찾겠더라고요.

이미 사회적 공백기가 있었기 때문에 단번에 정규직이 되는 건 힘들더라도 아르바이트를 시작하면 정규직으로 전환될 기회가 있지 않을까 생각했죠. 불경기에다가 대졸 인재도 취업이 어려운 마당에 사회 경험도 없는 고졸을 정사원으로 채용해 줄 리가 없다는 생각을 했기 때문에 아르바이트 채용 정보를 찾아봤어요.

그 후로 몇 번 아르바이트 면접을 봤는데 죄다 떨어졌어요. 지금 생각해 보면 면접에서 말도 안 되는 대답을 한 것 같아요. "아르바이트로 번 돈을 어디에 쓸 겁니까?" 하는 질문에 "용돈으로 쓸 정도만 벌면 됩니다"라는 대답을 한 적도 있어요. 이미 그 시점에서 아웃인 거예요(웃음). 지금이라면 거짓말이라도 상관없으니 "자립을 하기 위해 저축하겠습니다"라는 식으로 대답하겠죠.

다치카와 서포트스테이션에 다니는 동안에는 매주 나갈 일이 있어서 괜찮았는데 그런 곳이 사라지고 계속 집에만 있다 보니 부모님도 한계가 오셨죠. 매일같이 "앞으로 어떻게 할 거냐"고 물으셨어요. 그런데 사실 '앞으로 어떻게 해야 할지' 가장 절실했던 건 저였죠. 알고는 있지만 일할 곳이 없었어요.

그래서 부모님과 이야기를 나눠 보고 결국 다시 한 번 서포트스테이션에서 상담을 받기로 했습니다.

처음에 서포트스테이션을 방문한 지 3년이 지나 있더라고요. 저의 사회적 공백기가 6년이 된 거죠.

'적당하게 하자'를
가르쳐 준 서포트스테이션

—— 두 번째 상담에는 부모님과 함께 방문했다. 담당자가 잡 트레이닝 및 다른 민간 프로그램을 소개해 주었고 아버지가 비용 부담에 관한 부분은 걱정하지 말라고 해 주신 덕분에 잡 트레이닝에 다니기로 결정했다.

잡 트레이닝은 일주일에 세 번씩 다녔어요. 처음에는 실내 청소도 하고 세탁물을 개는 간단한 일을 했죠. '오가는 곳을 만들기' 위한 프로그램을 짜 주신 거겠죠. 그다음에는 호텔 청소, 농가 일손 돕기, 정원 손질 등등 많은 일을 했어요.

제 입장에서는 일을 어떻게 하면 되는지 배우기 위한 연수인 셈인데 사실 수료하고 나면 돈을 받고 하는 '일'이 되는 거잖아요. 그래서 직원분이 여기서부터 프로 의식을 가지고 일을 해야 한다고 알려 주셨죠.

인상 깊었던 기억은 농가에 일을 나갔을 때였어요. 직원분이 하시는 말씀이 '적당하게 하자'는 거예요. 그건 결코 '대충 하자'는 게 아니고, '적절한 정도로 하자'는 뜻이에요. 예를 들면 잔디를 깎을 때, 잡초는 매일같이 자라니까 완벽하게 제거하자면 한도 끝도 없어요. 그렇다고 또 대충 하면 밭이 온통 잡초투성이가 되죠. 그러니까 '적절한 정도로 작업을 진행하는 것'이 굉장히 중요해요. 사실 저는 '적당히 하는 것'이 매우 어려웠어요.

잡 트레이닝은 반년 정도 다녔는데 실제로 다닌 기간은 4개월 정도고, 나머지는 다치카와 시에서 주최하는 '마이 챌린지 다치카와(다치카와 시에 소재한 중소기업 및 상점가의 활성화를 위한 프로젝트)'에 참가했어요. 주요 참가자는 거의 대학생들인데 잡 트레이닝 연수생도 몇 명 정도 참가해서 절 행사에 참여하거나 아이들을 위한 이벤트를 열기도 했습니다. 다 같이 모여서 온갖 아이디어를 제시해 보고 우리 스스로 움직여서 이벤트를 마련했죠. 우리들의 힘으로 행사를 연다는 건 참 기쁜 일이더라고요.

잡 트레이닝을 다니는 동안은 매일 바빴고 즐거웠지만 '언제까지고 여기 있을 수만은 없지'라는 생각은 항상 했어요. 제가 오래 다닐수록 돈도 드니까 일은 되도록 빨리 시작하는 게 좋겠다고 생각했어요.

'마이 챌린지 다치카와'라는 조금 독특한 경험도 해 본 만큼 이제 어딘가 취직을 해 보자 하는 생각이 들었죠.

지원해 보고픈 채용 공고를 보면 서포트스테이션 직원과 상담을 했어요. 직원분이 매번 "여기는 요시자키 씨가 힘들어할 것 같은데", "여기는 이런 일도 해야 하는데 괜찮겠어요?" 등등 여러 가지 조언을 해 주셨죠.

그러면서 찾아낸 PC방 일을 지금까지 하고 있죠.

일이니까 어쩔 수 없지.
일은 원래 그런 거야.

—— 원래 컴퓨터를 잘 다뤘고 잡 트레이닝에서 청소 일도 자주 해 봤기 때문에 지원한 곳이 PC방 점원이었다. 채용 공고를 보여 주자 서포트스테이션 직원은 "합격할 것 같은데?"라고 말해 주었다. "면접장에서 합격 통지를 받을지도 몰라"라는 이야기도 했다. 실제로 면접장에서 합격했다.

면접 분위기가 좋았어요. 끝나 갈 때쯤에는 점장님과 수다를 떨기까지 했죠. 점장님이 재미있는 분이셔서 그 자리에서 "사실은 뽑을 생각이 없었어요. 취업 훈련을 받는 사람은 되도록 피하고 싶거든요"라고 하시는 거예요(웃음). 그런데 제 태도가 맘에 드셨는지 그 자리에서 합격이라고 하시더라고요.

처음에는 일주일에 2~3일씩 했는데 반년 후에는 4~5일 근무를 했어요. 기본적으로는 주로 청소와 카운터 업무를 봤어요. 중간 중간 거리에 나가서 간판을 들고 홍보도 하고요. 다른 아르바이트생들도 다 좋은 사람들이라 그 친구들과 일을 같이 한다는 것 자체가 즐거워요. 일이 힘들거나 벅차거나 하지도 않아요. 가끔 난감할 때가 있기는 한데 그럴 때는 점장님과 상담해서 여러 가지 대책을 세워 보는 것도 재미나더라고요.

물론 손님이 있어야 성립되는 장사인 만큼 손님의 항의가 없을 수는 없어요. 그래도 그걸 견딜 수 없이 싫어하기보다는 '일이니까 어쩔 수 없지, 일은 원래 그런 거야' 하고 마음을 다지는 거죠.

억지를 부리는 손님도 있어요. 우리 PC방은 후불제 시스템인데 계산할 때 "돈이 없네요" 하는 손님도 적지 않거든요. "은행에 가서 돈 뽑아 올게요" 하고 나가서 안 오는 경우도 있죠. 그럴 때는 좀 신경질이 나긴 하지만 제가 화내 봤자 소용없잖아요. 이제는 은행에 다녀올 동안 짐을 맡아 두거나 보증서를 쓰게 하거나 이런저런 대처 요령이 생긴 것 같아요.

조금 큰 항의를 받은 적이 두 번인가 있어요.

요금 설명을 하고 있는데 이 사람이 고개를 끄덕이지도 않고 아무 대답도 없기에 설명이 어렵나 싶어서 여러 번 설명해 드렸는데 갑자기 "몇 번을 말하는 거야, 다 안다고!"라며 크게 화를 내는 거예요. 제가 좀 배려가 부족했던 것 같아 반성했습니다.

두 번째는 점원들 사이에 철저한 규칙이 없었던 게 문제가 됐어요. 두 번째로 방문하는 손님을 안내하는데 "전에 왔을 때랑 다르잖아!" 하고 화를 내는 거예요. 처음에 왔을 때 안내한 점원이 설명을 잘못한 거였어요. 제가 안내한 내용이 맞았는데 손님 입장에서는 이해가 안 가는 거죠. 점장님까지 나오고 나서야 해결이 됐어요. 그래도 점장님은 "네가 잘못한 게 아니니까 신경 쓸 거 없어"라고 해 주셨어요.

첫 번째 항의 때는 좀 당황했는데 두 번째는 '여러 종류의 사람이 있구나' 하고 말았죠. 제가 접객 업무에 익숙해져서 웬만한 일에는 크게 동요하지 않게 된 것도 있어요.

아르바이트 초반에는 손님을 대하는 게 너무 싫었어요. 싫다기보다는 무서웠죠. 계산 절차도 자꾸 헷갈리고 손님이 뭐라고 할 것만 같고 무서워서 싫었어요. 그래도 점점 익숙해지다 보니 매장 전체가 눈에 들어오게 되고 경험도 쌓이면서 무서움이 사라지게 되었죠.

아마 잡 트레이닝 시절이었다면 "접객 업무는 절대 못 해"라면서 맹렬하게 거부했을 거예요(웃음). '일을 한다는 것'만으로도 처음이라 무서워 죽겠는데 사람을 대해야 한다니 말도 안 되는 일이라고 생각했거든요.

그런데 잡 트레이닝에서 일을 해 보고 아르바이트도 하면서 '실패하는 게 당연한 것이다'라고 생각하게 됐어요. 아무것도 모르는데 실패를 안 하는 게 더 이상한 거죠. 실패를 하면 다음에 실패하지 않도록 조심하면 되는 거예요. 지난 실패를 잊어버리지 않도록 노력하면 돼요. 그런 생각을 하게 된 것 같아요.

— 잡 트레이닝을 수료한 이후로도 가끔 소다테아게넷에 놀러 가곤 한다. 직원들도 "회사 견학 가 보지 않을래요?" 하는 권유를 자주 한다. 지금 인턴을 하고 있는 회사도 소다테아게넷의 소개로 알게 되었다.

지금은 PC방 아르바이트를 주 2회로 줄이고 네트워크 엔지니어를 파견하는 회사에서 인턴을 하고 있어요. 회사 견학을 갔을 때 인턴을 모집한다는 이야기를 듣고 바로 지원했죠. 원래 컴퓨터 관련 일이 하고 싶었고 앞날을 생각하면 계속 PC방 아르바이트를 하며 살 수도 없으니까요. 아직 인턴을 시작한 지 한 달밖에 안 되었지만 아주 재미있어요.

지금은 회사 일을 돕지는 않고 오로지 CCNA라는 자격증을 따기 위해 공부하고 있어요. 어렵기는 하지만 제가 좋아하는 일을 하는 거니까 전혀 힘들지 않아요. 모르는 건 회사 분들이 친절하게 가르쳐 줘요. 사장님이 젊은 직원들을 육성하려고 열심히 노력 중이시거든요. 지식이 없는 사람이나 총무과 직원들까지, 회사 전체가 CCNA를 따야 한다는 방침인 것 같아요. 사원도 다들 젊어서 가장 연장자라고 해도 40세 정도고 대부분 20~30대인 회사예요.

이 자격증을 따서 지금 이 회사에 취직이 된다면 가장 좋겠지만 비슷한 업종의 회사에 취직해도 좋겠죠.

익숙해지려면 일을 해야 하지만
익숙하지 못하니 일을 할 수 없는 딜레마

── 아르바이트를 시작하고 난 뒤 더 큰 도약을 위해 인턴을 시작한 요시자키 씨는 '일을 한다는 것'에 대해 어떻게 생각하고 있을까?

일하기 전에 제가 느꼈던 막연한 불안이나 공포는 아마 평생 해결되지 않을 것 같아요. 특히 저는 새로운 것을 시작하는 게 두려워서 불안감만 앞서고 몸이 안 움직여요. 하지만 그때와 비교하면 그 공포감의 범위가 조금 줄어들었다고 말할 수는 있어요.

몇 년 동안 아르바이트를 하면서 이제 일이 좀 익숙해졌다고 느꼈는데 막상 인턴을 가 보니 역시나 긴장이 되더라고요. 지금은 인턴 생활도 익숙해졌지만 분명 또 다른 직장에 가면 또 불안감을 느낄 거예요. 하지만 '불안을 느낀다'는 것 자체가 익숙해진 건지도 모르죠.

소다테아게넷의 구도 이사장님이 자주 하시는 이야기인데, '생각을 하면 할수록 독이 되는 일도 있다'는 생각을 하게 됐죠.

잡 트레이닝을 다니기 전에 아르바이트를 찾으면서 제 머릿속은 물음표로 가득했거든요. 여러 가지 상황을 상상하면서 '이럴 땐 어떻게 해야 하지?' 하는 생각을 끊임없이 했어요. 정말 사소한 것이지만 '휴식 시간이 아닌데 화장실을 가도 되는 걸까?' 또는 '목이 마르면 어떻게 해야 하지?' 등등 지금 생각해 보면 진짜 별 쓸데없는 생각을 되풀이했죠. 시간은 남아도니까 그런 온갖 상황을 생각하고 불안감만 증폭시키는 거예요.

제 경험을 통해 말하자면, 불안하기는 하지만 익숙해지기만 하면 큰 문제가 아니에요. '익숙함'이에요. 그러니까 생각만 하는 것은 쓸데없는 일이라는 거죠. 깊이 생각하는 것보다는 실전 같은 취업 지원을 경험해 보는 게 빠르고 실전에 뛰어드는 게 최고죠. 익숙해지는 게 중요하다고 생각해요.

물론 어려운 일이에요……. 익숙해지려면 일을 해야 하는데, 익숙하지 않으니까 일을 못 해요. 다람쥐 쳇바퀴인 거죠.

혼자서 할 필요도,
불가능한 일을 할 필요도 없다

── 요시자키 씨는 PC방에서 하루 여섯 시간씩 3년 동안 일했다. 일하기 전과 지금을 비교하자면 '일'에 대한 의식은 바뀌었을까? 요시자키 씨는 무엇을 위해 일하는 것일까?

제가 일하는 건 '다른 사람을 위해서'인 것 같아요. PC방에서 일하는 건 우선 '손님을 위해서'일 테지만 '같이 일하는 친구들을 위해서'이기도 해요. 근무 교대를 할 때도 제가 맡은 부분은 다 마무리 지은 상태에서 다음 사람에게 넘겨주고 싶어요. 그래서 조금 고생을 해서라도 마무리를 짓습니다. 저를 진심으로 생각해 주는 친구들에게 도움이 됐으면 하는 마음으로 일하는 것 같아요.

잡 트레이닝을 수료한 이후에도 장래에 대해 직원분들과 상담을 하곤 하는데요, 여러 가지 이야기를 하는 동안 일대일로 사람을 대하는 게 익숙해지고 눈앞에 있는 손님을 위해 할 수 있는 일을 하고 싶다고 생각하게 되었죠. 그때는 부동산업이나 보험설계사도 생각해 봤는데, 지금 자격증을 따려고 하는 네트워크 엔지니어가 제가 좋아하는 일이기도 하고 무엇보다도 고객이 되는 담당자와 이야기를 나누면서 일을 할 수 있다는 점에게 제게 잘 맞는 것 같아요.

물론 저 혼자서 모든 걸 짊어지는 게 아니라 팀으로 일한다는 것에 대한 의미도 알게 되었습니다.

PC방 점원이라고 다 컴퓨터를 잘 다루는 건 아니거든요. 오히려 서툰 사람이 많죠. 저는 그나마 익숙한 편이라서 컴퓨터에 문제가 생기면 도맡아서 했었죠. 그런 상황에 컴퓨터를 잘 만지는 직원이 없으면 제가 나서는 게 당연하죠. 그리고 제가 컴퓨터를 만지고 있을 때 다른 직원들은 본래 제가 해야 할 일을 저 대신 해 주는 거예요. 실제 직장에서는 이렇게 서로 돕는 게 자연스러운 일이잖아요. 그러한 경험을 통해서 '누군가가 나를 필요로 하기에 일을 할 수 있는 거야'라는 생각이 드는 건지도 몰라요.

지금 문득 생각이 났는데 잡 트레이닝에서 이런 이야길 들은 적이 있어요.

"잘 못하는 일을 억지로 할 필요는 없어. 잘할 수 있는 일을 하면 되는 거야."

직원 중에 이무라라는 분이 자주 했던 이야기예요. 저는 신문에 전단지 끼우는 일이 영 어려웠는데요. 그걸 못 한다고 해서 자신감을 잃을 필요는 없는 거예요. 여기서 못 한 만큼 다른 청소 일이나 '지역사회 도우미(가구 이동이나 정원 손질 등 지역 주민의 일손이 되어 주는 프로그램)'를 분발해서 잘하면 되는 거예요.

잡 트레이닝을 가기 전에는 '다른 사람에게 맡겨서는 안 돼. 될 때까지 해야만 해. 혼자서도 할 수 있어야만 해', 이런 생각을 했던 것 같아요. 얼마나 머리가 굳어 있었으면 그랬을까 싶어요(웃음).

잡 트레이닝에 가지 않았다면
지금의 나는 없었을 것이다

—— 과거의 요시자키 씨처럼 일을 하고 싶어도 그 계기를 찾지 못하는 청년들에게 요시자키 씨는 '단계를 밟으면서 여러 가지 일들에 익숙해지길 바란다'고 충고한다.

예전의 저는 부모님에게 죄지은 듯한 마음을 가지고 있었어요. '내 존재가 부모님께 짐이 된다면 차라리 내가 없는 게 더 나을지도 몰라⋯⋯.' 그런 생각을 한 적까지 있었죠.

인터넷을 하다 보면 자주 보는 '히키코모리', '니트족' 이런 말들은 사실 인신공격에 가까운 말이에요. 볼 때마다 마음이 아픕니다. 정말 일하기 싫어서 일을 안 하는 사람은 극히 소수 아닐까요. 개개인의 사정도 모르고 그런 무책임한 말들을 하는 사람들을 보면 정말 너무하다 싶죠.

하지만 '히키코모리' 생활을 하던 사람이 갑자기 취직이나 아르바이트를 할 수는 없죠. 아무래도 하나씩 단계를 밟아 나가지 않으면 힘들 거예요.

'히키코모리' 생활을 한다는 건 집 안에만 있는 거잖아요. 그러면 외부와의 의사소통이 단절되기 때문에 거의 매일 아무 말도 안 하거든요. 그러면 내가 대화 능력이 있는지 없는지도 모르게 되는 거예요. 아마 대화 능력이라는 것도 '익숙해지는 것'이 필요한 부분일 테니 서포트스테이션이나 잡 트레이닝 같은 곳에서 겪어 보는 게 좋을 거예요. 특히 요새는 아르바이트라고 하더라도 주어지는 일이나 책임이 커지고 있으니 어렵죠.

저도 만약 그때 부모님이 잡 트레이닝을 보내 주시지 않았더라면 분명 아직까지도 그렇게 살고 있었을 거예요. 지금 여기서 이렇게 이야기할 일도 없었을 거고, 아르바이트나 인턴을 하고 자격증을 따려는 제 모습은 없었겠죠.

요시자키 나오토 씨에게
'일한다는 것'은?

'누군가를 위해 하는 것'이에요.

이 일을 하면 누군가에게 도움이 된다, 회사에 도움이 된다, 함께 일하는 사람들에게 도움이 된다. 그게 바로 저에게는 '일'의 의미에요.

'내가 신뢰하는 사람들을 위해 일하는 것'이라고 해도 되겠네요. 저도 '이 사람 참 멋지다'라는 생각이 드는 사람을 위해 일하고 싶거든요.

결국 저에게 일이란 긍정적인 의미는 아니에요. 굳이 말하자면 어쩔 수 없이 하는 느낌도 있어요. 하지만 '누군가를 위해' 또는 '신뢰하는 사람들을 위해' 하는 거라고 생각하면 잘 할 수 있어요. 신기하죠.

〔취재 후기〕

요시자키 씨는 그 후 인턴 생활을 했던 회사에 취직했다. 네트워크 엔지니어를 목표로 한 발씩 내딛고 있다.

6장

'일한다는 것'은
'막연했던 꿈을 실현하는 것'

사쿠마 신이치(가명)

36세. 가전제품 매장에
근무하고 있다.
중학교 때 등교를 거부한 이래
주로 집에서만 지냈다.

자폭하는 심정으로
소다테아게넷을 방문하다

── 사쿠마 신이치(가명, 36세) 씨는 가전제품 매장에서 풀타임으로 아르바이트를 하고 있다. 사쿠마 씨는 중학교에 입학한 지 얼마 되지 않아 등교를 거부했고 그 후로는 주로 집에서만 지냈다.

중학교에 들어간 지 얼마 안 되어 학교를 안 갔고 줄곧 집에만 있었어요. 등교 거부의 원인이 된 건 왕따였어요. 그래서 사람을 절대 안 믿게 되었죠.

그 이후로는 계속 집에만 있었는데 17살 때쯤부터 어머니가 알려주신 부업을 집에서 했어요. 스위치가 작동하나 안 하나 확인하는 작업이었죠. 그렇게 번 돈을 조금씩 모았는데 21~22살 때 부모님 추천으로 고등검정고시를 봤어요. 하지만 대학에 갈 생각은 없었어요.

주말에는 밖에 나가기도 했어요. 친구는 한 명도 없었지만 번화가 쪽으로 나가서 책방도 가 보고 혼자서 돌아다니기도 했어요. 이것도 재미있어서 한 건 아니고 거의 시간을 때우려고 한 거였죠.

17살 때부터 계속했던 부업은 27살쯤 되었을 때 일 자체가 없어지는 바람에 그다음부터는 정말 아무것도 안 하는 나날이 이어졌어요.

제가 변하게 된 계기가 된 것은 할아버지의 장례식이었습니다. 30살 때였어요. 그때 마침 여동생하고 저만 그 자리에 남아 있었고 부모님은 집으로 오고 계셨죠. 할아버지 장례식에 모인 친척들이 심한 소리를 했어요. 대놓고 하신 건 아닌데 다들 모여서 제 이야기를 하고 있는 걸 듣게 된 거예요.

"저 녀석은 니트족이야."

"히키코모리야."

"어쩜 저리 말 한마디가 없냐."

원래 친척들하고 대화를 많이 하는 편도 아니었고 그럴 필요를 못 느껴서 가만히 있었던 건데 친척들은 저를 정신병자로 취급했죠.

사실 당연히 화를 내야 할 대목이에요. 다른 사람이라면 "아무것도 모르면서 떠들지 마!" 하면서 화를 내겠죠. 그런데 저는 그 말을 듣는데 숨이 턱 막히더라고요. 그건 '분노'가 아니라 '초조함'이었어요. 평소에 크게 의식한 적은 없었지만 스스로도 '이대로는 안 된다'는 마음이 있었는데, 그런 이야기를 들으니 갑자기 조바심이 든 거죠.

집에 돌아와서 바로 인터넷을 켜고 저 같은 사람들을 지원해 줄 만한 곳을 찾았습니다. 어디가 좋을지 고를 정도로 정보가 많이 있었던 것도 아니고 여유도 없었기 때문에 집에서 가장 가까운 곳으로 상담을 받으러 갔어요. 그게 소다테아게넷이었어요.

보통 사람이라면 우선은 직업소개소를 갔겠죠. 가서 채용 공고를 보고 취직을 하고……. 하지만 그런 일반적인 절차가 저 혼자의 힘으로는 불가능할 것 같았어요. 벽이 너무 크게 느껴졌습니다.

게다가 약간 자폭하는 듯한 심정이기도 했어요. '뭐 어찌 돼도 상관 없다. 나락으로 떨어져도 좋다. 그런 데 가 봤자 아무 소용이 없거나 할 수 있는 게 아무것도 없다면 그땐 죽어 버리자…….' 그런 생각을 할 정도로 궁지에 몰려 있었던 거예요.

그때까지 계속 미뤄만 왔던 '어떻게든 해야 한다'는 마음에 한 순간 불이 붙은 거죠.

수강료 부담에 고민하는 부모님을 설득하여
잡 트레이닝에 참가하다

— 소다테아게넷은 여러 종류의 상담이 가능한데 상담자의 절반은 어머니라고 한다. 본인이 상담을 받으러 오는 경우는 거의 없다. 사쿠마 씨는 스스로 전화를 걸어 혼자 면담 예약을 했다.

제가 전화해서 혼자 면담을 받으러 갔어요. 그때 상담 요금도 제 돈으로 했죠. 제가 상담을 받은 분은 이시야마 사무국장님이었는데 "스스로 결정하고 방문하다니 흔치 않은 경우네요"라고 하셨어요. 대부분 어머니가 먼저 상담을 온다고 하는데 저는 본인이 스스로 찾아온 거니까요. 이시야마 국장님도 놀라셨죠.

이시야마 국장님과 여러 가지 이야기를 나누고 자연스럽게 "잡 트레이닝 체험은 언제부터 해 볼까요?" 하는 이야기로 흘러갔어요. 저도 잡 트레이닝을 받아 보고 싶었기 때문에 바로 신청했습니다.

먼저 체험한 활동은 농가 돕기였어요. 그때 저는 거의 아무 생각이 없었기 때문에 직원분이 가르쳐 주는 대로만 했어요. 허리가 좀 아프긴 했는데 딱히 힘들다는 생각은 안 들더라고요.

저는 오래 학교를 안 다닌 탓에 또래 친구들이 거의 없었는데, 동년배 직원들이 잘 대해 주고 수강생 친구들이 편하게 말을 걸어 준 덕분에 분위기는 굉장히 좋았어요.

체험 활동을 해 보고 부모님께 말씀을 드렸어요. 혼자 소다테아게넷에 상담을 받으러 갔던 것. 체험 프로그램을 해 보고 있다는 것. 앞으로 잡 트레이닝을 다녀 보고 싶으니 수강료 지원을 해 주었으면 좋겠다는 이야기.

그런데 부모님께서 처음에는 내키지 않아 하셨어요. "매달 4만 엔씩 드는 건 좀 많지 않니?"라고 하셨죠. 그래도 저는 더 이상 물러설 곳이 없었으니까 필사적으로 부모님을 설득했어요……. 어렵게 잡 트레이닝을 다니게 되었죠.

저는 잡 트레이닝에 익숙해지기까지 시간이 좀 걸렸어요. 다른 친구들은 저보다 먼저 들어왔으니 다 같이 신나게 잘 지내더라고요. 그 속에 섞이는 게 쉽지 않았어요. 그래도 저한테 말을 걸어 주는 사람이 있어서 그렇게 서서히 친해질 수 있었어요.

연수는 제가 그동안 부업밖에 경험이 없고 집단 속에서 일을 한 적이 없었는데 그렇게 힘들지는 않았어요. 신문 전단지 끼우기 작업도 처음에는 당연히 서툴렀지만 금방 익숙해졌습니다.

집에서도 가깝고 편했어요. 지각한 적도 한 번도 없었고, 사실 그럴 수밖에 없는 것이 이바라키 현에서 다니는 사람도 있었거든요. 제일 가까운 데 사는 제가 어찌 지각을 하겠어요(웃음).

잡 트레이닝은 '잡 트레이닝 IT(PC 강좌 명칭. 지금은 '청년 UP'이라는 강좌명으로 개설되어 있음)' 강좌도 들었어요. 원래 인터넷은 자주 했고 PC를 직접 조립하거나 하드웨어 만지는 걸 좋아했거든요. 재미있더라고요. 그 강좌에서는 WEB 제작에 대해서도 배웠는데 그렇다고 IT 관련 직종에 취직하고 싶은 건 아니었어요. 같이 수업을 들었던 친구 중에 굉장히 솜씨가 뛰어난 친구가 있어서 그 친구를 보고 있자면 저는 아직 멀었구나 싶은 거예요. 그 친구는 지금 프로그래머 일을 하고 있어요.

소다테아게넷의 소개로
인턴에서 아르바이트로

어느 날 직원분이 인턴 자리를 추천해 주셨어요. 어떤 기업에 가서 웹 사이트 정비를 도와 주라는 거였죠. 틀은 정해져 있고 거기에 상품 사진을 찍어서 올리면 되는 단순한 작업이었는데 저도 좀 관심이 생겨서 인턴을 하게 되었죠.

그 회사 직원들이 또 참 좋은 분들이었어요. 잘 챙겨 주시고 모르는 게 있으면 친절하게 알려 주셨어요. 저보다 나이가 어린 선배가 있었는데 편한 말로 여러 가지 잘 가르쳐 줬어요. 그 모습을 지켜보던 상사 한 분이 오셔서 "우리 사원이 나이가 더 어린데 너무 말을 편하게 하는 것 같네요. 기분 나쁘지 않아요?"라고 하시더라고요. 그런데 저는 전혀 불편하지 않았거든요. '그런 부분까지 챙겨 주시다니' 싶은 마음에 오히려 죄송할 정도였죠.

인턴은 2주 동안 했는데 그 회사에서 일하고 싶다는 생각에 인턴이 끝난 후 그곳에 지원을 했어요. 감사하게도 아르바이트로 채용해 주셔서 지금도 그 회사에서 일하고 있습니다.

아르바이트로 일한 첫 1년 동안은 인턴의 연장선 같은 느낌이었어요. 그 후 그 회사가 운영하는 가전제품 매장으로 배치를 받았죠. 처음에는 '모처럼 좋은 사람들 속에서 일하고 있었건만 새로운 곳으로 가야 하다니'라는 생각을 했는데 매장에 직접 가 보니 여긴 더 좋은 사람들만 있는 거예요(웃음). 이 매장이 마음에 쏙 들어서 그 후로는 줄곧 이곳에서 아르바이트를 하고 있어요. 내년이면 일한 지 6년 차가 됩니다. "정규직에 지원해 보지 않을래요?" 하는 제안도 있는데 여러 가지 생각하는 바가 있어서 아직 망설이고 있어요.

— 사실 사쿠마 씨는 이 가전제품 매장을 한 번 그만둔 적이 있다. 일을 그만둔 뒤 바로 소다테아게넷 소개로 중고서점 회사에 취직을 했는데 이전 회사가 다시 와 주면 좋겠다고 요청하여 가전제품 매장 아르바이트로 복귀했다. 사쿠마 씨는 "중고서점 회사에는 정말 죄송하지만 사람들이 너무 좋았기 때문에 다시 그곳에서 일하고 싶었다"고 했다.

가전제품 매장 일은 아르바이트라도 굉장히 힘들어요. 지난달은 밤을 새워서 일한 날도 많았어요. 근무 교대제로 한 달에 20~21일 정도 풀타임 근무를 하고 있어요. 일을 하는 게 즐겁다고는 못 하겠지만 제가 인복이 있는 것 같아요. 같이 일하는 사람들이 너무 좋은 친구들이고 단

골손님들과 이야기하는 것도 재미있어요.

일 내용은 그냥 가전제품 매장 점원이라고 보면 됩니다. 매장이 넓어서 매일 2만 걸음씩은 걷는 것 같아요. 가전기기를 운반해야 하기 때문에 중노동이라고 할 수도 있죠. 하지만 가전제품에 대한 공부가 많이 됐어요. 같이 일하는 사원분이 참 잘 가르쳐 주시거든요. 항상 친절하고 편하게 가르쳐 주셔서 일을 하는 도중에 자연스럽게 익히게 됐어요.

이분과 계속 같이 일했으면 좋겠다는 마음도 있어요. 사적으로 친한 건 아닌데 그분과 일하면 굉장히 즐거워요. 티 나지 않게 사람들을 챙겨 주는 요령이 아주 뛰어난 분이에요. 인간적으로도 존경할 만하죠. 그렇기 때문에 일 내용이 좋고 나쁘고, 월급이 많고 적고 그런 이유가 아니라 그분과 함께 일하고 싶어서 여기 있는 거라고 해도 과언이 아니에요.

운이 좋아 일을 찾았고
일을 할 장소가 있으니 일을 한다

—— 사쿠마 씨와 인터뷰를 하다 보니 등교 거부 이후 잡 트레이닝에 가기까지의 이야기가 적다는 느낌을 받았다. 오히려 잡 트레이닝에 다니고 난 이후가 기간은 더 짧았는데도 불구하고 할 이야기는 많았다. 무슨 이유일까?

등교 거부부터 할아버지 장례식까지의 약 15년이라는 시간보다도 잡 트레이닝에 다닌 7년이 훨씬 길게 느껴져요. 훨씬 더 농축된 시간이라는 뜻이겠죠.

만일 그때 할아버지 장례식에 가지 않았다면 계속 의미 없이 긴 시간들을 보내고 있었을 거예요. 정신적인 피로함에도 무뎌져서 의미 없는 나날을 보내는 게 익숙해지고, 스스로를 속이고 계속 미루면서 아무 생각 없이 하루하루를 살고 있었겠죠.

하지만 그때의 저 같은 사람을 보면 일할 마음이 들 때까지 기다려 주는 것도 좋을 것 같아요. 이 인터뷰는 여러 사람들의 이야기를 듣는 거니까 모두 다른 생각을 제시하겠지만 전 역시 타이밍이 중요하다고 생각해요. 어떤 사람은 부모님이 도와준 게 계기가 되었을 수도 있고, 저는 할아버지 장례식이 그랬던 거죠. 그때가 타이밍이 딱 맞아떨어진 것 같아요.

그래서 부모님께 딱히 드릴 말씀이 없어요. 사실 제가 히키코모리 관련 서적을 많이 읽었거든요(웃음). 여러 가지 이야기가 있어요, '용돈을 주는 게 좋다', '방치하면 안 된다' 등등⋯⋯.

저희 부모님께서는 저에게 간섭하려고 하시지 않았어요. 일하러 나가라고 등을 떠미신 적도 없죠. 당시의 저도 부모님에게는 아무 불만이 없었어요. 하지만 아무것도 안 하고 딱히 할 일도 없이 몇 년 동안 히키코모리 생활을 하다 보면 '일을 안 해도 되는구나' 하는 착각으로 이어질 수도 있거든요.

사람이 제각기 상황이 다른 법이고 성격도 다르니까 '이렇게 해라, 저렇게 해라' 하기는 결코 쉽지 않아요.

저는 인복이 있었던 것 같아요. 우연히 가게 된 소다테아게넷이 좋은 곳이었고 인턴 생활을 했던 회사도, 가전제품 매장 직원들도 다 좋은 사람들뿐이었죠. 그게 아니었다면 엉망진창이 되어서 또 다시 사람에 대한 불신감으로 가득 찬 히키코모리가 되었을 거예요. 정말 운이 좋았던 것 같아요. 제 힘으로 해냈다는 감각이 전혀 없을 정도예요.

　── 사쿠마 씨는 일을 시작하고 '일'에 대한 의식이 바뀌었을까? 바뀌었다면 뭐가 어떻게 달라졌을까?

당시에는 '일=인간관계'라는 공식으로 생각했어요. 왕따를 당하고 사람을 못 믿게 되었으니 '인간관계가 무섭다', '그러니까 일도 못 할 거야……' 그런 식이었죠.

물론 무슨 일이라도 인간관계는 생길 수밖에 없어요. 특히 저처럼 접객 업무를 하다 보면 '일=인간관계'일 수밖에 없고 오래 일하면 할수록 관계가 깊어져요. 지금 회사를 그만두고 새로운 곳으로 갈 생각을 하면 아무래도 인간관계가 무섭기도 해요. 아무튼 기본적으로 인간관계는 무서워요.

하지만 일을 시작하면서 그 무서움이 점점 사라진 것 같아요.

'일'에 대해 생각하자니 어렵네요. "뭘 위해 일합니까?"라는 질문에 마땅히 대답이 떠오르지가 않아요. 물론 '돈을 위해' 하는 부분도 있죠. 하지만 돈이 전부는 아니라고 생각해요. 처자식이 있으면 '가족을 위해서'가 되겠지만, 저는 처자식도 없으니까……. 저는 그냥 운이 좋아 일을 찾았고 '일을 할 장소가 있으니 일을 하는 것' 같아요.

지난달은 정말 바빴거든요. 일하다가 갑자기 '내가 지금 왜 이렇게 일을 하고 있는 거지?' 생각한 적이 있어요. 그때 '이게 책임감인가' 싶더라고요. 매상 목표액이 있는데 나에게 주어진 만큼은 제대로 해내야 하지 않겠나 생각해요. 하지만 그것만일까요? 어려운 질문이네요.

사쿠마 신이치 씨에게
'일한다는 것'은?

'막연했던 꿈을 실현해 주는 것'이에요. 직원 중 오무라 씨가 이런 질문을 하면 꼭 '자유를 얻는 것'이라고 했거든요. 사실 저는 그 이야기는 잘 와 닿지가 않아요.

처음에는 '일을 한다'는 것이 '당당해지는 것'이라고 생각했어요. 아무튼 제가 일을 하지 않았을 때는 항상 주눅 들어 있었거든요. 이건 부모님에 대한 주눅이라기보다는 '사회'에 대한 것이었다고 생각해요.

계속 집에만 있으면서 어쩌다 번화가에 나가게 되면 죽어도 평일에는 안 나가요. 평일에 나가면 사람도 별로 없고 여유롭게 돌아다닐 수 있는데도 불구하고 군이 사람 많고 복잡한 주말에 거리로 나섰어요. '평일은 원래 일하는 날이잖아'라는 생각에 평일에 거리를 나서자니 다들 나를 어찌 볼까 싶은 거예요.

지금은 근무 교대제이기 때문에 평일에 쉴 때가 많거든요. 이젠 아주 당당하게 평일에 돌아다니죠. 예전에는 '평일에 쉬는 사람도 있다'는 걸 알지도 못했죠. 뭔가 '평범한' 감각의 범위가 좁았던 것 같아요.

이렇게 생각하다 보니 딱히 '당당해지는 것'도 아닌 것 같은 거예요. 일을 시작하고 나니 '사람들이 어떻게 생각하든 무슨 상관이야'라고 생각하게 됐거든요…….

엉뚱한 이야기일지 모르지만 저에게는 막연한 꿈이랄까 희망이랄까 그런 게 있어요. 그건 바로 '잡 트레이닝에 은혜를 갚는 것'이에요. 소다테아게넷 직원들 입장에서 보면 잡 트레이닝을 받던 제가 일을 시작하고 그 일을 지속하는 것만으로도 충분하겠지만, 저는 한 발 더 나아가서 '일할 곳을 제공해 주는 사람이 되고 싶다'는 생각을 해요.

예전의 저와 같은 처지의 사람들에게 무언가 조언을 해 주는 게 아니라, 일하기 직전의 단계로서 그들이 마음 편히 일할 수 있는 장소를 마련해 주고 싶어요. 저를 인턴으로 받아들여 준 지금의 회사에서 제가 일을 계속해 나간다는 것은 저와 비슷한 또 다른 누군가도 이곳에서 일을 할 수 있게 될 여지를 만드는 게 아닐까 싶어요.

그 꿈을 향해 돈을 모으는 것도 아니에요. 사실 일을 못하는 청년들을 받아들인다는 건 굉장히 귀찮은 일이기도 하고요(웃음). 저는 누구를 잘 가르치는 타입도 아니거든요.

'그렇게 되면 좋겠다'는, 현실감도 없고 그야말로 막연한 꿈이지만, 그런 꿈이 있으니까 저는 일을 하는 거예요……. 지금은 그냥 그런 생각이 들어요.

7장

'일한다는 것'은
'사회로 나가는 첫걸음'

가쓰다 요시키(가명)

40세. 현재 청소회사의
현장 책임자로 일하고 있다.
대학을 중퇴한 이후
15년간 집에 틀어박혀 지냈다.

아침부터 밤까지
오로지 절망감으로만 가득했다

── 가쓰다 요시키(가명, 40세) 씨는 5년 전부터 청소회사의 현장 책임자 일을 하고 있다. 그는 대학을 중퇴하고 15년간 히키코모리로 지냈던 경험이 있다.

20살 때 대학을 그만두고 15년 정도 계속 집에만 있었습니다. 참 길죠(웃음).

부모님도 물론 걱정을 하셨죠. 하지만 거의 아무 말씀 안 하셨어요. 굳이 상처를 건드리지 않으려는 거였겠죠. 그래서 장래나 취직에 대해서 말을 꺼내신 적이 없습니다.

나중에 알게 된 것이지만 아버지는 제가 걱정이 돼서 여러 곳에 상담을 가셨다고 하더군요.

집에만 있으면서 정말 매일 아무것도 안 했으니 심심했죠. 그런 생활이 너무너무 싫었습니다.

집에서 나오지 않게 된 초반에는 아침이 오는 게 무서웠어요. 왜냐하면 아침에 집에 있다는 죄책감을 견딜 수 없었던 겁니다. 오늘 하루 아무런 할 일도 없이 아무것도 안 하는 내 존재 자체가 너무 송구스러웠어요.

밤에 잠이 들었다가 일어나면 아침이니까 가능하면 밤에는 자지 않으려고 했죠. 당연한 이야기지만 밤을 새워도 아침은 오는 건데 말입니다(웃음).

처음 1년 정도는 그런 식으로 밤낮이 뒤바뀐 생활을 했습니다.

그 후에는 아침에 일어나든 자든 절망감밖에 없었기 때문에 밤에는 자고 아침에는 일어나는 생활을 했죠. 평소에는 텔레비전을 보거나 도서관에 가거나 그 정도만 하며 살았지요.

제가 20대 후반이 됐을 무렵 누나가 결혼을 했어요. 결혼 후에는 독립을 해서 아이도 낳았습니다. 그 아이가 커서 초등학생이 되었는데 그때 제가 35살이었죠. 어느 날 결심한 듯 누나가 연락을 했어요.

"넌 이제 어떻게 할 거니?"

아마 아이도 점점 커 가면서, "삼촌은 무슨 일을 하는 거야?" 같은 질문을 했던 게 아닌가 싶어요. 그리고 '아이 교육상으로도 바람직하지 않다'고 생각해서 매형하고 제 이야기를 했던 것 같습니다.

누나가 집으로 달려와 부모님과 누나, 저 넷이서 가족회의를 했죠. 그때 저는 처음으로 제 상황에 대해 가족들에게 제대로 이야기를 했습니다.

지금처럼 아무것도 안 하는 삶은 싫은데 방법이 없다. 어떻게 하면 좋을지 전혀 모르겠다……. 그런 이야기를 했던 것 같네요.

부모님도 그 전까지는 아무 말씀하신 적 없지만 그때 처음으로 '네가 일을 했으면 좋겠다'고 하셨습니다.

실은 아버지께서 여러 군데 상담을 받아 보셨더군요. 제 심정에 대해 이야기하고 나서 아버지와 함께 근처 서포트스테이션에서 상담을 받았습니다. 거기서 소다테아게넷 이야기를 들었죠.

사실 잡 트레이닝을 운영하는 소다테아게넷에 대해 알고 있었어요. 도서관에 다니면서 히키코모리에 관한 책이나 니트족에 관한 책을 많이 읽었거든요. 그중에 소다테아게넷의 책이 있었습니다. 소다테아게넷을 소개받았을 때 '과연 효과가 있을까'라고 생각했던 것도 사실입니다. '간다면 내가 변할 수 있을까?' 믿고 싶은 마음도 있고 '될 리가 있나' 싶기도 하고. '우선 내가 그런 곳에 갈 수나 있을까' 하는 의문도 있었죠.

매일 다닐 곳이 생긴 것만으로도
마음이 편해지다

— 처음에는 불안감도 있었지만 가쓰다 씨는 잡 트레이닝에 다니기 시작했다. 가족회의를 한 지 한 달 만의 일이었다.

잡 트레이닝을 다녀 보니 힘든 일은 전혀 없었습니다. 집에서 다치카와까지는 두 시간 정도 걸렸는데 그게 힘들지는 않았어요.

매일 갈 곳이 생긴 것, 아침에 일어나서 아무것도 할 일이 없다는 죄책감을 느끼지 않아도 되는 것. 그것만으로도 너무 마음이 편했습니다

저는 1년 반 정도 잡 트레이닝을 다녔습니다. 다른 사람보다 조금

길게 다녀서 청소, 신문 전단지 끼우기, 농가 일손 돕기, 사무 작업 등등 온갖 일을 다 해 봤어요. 하지만 싫다고 느낀 적은 한 번도 없어요. 오히려 즐거웠습니다.

— 왜일까······.

아무튼 잡 트레이닝에 다니게 되기까지가 힘들었던 거죠. 히키코모리 생활을 했던 그 괴로움에 비하자면 잡 트레이닝에 다니는 건 아무것도 아니었습니다.

'일하고 싶다'보다
'변하고 싶다'는 심정으로

— 가쓰다 씨는 잡 트레이닝을 수료하고 청소 회사에 취직했다.

저 같은 경우에는 '일하고 싶다'보다 '변하고 싶다'는 마음이 강했어요. 아무튼 아무것도 안 하는 생활을 바꿔 버리고 싶었지요.

물론 잡 트레이닝에 계속 다니는 것도 방법이었겠죠(웃음). 하지만 취직을 하면 돈을 받는 입장이 될 테고, 그건 경제적으로도 그렇거니와 감각적으로도 큰 변화라고 할 수 있습니다.

청소 직종을 택한 건 잡 트레이닝 경험이 있었기 때문은 아닙니다. 저는 일을 선택할 만한 입장이 아니었어요. 30대 후반인데 아무 경력 없는 사람을 고용해 주는 곳은 거의 없어요. 현실이 그렇다는 걸 알고 있었기 때문에 '이런 일을 하고 싶다' 같은 희망 사항은 전혀 없었습니다.

'이런 나라도 뽑아 주는 곳이 있다면 어디든 좋다.' 그런 생각으로 청소 회사를 가게 되었죠.

청소 일은 체력적으로 힘들긴 하지만 그건 큰 문제가 되지 않아요. '일'을 하는 고생은 히키코모리 시절의 고생에 비하면 정말 별 게 아니죠.

— 청소 일을 시작한 지 4년이 지나고 지금은 현장 책임자로 현장의 미화원들을 관리하는 일을 한다.

처음에는 아침 7시부터 저녁 4시까지였습니다. 지금 생각해 보면 이때가 편했죠. 체력적으로 힘들기는 하지만 제가 맡은 일만 신경 쓰면 되니까요.

그런데 책임자 역할을 맡게 되니 쉽지가 않더군요.

현장 책임자의 주요 업무는 고객을 응대하고 현장의 미화원들을 관리하고 지시하는 겁니다. 현장의 미화원은 10명 정도인데 '내가 맡은 일이 벅차다', '저 사람은 하는 일이 적어 저 사람만 편하다', '나는 열심히 하는데 저 사람은 일을 안 한다' 등등의 이야기도 다 들어야 해요. '진짜 피곤하네' 싶을 때도 있어요(웃음). '그만둬 버릴까' 생각한 적도 몇 번 있죠.

새로 배속된 사람들에게 일을 가르쳐야 하고 어떤 직원이 인사를 제대로 안 한 탓에 손님이 항의를 하면 그것도 처리해야 하죠.

저도 깜짝 놀랐는데 인사를 제대로 못 하는 사람들이 제법 있어요. 손님을 만나면 "안녕하세요", "수고 많으십니다" 인사를 하는 게 당연하지 않습니까? 근데 굳이 강조하지 않으면 못 하는 사람들이 있어요. 인사를 뭘 가르치고 있나 싶기도 한데 손님이 "저 청소부가 인사를 안 한다"고 항의를 하니까 책임자로서는 주의를 줄 수밖에 없는 거죠.

현장을 관리하는 역할을 맡으면서 '상사'가 얼마나 힘든지 알게 됐습니다. 예전이었으면 상사에게 혼나는 사람들을 보면 '에고, 불쌍해라' 생각을 했는데 지금은 '혼내는 것도 참 힘들겠군' 하는 생각이 들어요.

회사의 같은 책임자끼리 가끔 술 한잔하러 가는데 둘이서 일에 대한 불평불만을 늘어놓는 게 즐거워졌지 뭡니까(웃음).

요새는 새로운 사람을 채용하려고 면접관으로 들어가기도 합니다. 중점적으로 보는 것은 인사와 매너예요. 면접장에 들어와서 대기해야 할 시점에 의자에 바로 앉는 사람들도 있어요. 물론 인사를 제대로 못 하는 사람도 있죠. 결국 면접이란 그 사람의 태도를 보는 자리라는 걸 알겠더군요.

하지만 다들 대단해요. 이력서에 공백이 없다니까요(웃음). 전 그것만으로도 다들 대단해 보입니다.

일을 하면서 기쁠 때는 손님에게 "너무 깨끗하네요. 고맙습니다", "항상 고맙습니다" 하는 인사를 들을 때에요. 그런 인사를 해 주는 분이 많지는 않지만 가끔 들으면 참 기쁩니다. 청소 일이라는 것이 늘 깨끗한 게 당연하다고 생각해서 우리들의 존재를 의식하지 못하는 경우가 있거든요. 저만 해도 청소를 해 주시는 분께 고맙다는 이야기를 해 본 적은 없어요. 하지만 고맙게 느끼고 고맙다는 말을 건네주는 사람들이 있어서, 그때는 참 기쁘죠.

내가 사는 이유를
느낄 수 있게 되다

—— 가쓰다 씨는 현장 책임자로 고생이 많다. 그의 손은 부르터 있었고, 반창고가 여기저기 감겨 있었다. '그만두고 싶다'고 생각한 적은 없을까?

현장 책임자 일은 매우 힘들고 중노동이죠. 겨울에는 찬물 때문에 힘들지만 딱히 지금 일을 그만둘 이유는 없어요. 그렇기 때문에 일하는 것뿐이지요.

몇 번이고 말하는 것 같지만 일하는 고통은 잡 트레이닝을 다니기 이전의 고통에 비하면 아무것도 아니에요.

그때는 '앞으로 어떻게 하지' 하는 공포를 되도록 생각하지 않으면서 매일 매일을 보냈어요. 희망 따위는 찾아볼 수 없었죠. 하는 일도 없고 텔레비전만 보는데 재미도 없고. 그저 시간을 때울 뿐인 거죠. 하루 온종일 죄책감에 시달렸습니다. 아무 이유 없이 그냥 살아만 있었죠. 내가 살아서 뭐하나 싶었어요. 존재만으로도 죄송한 느낌이 들고. 정말 힘들었어요…….

일을 시작하고 나서 변한 것은 나 자신을 긍정하게 된 거예요. 예전에는 제 존재를 부정하기만 했는데 지금은 '내가 이렇게 살아 있다'고 느끼게 되었어요.

부모님께 보답하고 싶은 마음도 있었습니다. 그동안 줄곧 부모님께 얹혀살았기 때문에 죄송함으로 가득했죠. 경제적인 측면에서도 마음이 매우 가벼워졌죠.

야근이 많은 직업인데 야근 수당도 챙겨 주기 때문에 월급은 그런 대로 잘 들어오는 편입니다. 이제는 부모님께도 돈을 보내 드리고 있기 때문에 마음이 좀 편해지셨을 거예요.

가쓰다 씨에게 '일'이란?

'사회로 나가는 첫걸음'이 아닐까요. 그런 느낌이 듭니다.

다른 사람들에게 사회로 나간다는 것은 '극히 일반적인 일'이겠지만 제가 히키코모리 생활을 했을 때는 사회에 존재하고 있다는 감각이 전혀 없었거든요. 저에게는 '일'이라는 것이 사회로 나가는 첫걸음이었습니다. 하지만 정작 한 걸음 내디뎌 보니 사회는 그 한 발로 충분하다는 생각도 드네요(웃음).

그때의 저와 똑같은 경험을 하고 있는 사람들이 지금 제 이야기를 읽고 있을지도 모르겠네요. 그분들에게 저는 '누구나 변화할 수 있다'고 말해 주고 싶습니다.

그때의 저는 도서관에 가서 히키코모리나 니트족에 관련된 책을 모조리 읽어 댔죠. '이렇게 저렇게 해서 히키코모리 생활에서 벗어났습니다' 같은 내용의 책을 잔뜩 읽었습니다. 그때는 저와는 전혀 관계없는 사람들의 이야기라고 생각하고 읽었죠. 저를 비추어 읽는 게 아니라 그저 '남의 일'이라고 생각했어요. '일을 하니 좋겠네'라고 치졸한 생각을 하기도 했죠.

저에겐 절대로 불가능한 일이라고 생각했지만 저는 진정으로 변할 수 있었습니다. 예전과 지금의 제 모습이 변했다는 걸 실감할 수가 있죠.

그렇기 때문에 '사람은 누구나가 변화할 수 있다'고 말하고 싶어요. 거짓말이 아닙니다(웃음).

8장

대담

'일한다는 것'에 대해
생각해 보자

NPO법인 소다테아게넷의 구도 게이 이사장이
커리어 형성 지원 전문가인
마츠오 사아키* 교토산업대학 교수에게
'일한다는 것'의 의미와
주위의 지원에 관해 물었다.

- 교토산업대학교 전체공통교육센터 준교수. 도시샤(同志社)대학교 경제학부 졸업. 게이오 기주쿠(慶應義塾)대학교 대학원 정책 · 미디어 석사. 동대학 SFC연구소 선임연구원(방문). 일본 커리어교육학회 긴키 · 츄코쿠시코쿠 지부 감사, NPO법인 커리어프로젝트 히로시마 고문. 개인 커리어 형성 지원, 커리어 상담, 커리어 교육, 커리어 개발 전문.

'인간관계'에서 한 명의
등장인물이 되는 것

구도　　이 책에 등장하는 여섯 명의 인터뷰를 읽어 보았습니다. 우선 그 감상을 들려주시겠습니까?

마츠오　'일한다'는 것은 '자율'이며 '자신의 인생을 스스로 살기 시작하는' 것이라고 강하게 느꼈습니다.

　　지원을 받기 위한 첫걸음을 내딛을 때는 많은 경우 부모님들이 돕고 있었어요. 하지만 언젠가부터 스스로의 의지로 걷고 있죠. 이를테면 요시카와 가오리 씨(227쪽)가 "첫걸음을 내딛는 건 너무나도 무섭지만, 일단 내딛으면 두 걸음째부터는 훨씬 쉬워집니다"라고 했을 때, 저는 그녀 스스로 자신의 인생을 걷는 모습을 떠올렸어요. '자율'이란 자신의 인생을 스스로 선택하여 살아가는 것이라고 다시 한 번 생각하게 되었죠.

구도　　저는 이 책에 등장하는 분들이 입을 모아 인간관계에 대해 언급하는 것을 깨달았어요. 대체 몇 번이나 '인간관계'라는 말이 나오는 걸까?(웃음) 잡 트레이닝을 다니고 졸업하고 일을 시작할 때까지, 일관되게 "인간관계는 불안하고 무서워"라고 말하고 있어요. '대체 인간관계란 뭘까' 생각하게 되었죠.

마츠오 카운슬링의 관점에서 보면 같은 말을 몇 번이나 반복하는 것은 그것에 대해 강하게 의식하고 있는 상태라는 것을 가리킵니다. 직장 생활에 지장이 없는 사람도 "좋은 인간 관계를 만날 수 있었다"라고 말합니다. 부정적거나 긍정적이거나 '인간관계'는 누구나 신경을 쓰고 있는 거죠.

구도 여기서는 거의 나오고 있지 않습니다만, 인간관계가 무섭다고 생각하는 이유는 두 가지 경우가 있다고 생각돼요.
먼저 학대, 왕따, 폭력 등의 사건을 겪었기 때문에 인간을 믿지 못하게 된 경우가 있겠고, 다른 하나는 인간관계가 형성되는 공간에 있으면서도 인간관계에 적응하지 못하고, 조금 표현이 안 좋게 들릴 수도 있지만, '허수아비'가 되어 버린 사람이겠죠. 이 두 경우는 대응 방법이 각각 다를 것 같네요.

마츠오 직접 피해를 입은 전자의 경우와 달리, 후자는 인간관계 속에서 자신이 표면화되지 않은 상태라고 할 수 있겠죠. 사회생활에서는, 가만히 있는 것만으로는 인간관계의 등장인물이 되지 못한 기분이 들기도 해요. 어떤 계기를 통해 다른 사람과의 관계를 갖기 시작하면서야 비로소 등장인물이 되었다고 느낄 수 있어요. 이를 '타인으로부터 승인을 얻는 것'이라 할 수 있는데, 그것을 어렵게 느끼는 분들도 있을 테죠. 이 경우와, 사람으로부터 상처를 받아 사람을 못 믿게 된 경우는 지원 방법을 각기 달리하는 편이 좋겠지요.

구도   지금 마츠오 씨가 말씀하신 것처럼 두 경우는 경향이나 대처 방법이 다를 수밖에 없을 텐데요. 둘 모두를 '인간관계가 어려운 청년'이라고 뭉뚱그려 "그렇다면 커뮤니케이션 세미나를 해 보죠"라는 식의 한 가지 방법으로만 대응하려 하고 있어요.

게다가 '인간관계'라 하더라도 직업, 가정, 상사·동료 등 다양한 상황이 있을 거예요. '어떤 관계에 대한 불안인가' 하는 점도 감안해 생각하지 않으면 안 된다고 생각합니다.

마츠오   '인간관계 구축 능력'이란 사람과 대화를 하거나 사람들과 함께 무언가에 열중하는 관계를 만드는 능력이라고 생각합니다만, 좀 더 앞 단계의 도움이 필요하신 분들도 있습니다. 예전에 구도 씨에게 들은 이야기 중 인상에 강하게 남아 있는 게 있는데, "우선 아침에 일어나는 것부터 돕는 경우도 있다"는 말이었어요.

즉 사람에 따라서는 우선 '아침에 일어나' '차림새를 정돈하는' 것과 같은 생활 습관을 개선하는 것이 처음입니다. 그다음이 다른 사람들과 이야기하거나 함께 무언가에 열중하게 되는 것이고, 마지막으로 사회에서 커리어를 형성하는 힘, 예를 들면 좋거나 싫은 감정을 바로 얼굴에 드러내지 않거나, 일정 수준의 스트레스에 대한 내성 및 자주적인 행동력을 갖추는 것이 요구됩니다. '일'을 하기 위해서는 이 세 단계를 거쳐야 하는 것 같아요. 앞 단계도 지나지 않았는데 마지막 단계만을 바라보면서 지원한다고 하면 잘 풀리지 않겠죠.

소다테아게넷을 이용하고 있는 청년들 중 일부는 우선 센터에 다니는 것으로부터 생활을 갖춰 나가요. 그다음 인간관계에 민감해하는 사람들은 다른 사람들과 함께 지내면서 함께 무언가에 열중하는 과정을 통해 "저 사람은 별로 좋진 않지만 같이 무엇을 하는 데에는 문제가 없구나" 하고 배워 나가죠. 그러고선 스스로의 의지로 사회에 나가기 시작합니다. 이러한 세 단계로 이루어져 있기 때문에, 많은 사람들이 일을 시작하는 것이 쉬워지는 게 아닐까요.

커리어 형성의 가치관을
소중히 키운다

마츠오 '인간관계가 무섭다'는 느낌은 공감할 수 있었어요. 제가 사립 중학교에 다녔을 때, 큰 학원에 같이 다니던 아이들은 입학하기 전부터 아는 사이라서 이미 다들 친했어요. 그렇지 못했던 저는 그 인간관계에 들어가지 못했죠. 그 애들은 저를 전혀 의식조차 하지 않는 것처럼 보였고, 저는 어떻게 하면 그 관계 안으로 들어갈 수 있을지 몰랐어요. 그러면서 점차 이질적인 존재로 여겨져 괴롭힘을 당했어요.

이런 경험이 있었기 때문에, 여기에 나오는 분들이 이야기하는 '이미 형성되어 있는 인간관계에 들어가는 공포'를 잘 알 수 있어요.

구도 그런 두려움을 안고 있을 때 어떻게 하는 게 좋을까요?

마츠오 두려움을 느끼지 않고 대화할 수 있는 '사람'과 '장소'를 찾는 게 좋을 것 같아요. 당시의 저는 제가 좋아하는 것을 찾으려고 노력했어요. 좋아하는 아티스트, 좋아하는 책, 좋아하는 장소, 좋아하는 가게⋯⋯. 그런 것들과 관계를 맺고 있으면, 똑같이 그걸 좋아하는 사람과 만날 수 있어요. 설령 상대가 저 자신에게 관심이 없다 하더라도, 좋아하는 것들에 대해 이야기를 주고받고, 공통된 화제를 나누면서 자기도 모르는 사이에 자연스럽게 인간관계 안에 들어가 있게 돼요.

하지만, 먼저 '욕구'가 없다면 이는 성립하지 않겠죠. '나는 이게 좋다', '좋아하는 것에 대해 대화하고 싶다'와 같은 욕구, 또는 '누군가와 이야기하고 싶은 자신'을 자각하는 것. 자신의 욕구를 자기 스스로 인정하지 않으면, 앞으로 나아가는 게 어려울지도 몰라요.

저는 커리어 수업이나 커리어 상담을 할 때, '상대의 마음속에 떡잎이 자라나고 있는 이미지'를 상상해요. 이 떡잎은 마음속에 자라고 있는, 커리어 형성의 기초가 되는 그 사람의 자아나 가치관입니다. 아무리 미숙한 사람이라도, 언뜻 보기에 믿음직스럽지 못한 사람이라도, 마음속에는 반드시 그 떡잎이 싹을 틔우고 있어요. 이건 자기 안에 있는 '좋고 싫음'이나 '하고 싶은지 하기 싫은지', '참을 수 있는지 참을 수 없는지'와 같은 근본적인 욕구의 발로라고도 할 수 있어요.

그런데 이런 자아나 가치관을 말로 표현할 수 없거나, 말로 표현하더라도 "바보 같은 얘기 아냐"라고 주위 사람들에게 부정되면, 막 싹트기 시작한 떡잎이 짓밟혀 버리고 말아요.

여기 등장한 요시카와 가오리 씨(218쪽)는, 소다테아게넷의 프렙(PREP) 과정을 시작하기 전에는, 떡잎의 싹이 거의 나와 있지 않은 상

마츠오 씨의 '커리어 형성의 가치관'

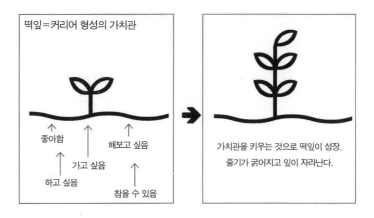

떡잎=커리어 형성의 가치관

좋아함

해보고 싶음

가고 싶음

하고 싶음

참을 수 있음

가치관을 키우는 것으로 떡잎이 성장.
줄기가 굵어지고 잎이 자라난다.

태었는지도 몰라요.

하지만 프렙 과정에 다니면서 '편안하다', '이 사람들과 함께 있어도 괜찮구나' 하는 감정을 가지게 되고, 자아와 가치관의 싹이 자라나기 시작했어요. 그 싹을 프렙 과정에서 키운 덕분에 그녀는 스스로의 떡잎을 더 보고 싶고 키우고 싶다고 생각하게 되었고, 그래서 잡 트레이닝에 가게 된 것이 아닐까요.

그러나 이 커리어 형성의 가치관이 짓밟혀 보이지 않게 되면, 행동으로 나아가기가 어려워져요. 다시 떡잎이 싹터서 자신의 가치관을 스스로 확인할 수 있을 때까지 기다리지 않으면 안 되는 거죠.

커리어 상담이나 커리어 수업에서도, 이 '떡잎=커리어 형성의 가치관'을 언어화하고자, 드러냄으로써 강화하고자 생각하고 있어요. '하고 싶은 일이 없다'는 사람이라도 좋아하는 음식은 있겠죠. 사소한 것이라도 상관없기 때문에, 자신이 좋아하는 일이나 좋아하는 것에 대해 계속 이야기하게 해서, 가치관과 욕구를 표면화시키려고 해요.

사람들 속에 있는 커리어의 가치관이 스스로 설 수 있는 나무가 되도록 키우는 지원을 하는 것이 커리어 상담이나 커리어 교육의 중요한 부분이에요. 예를 들면 식물 중에도 축축한 흙에서 잘 자라는 양치식물이 있고 건조한 토지에 적합한 선인장이 있듯이, 사람도 자신의 가치관이 자라게 되면 어디서 무엇을 하는 게 좋은지가 보이게 된다고 생각해요.

평생 자식이기도 하지만
별개의 인격을 가진 어른이기도 하다

구도　예전에 마츠오 씨가 보호자를 위한 세미나 강사를 해 주신 적이 있었어요. 그때 "참가하시는 부모님들의 유형이 다양하지만, '애는 애다'라고 완고하게 인식하고 계신 분들이 많다"고 소감을 밝히셨죠. 그런 생각은 '커리어 형성의 가치관=떡잎'이라는 면에서 보자면 좋지 않은 일이겠죠?

마츠오　분명 부모님에게는 '언제까지라도 자식은 계속 자식'이라는 생각이 들겠죠. 하지만 동시에 '내 아이이지만 스스로 결정할 수 있는 별개의 인격이기도 하다'는 것을 인정하고, 근본적으로 다른 인격으로서 존중하는 것이 중요하지 않을까요. 즉, "부모인 나는 A라고 생각하지만, 자식인 너는 B라고 생각하는 거지?" 하고 인정하는 모습을 가지는 겁니다.
　아이는 '분명 부모님은 이렇게 하길 바라시는 거겠지'라고 앞질러 생각해서 부모님을 실망시키지 않기 위해 행동하거나, '부모님을 실망시키느니 차라리 아무 말도 하지 않는 편이 좋다'고 생각해 입을 다물어

버리는 경우도 있어요.

아이가 자신의 떡잎=가치관을 닫아 버리지 않도록, 우선 아이 자신의 생각을 인정하는 순간을 가져 주셨으면 해요. 의견을 말하거나 가르치는 것은 그 후에 하셔도 괜찮지 않을까요. 아이의 말을 뭐든지 믿고 전부 승낙하라는 뜻이 결코 아니에요. 하지만 학생들과 함께 만나 보면, 아이가 "B"라고 대답하자마자, "왜 A가 아니야? 아무리 생각해도 A잖아!"라고 숨 돌릴 틈도 없이 강하게 말하는 부모님들도 적지 않아요. 물론 부모님은 자식을 위해서 정답이라고 생각하는 걸 말씀하시는 거겠죠. 그때 조금만 진정하시고, 아이가 "B다"라고 대답한 태도를 인정하고 그 답의 근거와 배경을 들어 주면, 아이의 안에 있는 '커리어 형성의 가치관=떡잎'이 자라는 데 도움이 된다고 생각해요

커리어 형성의 가치관을 키우기 위해서는, "우리는 A라고 생각하지만, 네가 B라고 생각해도 괜찮아. 우리는 네 답이 사회적으로 좋지 않다면 주의를 주겠지만, 그 외에는 너의 의견을 존중한다"라는 자세로 아이를 대해 주셨으면 좋겠습니다.

구도 소다테아게넷에 부모님과 자녀가 함께 상담을 오는 경우에도, 저희는 자녀 본인에게 이런저런 이야기를 듣고 싶은데 부모님이 먼저 대답해 버리는 경우가 자주 있어요. 그럴 때는 부모님과 자녀를 떼어 놓고 이야기를 듣고 있죠.

다만, 저희의 경우에는 수강료를 내야 하는 경우도 있어서 꼭 부모님의 이해를 필요로 해요. 사쿠마 신이치 씨(262쪽)도 말씀하셨지만, 본인이 소다테아게넷의 지원을 받고 싶어 하는 경우는 직접 부모님을 설

득해야 할 필요가 있었던 거죠. 최근에는 기업이 후원을 해 주는 경우도 있어서 부모님으로부터 돈을 받지 않더라도 다닐 수 있도록 바뀌어 가고 있어요. 여담이지만, '본인을 지원하는데 부모님에게서 수강료를 받아오지 않으면 안 된다'는 모순을 해소하는 게 쭉 과제였어요. 그 과제를 조금씩 해결해 가고 있다는 점이 저 스스로도 기쁘고, 청년들에게도 보다 이용하기 쉬워지고 있다고 생각해요. (주: 수강료를 낼 여력이 되지 않더라도 소다테아게넷의 지원을 받을 수 있다. 기업이나 단체, 개인으로부터 받은 기부금은 '청년 취업 응원 패키지'로 일괄되어 소다테아게넷이 실시하는 다양한 지원활동 자금이나 경제적으로 곤란하거나 빈곤한 청년들을 지원하는 데 사용되고 있다.)

그런데 요즘은 취업을 하더라도 부모님과 계속 관계를 갖는 편이 좋다고 하더군요. 부모님이 그렇게까지 적극적으로 나서지 않더라도, 경제적으로 도움을 받거나 약간의 충고를 받는 것은 청년들에게 커다란 이점이라고 생각해요.

부모님이 너무 적극적이어도 좋지 않다는 걸 경험상 잘 알고 있지만, "부모님이 관여하는 것 자체가 안 된다는 것은 아니다"라고 말씀드리고 싶네요. 이 부분은 혼동되기 쉽죠.

마츠오 그렇군요. '커리어 형성의 가치관=떡잎'의 이야기로 돌아가면, 떡잎에 싹이 튼 후에는 탐색 행동을 하게 됩니다. 그리고 탐색으로 발견한 흥미의 대상에 실제 다가가 보게 됩니다. 탐색 행동은 부모님이 직접 하셔도 좋고, 부모님이 먼저 다가감으로써 자녀를 유도하는 것도 좋다고 생각해요. 본인 혼자서 움직이는 게 어렵다면, 주위 사람들이 도와서 다가가는 방법도 좋습니다. 주위의 추천이나 지원으로 흥미의 대상에 다가가는 것에 성공했다면, 다음엔 스스로의 힘으로 다가서는 것이 가능하게 됩니다. 이런 단계를 거쳐서 '자율'이 완성되는 게 아닐까 생각합니다.

구도 과연 그렇네요……. 스스로 나아가는 사람도 있겠지만, 주위 사람들의 도움으로 나아가며 최종적으로 자신의 힘으로 나아갈 수 있게 되는 사람도 있고, 정말 다양한 커리어의 길이 있을 수 있겠네요.

마츠오 커리어 교육의 관점에서 부모님들에게 부탁이 하나 있다면, 가능한 한 자신의 커리어에 대한 이야기를 자녀들과 해 주었으면 하는 겁니다. 그렇지 않아도 주변 어른들과 교류가 줄어들어 다양한 커리어에 대한 이야기를 듣지 못하고, 롤 모델(역할이나 행동의 규범)을 보기 힘든 시대예요. 자신이 어떠한 인생을 걸어 왔는지, 어떠한 인생 커리어상의 의사 결정을 해 왔는지를 꼭 말해 주셨으면 해요.

제가 맡고 있는 1학년 수업에서 '가까운 어른들의 커리어에 대해 듣는' 인터뷰를 합니다. 그러면 학생들은 대개 부모님에게 물어보고 오거든요. 물론 부모님 외에 이야기를 들을 수 있는 사회인이 없다는 것은 또 다른 문제입니다만, 가까운 부모님의 이야기에도 많은 학생들이 "이런 거 여태까지 전혀 몰랐어요" 하고 놀라요.

아버지가 왜 그 직장에 다니시는지, 어머니가 어느 시점에서 왜 이런 인생을 선택하고 결단했는지, 부모님이 지금 생활하는 데 있어서 무엇을 느끼고 있고, 앞으로 어떻게 살아갈 생각인지를 이야기하는 것은

구도 씨의 '다양한 커리어의 길'

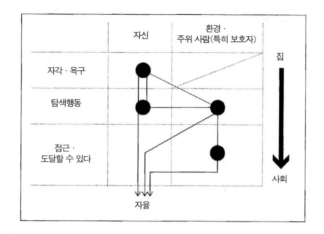

자녀가 자신의 커리어를 상대적으로 생각하게 되는 힌트가 됩니다.

신뢰할 수 있고 존경할 수 있는
사람이 있다는 것의 중요성

마츠오 커리어 교육의 관점에서 더 심도 있게 말하자면, 다양한 커리어를 갖고 있는 사람과 어울릴 수 있는 기회를 제공하는 것은 좋은 일이에요. 또 이를 자신과 바꿔 놓고 생각할 수 있는 데까지 나아가면, 교육 효과가 훨씬 높아져요.

지금 일본의 초·중·고등학교에서는 인턴십 체험을 도입하는 경우가 많은데, 지역의 가게나 기업 등에서 단기간 직장을 견학하거나 간단한 일을 돕는 내용이 일반적이에요. 이러한 시도 자체는 훌륭하지만, 체험 후에 '감상문을 쓰고 끝'이 되어 버리는 게 아깝다고 뼈저리게 느껴요. 이래서는 사회 견학과 다름없고, 학생 스스로의 커리어 형성 지원으로 이어지기 어렵죠. 감상문은 왠지 다른 사람 얘기처럼 되어 버리기 쉽고, '이러한 일이었습니다', '괜찮다고 생각했습니다', '힘들어 보였습니다', '중요한 일이라고 생각합니다' 같은 걸 쓰게 됩니다. 저는 이렇게 끝내 버리지 않도록 하고 싶었어요.

그래서 한 발 더 나아가서 '저는 이 일을 별로 하고 싶지 않다고 생각했습니다. 왜냐하면……', '저는 이 일에서 이러한 매력을 느꼈습니다. 왜냐하면……'과 같이 스스로 입장을 바꾸어 생각해 보자는 거예요. 자신이 그 일이 좋은지 어떤지 생각해 보는 체험, 멋지게 느껴지는 일을 하고 있는 사람과 만난 경험이 많이 생기면 커리어를 선택할 때 참고가 되고, 만약 선택하는 데 고민이 생기더라도 그 망설임에서 쉽게 빠져나올 수 있게 된다고 생각해요.

구도 멋진 방식으로 일을 하고 있는 사람들과 만나는 경험은 중요할지도 모르겠네요. 길을 잃었을 때에는 그 사람에게 조언을 구할 수도 있겠죠.

저희도 '일을 계속하기' 위해서는 상담할 수 있는 사람이 있는 것이 중요하다고 생각해요. 제가 아는 어떤 대학 교수님은 "'넌 괜찮아'라고 말해 줄 수 있는 사람이 있는 게 중요하다"라고 말씀하셨는데, 정말로 그럴지도 모르겠어요.

마츠오 많은 사람들을 만나다 보면 "누구나 다 이런저런 힘든 일을 안고 있지만, 다들 어떻게든 잘 지내고 있으니까 괜찮다"라고 생각할 수 있게 돼요. 일사천리로 커리어를 쌓아 온 사람은 아무도 없고, 누구나 다들 뭔가를 극복해 가며 나아가고 있는 걸 깨닫게 되면, 마음도 편안해지죠.

구도 씨가 말씀하셨듯이, '계속 일하기' 위해서는 '상담할 수 있는 사람이 있는 안도감'이 중요합니다.

저는 첫 회사를 그만뒀을 때 반년 동안 자격증 취득을 위한 학교에 다니며 집에서 지냈어요. 그때 스스로 결정해서 회사를 그만뒀는데도, 강한 고독감과 조바심을 느꼈죠. 게다가 나는 왜 안 될까 하는 생각이 들고, 그러면서도 노력도 충분히 안 해서 스스로가 싫어지고, 남들이 뭐라고 하는 것보다도 제가 저 자신을 비난할 때는 변명할 길이 없어서 정말 힘들더군요.

그래도 저는 다행히 좋아하는 사람이나 존경하는 사람이 주변에 많이 있었어요. '아, 좋은 사람이다'라고 느끼는 사람들을 만나고, 마음이 따뜻해지면서 '조금이라도 이 사람처럼 되고 싶다', '나도 이런 사고방식을 가지자', '나도 할 수 있을지 몰라' 하고 자연스럽게 생각하게 되었죠. 그러는 중에 자신을 탓하는 괴로운 마음이 조금씩 줄어들게 되고, 다시 행동할 수 있었던 기억이 있어요.

**당신에게 있어서
'일한다'는 것은 무엇입니까?**

마츠오 구도 씨의 답변이 듣고 싶네요(웃음). 애초에 구도 씨가 지금 하고 계신 것도 '일하는 것'일까요?

구도 으음, 너무 어려워서 대답하기가 힘드네요. 저에게 있어서 '일하는 것'은 '벌이'와 '책무'가 섞여 있는 건지도 몰라요.

옛날 일본에는 '벌이'와 '책무'라는 두 가지 노동 개념이 있었던 모양입니다. '벌이'라는 건 물론 생계를 위해 돈을 버는 일이에요. '책무'라는 건 지금의 자원봉사 소방단이나 자치회에 참가하는 것 같이 지역이나 사회를 위해 적극적으로 참여하는 일이고요.

'벌이'만을 위해 일하고 있는 것도 아니지만, 그렇다고 해서 '책무'만으로는 먹고살 수가 없죠. 이 두 가지가 잘 합쳐진 상태가 제게 있어서 '일한다는 것'이겠네요.

마츠오 그렇군요. 납득이 됩니다. 저도 '일한다는 것'이 무엇인가 하는 질문에 대답하는 건 어렵네요. 한참 생각해 보았는데, '(일을 하여 어떤) 역할을 다하고 나면 그에 따른 평가가 이어지고, 그 결과로 인해 다시 사회에 기여하게 됨으로써 또다시 역할을 부여 받는다는 순환이 계속해서 이어지는 것'이라고 말하고 싶어요. '평가받는 것'과 '또다시 사회와 관계를 맺게 되는 것'이 계속해서 사이클=순환=돌고돈다는 개념입니다. 일에 대한 최고의 보수는 그다음의 일이라고도 표현할 수 있겠네요.

(하나의) 역할을 수행함으로서 좋은 점 또는 나쁜 점에 따라 평가받고 나서 다음의 일로 이어지게 되는, 이것이 제게 있어서 '일한다는 것'이에요.

가장 이상적인 노동 방식이란 '마츠오의 일'이란 개념으로 평가받고 난 뒤에 다시 "함께 하지 않을래?"라며 다음의 일을 권유받게 되는 것. 그것이 제가 하고 싶은 일과 가장 부합하는 상태입니다. 이것은 조직의 내부와 외부에서 모두 이루어질 수 있습니다.

구도　　저 자신은 일할 수 없었던 경험이 없기 때문에, '일한다는 것'이 너무 당연하게 느껴져요. 당연한 듯이 일하고 있고, '일한다는 것'에 대해 깊이 생각하는 일이 거의 없어요. 헤겔의 고전인 『노동론』을 살펴보아도 전부 일할 수 없던 경험이 없는 사람들끼리 논하고 있어요. 그래서 일할 수 없었던 경험이 있는 사람에게 '일하는 것'에 대해 물어보면 '일한다는 것'의 본질에 다가갈 수 있지 않을까 하는 생각으로 이 책이 태어나게 되었습니다.

인터뷰를 통해 얼마나 '일한다는 것'에 다가갈 수 있었는지는 모르겠지만, '일한다는 것'에 대해 생각하는 계기가 되었으면 좋겠다고 생각합니다. 오늘도 마츠오 씨와 '일한다는 것'에 대해 많은 논의를 할 수 있었어요. 마츠오 씨, 정말 감사합니다.

통계의 이면에 응축되어 있는
삶의 의미를 잊지 말자

이틀 전 한 청년이 정사원으로 취직하게 되었다. 그는 대학교 졸업 후에 영업직으로 취업을 했지만 과도한 업무량과 폭언·폭력이 난무하는 직장 때문에 몸과 마음이 병들고 말았다. 큰 키에 세련된 옷차림을 하고 위트 있는 농담까지 할 줄 아는 그였지만 도망치듯이 그만둔 회사를 떠올리기만 하면 몸이 딱딱하게 굳어 버린다고 한다. 얼마나 처절한 직장 환경에 있었는지는 상상하는 것조차 끔찍하다. 3년 가까이를 버텼다고 하지만 사정을 모르는 사람인 내가 봤을 땐 하루라도 빨리 떠났어야 할 곳이 아니었을까 생각하게 된다.

'일하고 싶은데 일할 수 없다'라는 말 그 자체만으로는 이해받기 어려운 심경을 그대로 나타내 보이고 있는 청년이다. 만신창이가 된 몸을 치유하기 위해 집에서 쉬고 있을 때에도 일하고 싶은 마음과 동시에 과거의 공포가 머릿속에 반복적으로 떠올라서 아무것도 할 수 없게 되고 말았다. 직장을 그만둔 지 3년이 넘자 이대로는 안 되겠다는 생각에 용기를 내어 소다테아게넷을 방문하였다.

그는 이곳 환경에 익숙해지고 타인과의 소통을 계속하면서 두 달 정도 만에 변화가 일어났다. 다시 한 번 노동시장으로, 직장으로 돌아가고 싶다는 생각을 하게 된 것이다. 구직을 하다 보면 금방 채용될 것이라며 기대도 하는 한편, 며칠 아니 하루 만에 다시 나자빠지게 되는 건 아닌가 하는 걱정도 있었다.

그는 우선 우리 단체와 제휴한 엔지니어링 회사에서 인턴십을 시작하기로 했다. 그 회사의 담당자는 그를 잘 이해해 주었고, 그의 사정을 고려해서 업무도 조금씩 늘려 나갔다. 소다테아게넷의 담당 스태프도 인턴십 시작 직후에는 더욱 세심하게 상담해 주면서 기업 담당자와 긴밀하게 소통했다. 이들 삼자가 모이는 미팅도 진행했다. 그는 서서히 본래의 능력을 발휘할 수 있게 되었고, 정사원으로 채용하고 싶다는 제안을 받게 되었다. 지금도 우리 단체에 자주 들르는데 처음 만났을 때부터 변함없이 멋있지만 이제는 회복된 자기 긍정감과 자신감으로 예전보다 더욱 멋있어 보인다.

한 사람을 위해 이렇게까지 많은 수고와 시간을 들여야 하는 것인가 하는 의문을 가질 수도 있겠지만, 나의 대답은 늘 '그렇다'이다. 그는 그 과정을 통해서 3년 만에 다시 일할 수 있게 되었고, 정사원으로 채용된 그의 미소와 부모님의 눈물은 함께했던 긴 시간의 어려움을 한순간에 잊게 해 준다. 그뿐만 아니다. 일할 수 없다는 약점을 가지고 있던 그가 다시 일할 수 있게 되었다는 것. 그 의미는 납세자로서 사회를 지탱하고, 소비자로서 경제를 움직이고, 지역사회를 짊어진 자립한 청년이 우리 사회에 한 사람 더 늘었다는 것이다. 이것은 우리의 지원 활동이 만들어 낸 의미 있는 사회적 가치라고 생각한다.

작년에 니시다 씨와 함께 제작한 『청년 무업자 백서: 그 실태와 사회경제구조 분석 2012~2013』은 그와 같은 청년 한 사람 한 사람을 통계 데이터로 전환하고 분석하여 정리한 것이다. 오로지 현장 이외에는 가진 것이 없는 NPO에게 있어서 청년 무업자라고 하는 인지도가 낮은 문제를 사회화시키기 위한 큰 도전이었다. 통계 데이터를 토대로 한 조사 연구, 객관적 근거의 발견은 앞으로 우리가 계속할 활동에서 없어서는 안 되는 것이다. 그러나 0이나 1로 표현되어 나타난 수치의 이면에는 이 책에서 다루고 등장했던 다양한 청년들의 인생이 응축되어 있음을 한 사람의 지원자로서 잊지 않도록 명심하며 앞으로도 성실하게 활동을 이어 가고 싶다.

마지막으로 현장 지원 NPO가 지니고 있는 가치를 연구자 입장에서 지적하고 문서화해 주신 니시다 료스케 씨에게 진심으로 감사하다는 말씀을 드리고 싶다. 또한 이 책을 집필할 수 있도록 기회를 주신 아사히신문 출판의 슈토 요시유키 씨, 사토 쇼이치 씨에게 깊은 감사의 말씀을 드린다.

그리고 날마다 청년들이 조금이라도 앞으로 나아갈 수 있도록 소다테아게넷에서 인생의 귀중한 시간을 희생해 주고 있는 스태프들과 항상 나를 지지해 주는 가족에게 존경과 감사의 말을 전하고 싶다.

NPO법인 소다테아게넷

이사장 구도 게이

비전: 모든 청년이 사회에 소속되어 '일하기' 및 '일을 계속하기'를 실현할 수 있는 사회
미션: 청년과 사회의 연결

이 책의 발간에 다음 분들이 함께하였습니다.

● 이 책은 (재)함께일하는재단(02-338-0019)의 저작권 확보 및 번역비 지원으로 만들어졌으며 마을 만들기와 사회적 경제 분야에서 활동하고 있는 강내영 선생님이 감수하였습니다.

● 이 책의 번역 및 교정, 제작에 자원봉사자 안민희, 장진욱 님, (재)함께일하는재단의 김창주, 박나래, 김규성, 최혜진 님이 참여하여 도움을 주었습니다.

함께일하는재단 (www.hamkke.org)

1998년 IMF 외환위기 당시 '실업 극복'이라는 사명을 안고 출범한 '실업극복국민운동위원회(공동위원장: 강원용, 김수환, 송월주)'에서 출발, 구조화되는 실업 문제와 사회 양극화 해결을 위한 보다 적극적인 활동을 위해 2003년 공익재단법인으로 재출범하여 지금에 이르기까지 '함께 일하는 사회' 만들기에 전념해 오고 있다. www.hamkke.org

지은이 ────────────

구도 게이(工藤 啓)

일본 NPO법인 소다테아게넷 이사장. 1977년 도쿄 출생으로 세이조대학 문
예학부 매스커뮤니케이션 학과 중퇴 후 미국 유학. 귀국 후 은둔형 외톨이,
니트, 프리터와 같은 청년 취업을 지원하는 '소다테아게넷(길러내는 네트워
크)' 설립, 2004년 5월 NPO로 인정받아 본격적으로 사업 시작. 가나자와(金
澤)공업대학 객원교수, 동양(東洋)대학 비상근간사. 일본 내각부 '청년의 포괄
적인 자립지원방책에 관한 검토회' 위원, 일본 후생노동성 '진로상담(커리어컨
설팅) 도입 · 전개사례검토위원회' 위원, 일본 문부과학성 '중앙교육심의회 평
생학습분과회' 위원, 문부과학성 '중앙교육심의회 평생학습분과회' 위원, 다치
카와 시 교육위원회 평의원 등을 역임했다. 저서로『사회문제를 해결하는 것
을 직업으로 삼다─청년 사회적 창업하기』(동양경제신보사),『대학을 졸업
해도 백수가 된다─'일하기'에 실패한 청년들』(ENTERBRAIN) 등이 있다.

니시다 료스케(西田亮介)

1983년 교토 출생으로 일본의 젊은 사회학자이다. 게이오기주쿠(慶應義塾)
대학교 종합정책학부를 졸업하고 동대학원에서 정책과 미디어 연구로 박
사 취득을 했다. 현재는 리츠메이칸대학교 특별초빙 준교수로 역임 중이다.
전문 분야는 정보사회론과 공공정책이며 현재까지 인터넷 선거, 사회변혁,
3 · 11대참사 등 사회경제 분야에 관한 집필 활동을 활발히 하고 있다. 그 중
에서도 정보와 정치, 소셜비즈니스, 지역산업 부흥 등이 주요 연구 과제이다.
연구 활동을 통해 사회에 실천 가능한 활동을 모색하고 있다. 저서로『인터
넷 선거와 디지털 데모크라시』(NHK출판),『인터넷 선거─해금이 초래하
는 일본 사회의 변용』(동양경제신보사), 공동 집필한『일본의 딜레마 우리들
의 일본 개조론』(아사히신문출판) 등 다수가 있다.

옮긴이

곽유나

건국대학교 일어교육과 졸업 후, 일본 어학연수를 계기로 사회복지에 관심을 갖게 되어 숭실대학교 대학원에서 사회복지학 석사학위 취득. 일본의 니트, 히키코모리 관련 보고서 및 논문 등 다수 번역. 현재 사회복지 관련 공공기관에서 연구원으로 근무하고 있다.

오오쿠사 미노루(大草 稔)

소카대학 문학부 사회학과 졸업(국제관계학 전공). 사회적기업 '노리단'에서 일본영업 담당으로 활동 후 K2인터내셔널코리아 창립에 참여했으며 한양대학교 일본언어문화학과 대학원 석사 학위(일본어학 전공)를 취득했다. 현재 K2인터내셔널코리아 교육팀장으로 통번역 담당이며, 한일청년포럼 기획단 멤버로 활동하고 있다.

감수

강내영

관악주민연대에서의 활동과 일본 수도대학 도쿄 도시과학연구과 석사 과정을 마친 후, 일본희망제작소 선임연구원으로서 창립에 기여하였다. 한국과 일본에서 마을 만들기와 사회적 경제 등 주로 지역 활성화 및 커뮤니티 분야에 관련된 교류를 지원해 왔다. 현재 아시아인재육성기금으로 도쿄에 거주하면서 사회적 경제, 마을 만들기, 지역복지, 에너지 등 다양한 분야에서의 협력이 국경을 넘게 하는 다리 역할을 하고 있다.

무업 사회 일할 수 없는 청년들의 미래

2015년 12월 21일 초판 1쇄 찍음
2015년 12월 28일 초판 1쇄 펴냄

지은이   구도 게이, 니시다 료스케
옮긴이   곽유나, 오오쿠사 미노루
감수   강내영
펴낸이   박종일

기획   (재)함께일하는재단
교정교열   김창주
디자인   최진규
제작   창영 프로세스(주)

펴낸곳   도서출판 펜타그램
출판등록   2004년 11월 10일(제313-2004-000259호)
주 소   서울시 마포구 성산동 199-3번지 202호
전 화   02-322-4124
팩 스   02-3143-2854
이메일   penta322@chol.com
블로그   http://blog.naver.com/pentapub

ISBN 978-89-97975-08-2 03330
한국어판 © 도서출판 펜타그램, 2015